Eckart Witzigmann
Ewald Plachutta
Kochschule
Die Bibel der guten Küche

Christian Brandstätter Verlag

Eckart Witzigmann
Ewald Plachutta

Kochschule

Die Bibel der guten Küche

Unter Mitarbeit von Peter Kirischitz

Mit 840 Farbabbildungen von Claudio Alessandri

Christian Brandstätter Verlag

Bibliografische Information der Deutschen Nationalbibliothek
Die Deutsche Nationalbibliothek verzeichnet diese Publikation in der
Deutschen Nationalbibliografie; detaillierte bibliografische Daten sind
im Internet über http://dnb.d-nb.de abrufbar.

1. Auflage

Konzept: Eckart Witzigmann und Ewald Plachutta
Redaktion: Ewald Plachutta und Peter Kirischitz
Foodstyling: Peter Kirischitz

Grafische Gestaltung: Kurt Hamtil und Emanuel Mauthe, Verlagsbüro Wien
Lektorat: Else Rieger und Karin Longariva
Fotografie: Claudio Alessandri
Fotoassistenz: Maurizio Maier
Rückseite: StockFood / Lucia Ellert
Druck und Bindung: Mohn-Media, Gütersloh

Printed in Germany 2007

Copyright © 2007 by Christian Brandstätter Verlag, Wien

Alle Rechte, auch die des auszugsweisen Abdrucks oder der Reproduktion
einer Abbildung, sind vorbehalten.
Das Werk einschließlich aller seiner Teile ist urheberrechtlich geschützt.
Jede Verwertung ohne Zustimmung des Verlages ist unzulässig.
Dies gilt insbesondere für Vervielfältigungen, Übersetzungen, Mikroverfilmungen
und die Einspeicherung und Verarbeitung in elektronischen Systemen.

ISBN 978-3-85033-089-3

Christian Brandstätter Verlag
GmbH & Co KG
A-1080 Wien, Wickenburggasse 26
Telefon (+43-1) 512 15 43-0
Telefax (+43-1) 512 15 43-231
E-Mail: info@cbv.at
www.cbv.at

Inhalt

Das kleine 1 x 1 des Kochens

Was Sie zum Kochen brauchen	16
Einkaufen wie ein Profi	29
Maße und Gewichte	30
Gewichtsverlust durch Schälen etc.	31
Die wichtigsten Handgriffe	32
Schneiden will geübt sein	42
Die Kunst des Würzens	46
Vom Umgang mit Kräutern	49
Wichtige Fleischteile	52
Welches Fett für welchen Zweck	54
Zu Ihrer Sicherheit	55
Kochen ohne Chaos	56
So bekochen Sie Gäste	58
Die Garmethoden	59

Kalte Speisen

Mayonnaise	64
Pikante Gelees und Sülzen	66
Buttermischungen	71
Pikante Cremes	72
Pesto & Co.	74
Salate	76
Mariniertes Gemüse	95
Tatar	99
Carpaccio	104
Pikante Mousses	112
Farcen	114
Terrinen	116

Warme Speisen

Eiergerichte	122
Suppen	129
Fonds	160
Saucen	164
Fische	174
Meeresfrüchte	198
Fleisch	215
Gemüse	310
Pilze	366
Nudelgerichte	374
Reis und Risotto	390
Getreide	394
Hülsenfrüchte	400
Kartoffeln	404
Knöpfle und Spätzle	420
Semmel- und Serviettenknödel	422

Süße Speisen

Cremes	428
Mousses	438
Eisparfait	440
Die süße »Bastelstube«	445
Fruchtdesserts	463
Dessertsaucen	470
Fruchtbeilagen	471
Fruchtknödel	474

Zum Nachschlagen

Rezeptregister	480
Glossar	487
Biografien	494
Danksagung	495

Alle Rezepte sind, soweit nicht anders angegeben, für 4 Personen portioniert.

EL	Esslöffel
KL	Kaffeelöffel
Pkt	Paket
MS	Messerspitze

Vorwort

Dieses Buch hat eine Mission. Sie ist denkbar einfach – und denkbar anspruchsvoll zugleich: Die Witzigmann-Plachutta-Kochschule soll alltagstaugliche Küche so vermitteln, dass sie für Küchen-Neulinge leicht verständlich und nachvollziehbar ist, Fortgeschrittenen viel Neues bieten kann und für erfahrene Hobby-KöchInnen wertvolle Tipps und Anregungen enthält.

Eine der Hauptzutaten dazu ist die jahrzehntelange Freundschaft zweier Spitzen-Köche: Der Jahrhundertkoch Eckart Witzigmann wurde in den 1970er Jahren mit seinen Münchner Restaurants Tantris und Aubergine berühmt. Die Familie Plachutta leitete in den 1980er Jahren eine Renaissance der klassischen Wiener Rindfleischküche ein und verlieh damit einem der wesentlichen Elemente der Wiener Küche neue Impulse.

Die Wurzeln der Freundschaft zwischen Eckart Witzigmann und Ewald Plachutta reichen jedoch noch um einiges weiter zurück und führen nach Bad Gastein, in die österreichische Heimatstadt Eckart Witzigmanns. Seit der gemeinsam dort verbrachten Lehrzeit sind die beiden Erfolgs-Gastronomen befreundet – und die liegt mittlerweile rund ein halbes Jahrhundert zurück.

Beide sind auch als Kochbuchautoren sehr erfolgreich. Eckart Witzigmann hat sein kulinarisches Wissen in einer Vielzahl an Kochbüchern weitergegeben und die zweiteilige »Gute Küche« (Ewald und Mario Plachutta in Zusammenarbeit mit Christoph Wagner) ist mit 700.000 verkauften Exemplaren das Standardwerk unter den österreichischen Kochbüchern schlechthin.

Warum aber eine Witzigmann-Plachutta-Kochschule? Ganz einfach: wegen der Mission, siehe oben. Die Witzigmann-Plachutta-Kochschule ist das etwas andere Kochbuch. Das Konzept »Kochen lernen mit System« soll es auch EinsteigerInnen ermöglichen, jedes Rezept nachzukochen. Denn wozu helfen 100 Kochbücher, wenn grundlegendes Wissen fehlt?
So finden Sie in diesem Buch stets auf einen Blick die wichtigsten Informationen in der Rubrik »Darauf kommt's an«. Die Rezepte sind in leicht nachvollziehbaren Schritt-für-Schritt-Anleitungen gestaltet und umfassend bebildert.
Besonders wichtig war es uns, zahlreiche Variationsmöglichkeiten anzubieten. Deshalb gibt es bei vielen Rezepten Vorschläge, mit denen Sie das einmal Erprobte mit wenig Aufwand variantenreich abwandeln können. Abschließend finden Sie Hinweise, mit welchen Beilagen sich die Speisen passend anrichten lassen oder Tipps und Tricks, die auch für fortgeschrittene kulinarische HeimwerkerInnen wichtige Hintergrundinformationen enthalten.

Doch die Witzigmann-Plachutta-Kochschule bietet Ihnen nicht nur Rezepte – Systematik in der Küche beginnt lange vor dem Kochen. Wer beim Küchenmanagement organisiert ans Werk geht, spart viel Zeit und Geld. Computerunterstützte Rezept-Verwaltung und Einkaufsplanung sowie funktionelle Küchenausstattung sind einige der Stichworte, anhand derer wir Ihnen zeigen, wie Kochen ohne Chaos im 21. Jahrhundert aussehen kann. Auch ein kleines Einmaleins der wichtigsten Küchen-Handgriffe fehlt nicht und Grundregeln fürs Würzen werden ebenso vorgestellt wie die Verwendung des richtigen Fettes für den richtigen Zweck und die wichtigsten Garmethoden.

Damit Sie sich in der Witzigmann-Plachutta-Kochschule gut zurechtfinden, gibt es neben dem Rezept-Register auch ein Glossar. AnfängerInnen, denen Küchenlatein allzu spanisch vorkommt, finden hier alle verwendeten Fachbegriffe, von á point bis zuputzen. Um auch EinsteigerInnen gerecht zu werden, haben wir hier auch Ausdrücke erklärt, die avancierteren LeserInnen bereits bekannt sein werden.

So lässt sich dieses Buch auf vielfältige Weise nutzen: Sie können es als verlässlichen Begleiter beim Einstieg in die Welt des Kochens verwenden, gezielt nach Ihnen nicht vertrauten Zubereitungsweisen suchen oder Ihre Kenntnisse durch raffinierte Variationen perfektionieren. Ob Sie ein bisschen herumschmökern wollen, um wissenswerte Zusatzinformationen zu sammeln, ob Sie auf der Suche nach neuen Anregungen sind, um Ihr Kochrepertoire zu erweitern oder ob Sie als Koch-EinsteigerIn klare und nachvollziehbare Anleitungen suchen – die Witzigmann-Plachutta-Kochschule bietet Ihnen dies alles und vieles mehr.

Das kleine 1x1 des Kochens

Was Sie zum Kochen brauchen

Bei der Ausstattung einer Küche sollte stets der Nutzen im Vordergrund stehen. Denn letztlich ist und bleibt die Küche ein Arbeitsplatz, wo Design und Repräsentativität für den Einzelnen zwar Thema sein kann, Funktionalität und bestmögliche Lösungen für alle Arbeitsabläufe aber im Zentrum der Überlegungen stehen sollten.

Herd & Co.

Die Wahl des Herdes
Vergessen Sie Ihre langjährigen Kochgewohnheiten und orientieren Sie sich an den neuesten Errungenschaften moderner Herdtechnik: Nach dem derzeitigen Stand der Technik sind Induktionsherde die sparsamste und sauberste Art zu kochen.
- Hohe Anschaffungskosten werden wegen entfallender Aufheizzeiten und verkürzter Kochzeiten durch bis zu 70 % Energieersparnis kompensiert.
- Das Fehlen von Strahlungshitze sorgt für angenehm kühle Arbeitsbedingungen und lässt Verkrustungen durch übergekochte Speisen der Vergangenheit angehören.
- Versehentlich auf der Herdplatte abgestellte Kunststoffutensilien schmelzen nicht.
- Voraussetzung für die Verwendung eines Induktionsherdes sind Töpfe und Pfannen mit magnetischen Böden.

Backofen
- Bevorzugen Sie elektrisch beheizte Backöfen mit Ober- und Unterhitze und zuschaltbarer Umluft. Letztere ermöglicht eine gleichmäßigere Bräunung. Bratautomatik, Grillschlange und Bratspieß sind nützliche Zusätze.
- Empfehlenswert ist eine eingebaute Pyrolyse, die eine automatische Backofenreinigung ermöglicht.

Mikrowellenherd
- Ideal ist ein Mikrowellengerät für Familien, deren Mitglieder zu unterschiedlichen Zeiten essen.
- Besonders geeignet ist das Gerät zum raschen Erwärmen von Fleischragouts, Eintöpfen, Flüssigkeiten aller Art, Reis, Kartoffelgerichten, Aufläufen usw.
- Beilagen und Gemüse können bereits in geeignetem Anrichtegeschirr (aus Kunststoff, Glas oder Porzellan) erwärmt und zu Tisch gebracht werden.
- Voraussetzung für die richtige Verwendung einer Mikrowelle sind Erfahrungswerte bei der Wahl von Erwärmungsdauer und -intensität.

Combi-Dampfgarer
Mit einem Dampfgarer können Sie in mehreren Etagen gleichzeitig dämpfen bzw. braten oder backen. Ein solches Gerät ist ideal, um
- Fisch und Gemüse zart und vitaminerhaltend zu dämpfen,
- feine Soufflés, Aufläufe und Flans besonders luftig herzustellen,
- Kuchen und Gebäcke aller Art zu backen,
- Brot und Gebäck optimal aufzubacken,
- große Braten besonders saftig zu garen.

Jeder Küche ihre Roboter

Elektro-Handrührgerät
Dieses Gerät ist unentbehrlich zum Schlagen von Eischnee und Schlagsahne, Massen und Cremes sowie zum Pürieren und Rühren von Gemüse- und Kartoffelpüree oder um mit dem Knethaken leichte Teige zu verarbeiten.

Stabmixer
Stabmixer verwenden Sie zum Mixen von Frucht- und Beerensaucen und Püreesuppen sowie zum Schäumen von Suppen und Saucen.

Mixer mit Mixaufsatz
Einen Mixer benötigen Sie zum Mixen größerer Quantitäten; er emulgiert und schäumt besser als ein Mixstab und ist ideal für Mixgetränke, Schaumsuppen und Cremesaucen.

Kleinschneider
Wer auf Profiniveau kochen will, benötigt einen Kleinschneider, um feine Fisch- oder Fleischfarcen herzustellen.

Multifunktionelle Küchenmaschine
Die Anschaffung einer solchen Maschine ist sinnvoll, wenn ambitioniert und oft gekocht und gebacken wird. Wählen Sie Markengeräte im oberen Preissegment; diese Maschinen enthalten auch Zusätze wie Mixaufsatz, Fleischwolf, Kleinschneider, Schneidevorsätze und Rührschüssel. So sind die meisten Kleingeräte in einem Gerät vereint.

Entsprechend Ihren persönlichen Vorlieben und Bedürfnissen können Sie darüber hinaus zusätzliche Geräte wie zum Beispiel Schneidemaschine, Entsafter, Waffeleisen etc. anschaffen.

Der Internetanschluss in Ihrer Küche

Das Internet bietet ein reichhaltiges Angebot an Rezepten aller Art. Auch wenn Vorsicht geboten ist, da nicht alle »Cyber-Rezepte« auf ihre Tauglichkeit überprüft sind, kann ein Internetanschluss in der Küche durchaus sinnvoll sein. Küchendesigner planen einen Platz mit den entsprechenden Anschlüssen für Ihren PC.

Was in Ihrer Küche wohnen sollte

Töpfe

Wählen Sie als Grundausstattung stapelbare Edelstahl-Topfsets mit Deckeln, die auch Sieb und Rührschüssel inkludieren.

Bratenpfanne

Zumindest eine Bratenpfanne (Bräter) mit Deckel zum Braten und Schmoren zählt zur Grundausstattung. Ideal sind Bratenpfannen aus Gusseisen mit Sandwichboden.

Pfannen

Am Pfannenboden anhaftender Fisch oder Pfannkuchen können die Freude am Kochen schnell verderben. Die Lösung heißt »Teflonpfanne«.
Für Gerichte, bei denen Bratensauce gewonnen wird, und zum Backen und Sautieren benötigen Sie 1–2 Pfannen aus Edelstahl oder Titan.

Schüsseln

Wählen Sie ein Set mit mindestens 4 stapelbaren Schüsseln aus Edelstahl.

Messer

Messer aus hochwertigem Stahl sind die Basis für funktionelles Schneiden und Tranchieren.

Grundausstattung
1 Messerblock
1 Filetmesser mit langer Klinge
1 Allround-Messer zum Schneiden von Fleisch, Fisch, Gemüse und
   zum Hacken von Kräutern mit spitzer, vorne gebogener Klinge
1 Messer mit Wellenschliff
1 Messer zum Auslösen von Knochen
1 Fleischgabel (Bratengabel)
1 Gemüsemesser
1 Wetzstahl zum Schärfen der Messer

Schneidebretter

Wählen Sie Schneidebretter aus Kunststoff mit Antirutschvorrichtung. Die Mindestgröße sollte etwa 25 x 40 cm betragen. Lagern Sie Schneidebretter immer trocken und senkrecht.
Wenn Sie über ausreichend Platz verfügen, kaufen Sie Schneidebretter in unterschiedlichen Farben, um eine Geschmacksübertragung zu vermeiden.

Paletten

Zur Grundausstattung zählt neben einer normalen Palette auch eine so genannte Winkelpalette (Stufenpalette), mit der sich Vertiefungen besser überwinden lassen.

Siebe

1 grobmaschiges Sieb (Durchschlag) zum Abgießen von Nudeln und
   Gemüse und zum Waschen von Blattsalaten
2 unterschiedlich große feinmaschige Siebe aus Edelstahl zum Durchseihen von Suppen und Saucen
1 Spitzsieb
1 Flotte Lotte oder 1 Passiersieb mit Passierschwamm

Schöpfgeräte

1 große und 1 kleine Kelle
1 flacher Sieblöffel
1 Schaumkelle

Rührgeräte

1 Schneebesen
1 Saucenbesen
2–3 Kochlöffel unterschiedlicher Größe aus hitzebeständigem Kunststoff
1 Quirl

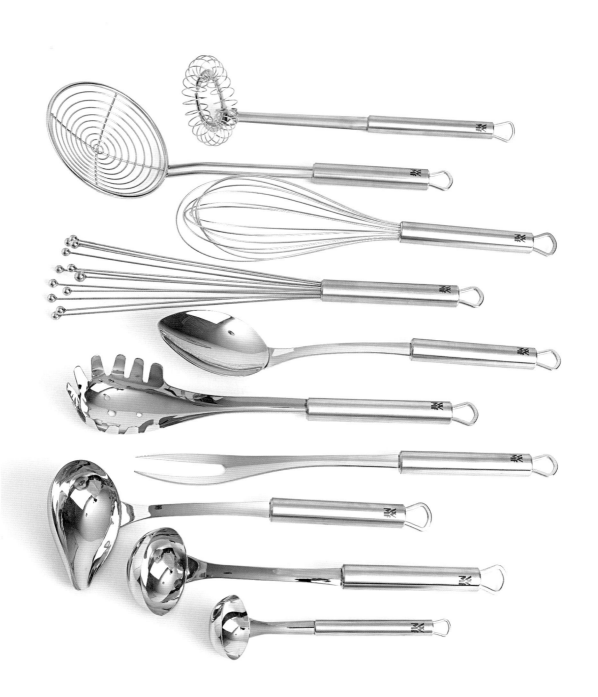

Reibe- und Schneidegeräte

1 Rohkostreibe
1 Kartoffelreibe
1 Muskatreibe
1 Gemüsehobel
1 Küchenschere

Formen

ca. 8 kleine Puddingformen
ca. 8 kleine, feuerfeste Auflaufformen
1 Terrinen- oder Kuchenform
1 Napfkuchenform
1 Torten- oder Springform

Zubehör für Fortgeschrittene

1 Zestenreißer (Zesteur)
1 Dressiernadel
1 Fischpinzette
1 Trüffelhobel
1 Austernöffner
1 Kastanien- bzw. Spätzlepresse
1 Glasier- oder Kuchengitter
1 Eisportionierer

Handschutz

Geschirrtücher
Küchenhandschuhe

Die kleinen Helfer

1 Gewürzei
1 Plattiereisen oder Fleischklopfer
1 Nudelholz
1 Gummispachtel aus hitzebeständigem Material
2 Teigkarten, davon eine gerillt
je 1 Pinsel für Ei und Öl
1 Kugelausstecher (Parisienne-Ausstecher)
1 Spicknadel
1 Sparschäler
1 Spargelschäler
1 Apfelentkerner
1 Kirschenentkerner
1 Zitruspresse
1 Eiteiler (für Scheiben oder Sechstel)
1 Teigrad
1 glatter und 1 gezackter Ausstechersatz

2 Spritzsäcke (oder Einwegsäcke)
3 glatte und 3 gezackte Spritztüllen
    in unterschiedlichen Größen
1 Dosenöffner
1 Eierpicker
1 Flaschenöffnerset
1 Trichter
1 Salatschleuder
1 Knoblauchpresse

Messgeräte

1 Küchenwaage mit Schüssel
1 Messbecher
1 Eieruhr (meist im Backofen eingebaut)
1 Bratenthermometer

Einkaufen wie ein Profi

Organisieren wird uns im Zeitalter des Computers wesentlich erleichtert. Legen Sie digitale Einkaufslisten, Speisepläne und Rezeptkarteien nach Ihren persönlichen Bedürfnissen an. Das ist eine einmalige Tätigkeit, die sich lohnt, um Zeit und Geld zu sparen.

Die Rezeptkartei
- Speichern Sie Ihr gesamtes Kochrepertoire in einer digitalen Liste. Mit dieser Gedächtnisstütze erstellen Sie den Speiseplan für die kommende Woche im Nu.
- Legen Sie eine digitale Rezeptkartei mit Ihren Lieblingsrezepten an und versehen Sie sie mit einem Inhaltsverzeichnis. So ersparen Sie sich das mühevolle Suchen von Rezepten in Kochbüchern, Zeitschriften etc.
- Nützen Sie das Internet für die Rezeptrecherche.

Der 7-Tage-Speiseplan
- Erstellen Sie jeweils das Speiseprogramm für eine Woche im Voraus.
- Achten Sie auf Saison- und Sonderangebote.
- Sorgen Sie für ausgewogene Ernährung durch eine gute Mischung von Fleisch, Fisch, Gemüse, Nudeln, Salat und Früchten.

Die Einkaufsliste
- Gut ausgeklügelte Einkaufslisten sind eine wertvolle Hilfe, um den Einkauf zu vereinfachen. Sie ersparen sich das Notieren auf Zetteln und können kaum etwas vergessen.
- Erstellen Sie am PC eine Einkaufsliste, die Ihren Einkaufsgewohnheiten entspricht und ordnen Sie die Waren nach Produktgruppen.
- Bei speziellen Bezugsquellen vermerken Sie Namen, Telefon- und Faxnummer oder E-Mail-Adresse.
- Überarbeiten Sie die Liste von Zeit zu Zeit.
- Sichten Sie vor dem Einkaufen Ihre Vorräte und tragen Sie unter Berücksichtigung Ihres 7-Tage-Speiseplanes die benötigten Lebensmittel und deren Menge in die Einkaufsliste ein.

Maße und Gewichte

Abkürzungen für Maße

l   Liter
dl   Deziliter
cl   Zentiliter
ml   Milliliter

1 Liter	1 l	10 dl	100 cl	1.000 ml
½ Liter	0,5 l	5 dl	50 cl	500 ml
¼ Liter	0,25 l	2,5 dl	25 cl	250 ml
⅛ Liter	0,125 l	1,25 dl	12,5 cl	125 ml
¹⁄₁₆ Liter	0,063 l	0,63 dl	6,25 cl	62,5 ml
1 Deziliter	0,1 l	1 dl	10 cl	100 ml
1 cl	0,01 l	0,1 dl	1 cl	10 ml

Abkürzungen für Gewichte

kg   Kilogramm
g   Gramm

1 kg	1.000 g	1,000 kg
½ kg	500 g	0,500 kg
¼ kg	250 g	0,250 kg
⅛ kg	125 g	0,125 kg

1 Esslöffel ergibt ca.

Grieß	20 g
Kristallzucker	20 g
Mehl	20 g
Öl	20 g
Puderzucker	10 g
Paniermehl	10 g

Gewichtsverlust durch Schälen etc.

Durch Schälen, Entkernen, Zuschneiden und Filetieren, aber auch durch Garen verlieren Lebensmittel an Gewicht. Die folgende Tabelle hilft Ihnen, die richtigen Mengen einzukaufen.

	von 1 kg bleiben	Verluste in %
Gewichtsverluste durch Schälen etc. von Obst und Gemüse		
Apfel, geschält, entkernt	ca. 700 g	ca. 30 %
Bananen	ca. 650 g	ca. 35 %
Birnen, geschält, entkernt	ca. 700 g	ca. 30 %
Kartoffeln, roh	ca. 850 g	ca. 15 %
Kiwi	ca. 720 g	ca. 28 %
Kohlrabi	ca. 800 g	ca. 20 %
Mango	ca. 700 g	ca. 30 %
Melonen	ca. 650 g	ca. 35 %
Möhren	ca. 850 g	ca. 15 %
Sellerieknolle	ca. 880 g	ca. 12 %
Spargel, weiß	ca. 650 g	ca. 35 %
Stangensellerie	ca. 550 g	ca. 45 %
Tomaten, geschält, entkernt	ca. 800 g	ca. 20 %
Tomaten, geschält	ca. 950 g	ca. 5 %
Zwiebeln	ca. 900 g	ca. 10 %
Gewichtsverluste durch Filetieren von Fisch		
Lachs	ca. 600 g	ca. 40 %
Wels	ca. 450 g	ca. 55 %
Forelle, Saibling	ca. 400 g	ca. 60 %
Karpfen	ca. 450 g	ca. 55 %
Zander	ca. 600 g	ca. 40 %
Wolfsbarsch	ca. 450 g	ca. 55 %
Dorade	ca. 420 g	ca. 58 %
Seeteufel, ohne Kopf	ca. 500 g	ca. 50 %
Seezunge	ca. 400 g	ca. 60 %
Steinbutt	ca. 310 g	ca. 69 %
Gewichtsverluste beim Garen von Fleisch		
Kochen	ca. 650 g	ca. 35 %
Schmoren	ca. 700 g	ca. 30 %
Braten	ca. 750 g	ca. 25 %

Die wichtigsten Handgriffe

Übung macht den Meister. Nur wer sich Arbeitsabläufe fachgerecht einprägt und sie übt, wird mit Erfolg belohnt. Ein illustrierter Streifzug möge Ihnen das 1 x 1 der Küchentechnik nahe bringen.

Obst vorbereiten

Apfel schälen

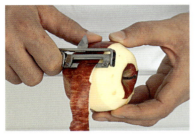

Schale mit einem Sparschäler durch Drehen der Frucht in einem Zug spiralförmig abtrennen.

Apfel ausstechen

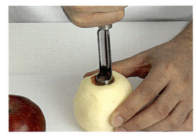 

Geschälten Apfel senkrecht mit einem Apfelstecher aushöhlen oder Apfel halbieren und Kerngehäuse mit einem Parisienne-Ausstecher ausstechen.

Orangen (Zitrusfrüchte) schälen und filetieren

 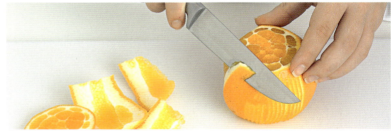

1. Orangen an der Ober- und Unterseite abkappen.

2. Schale inklusive weißer Haut mit einem langen, schmalen Messer wegschneiden.

3. Orangenfilets zwischen den Trennhäuten ausschneiden, verbleibenden Fruchtrest über die Orangenfilets pressen.

Zesten von Zitrusfrüchten herstellen

Verwenden Sie stets unbehandelte, gewaschene Zitrusfrüchte. Lösen Sie mit einem Zestenreißer (Zesteur) mit ziehender Bewegung hauchdünne Streifen von der Schale ab.

Zitronen- oder Orangenschale abreiben

Verwenden Sie stets unbehandelte, gewaschene Zitrusfrüchte. Reiben Sie die Außenseite der Schale mit einer feinen Reibe. Achtung, das Weiße unter der Schale schmeckt bitter!

Gemüse vorbereiten

Paprika schälen und filetieren

1. Backofen auf 200 °C vorheizen. Paprika mit Öl bestreichen, salzen, aufs Backblech legen, in den Backofen schieben. Nach 17 Minuten, wenn die Haut Blasen wirft und Farbe annimmt, Paprikaschoten aus dem Ofen nehmen und mit Frischhaltefolie bedecken.

2. Haut mit der Spitze eines Gemüsemessers abziehen.

3. Paprika halbieren, Kerngehäuse und weiße Trennwände ausschneiden.

Kartoffeln reiben

Gekochte oder rohe, geschälte Kartoffel ziehend über eine Kartoffelreibe bewegen.

Knoblauch schälen

Knoblauchknolle mit den Fingerspitzen auseinanderlösen. Knoblauchzehen am oberen und unteren Ende abschneiden, mit dem Handballen leicht anpressen und mit einem Gemüsemesser die Schale abziehen.

Knoblauch mit Salz zerdrücken

Knoblauchzehen zuerst feinblättrig schneiden oder hacken, danach kräftig salzen und mit der Klinge eines breiten Messers zerdrücken.

Zwiebeln schälen

1. Oberen Teil der Zwiebel mit einem Gemüsemesser abschneiden.

2. Wurzel knapp abschneiden, da der Wurzelansatz die Zwiebel beim Schneiden zusammenhält.

3. Anschließend Zwiebelschalen abziehen.

Tomaten schälen

1. Strunk aus den Tomaten schneiden, an der Oberseite kreuzweise einschneiden.

2. Tomaten für ca. 10 Sekunden in kochendes Wasser legen, mit einem Gitter- oder Schaumlöffel herausheben, in eiskaltem Wasser abschrecken.

3. Die Haut mit einem Gemüsemesser abziehen.

Tomaten entkernen und schneiden (Concassée)

1. Geschälte Tomaten vierteln.

2. Kerngehäuse mit einem kleinen Gemüsemesser ausschneiden.

3. Tomaten mit einem Gemüsemesser zuerst in ca. 1 cm breite Streifen und dann in gleichmäßige Würfel schneiden (Tomaten-Concassée).

Passieren und Schäumen

Passieren mit der Kartoffelpresse
Mit einer Kartoffelpresse lassen sich geschälte gekochte Kartoffeln passieren; besonders geeignet ist sie zur Zubereitung von Kartoffelteig.

Passieren mit der Flotten Lotte
Dieses Gerät ist zum Passieren von Saucen, Beeren, gekochten Früchten und Gemüse geeignet; die Saucen erhalten dabei eine natürliche Bindung.

Passieren mit dem Passiersieb
Mit einem Passiersieb lassen sich gekochte Kartoffeln, Früchte, Wurzelgemüse und Farcen passieren, indem Sie sie mit dem Passierschwamm oder einer Teigkarte durch das Sieb drücken.

Pürieren und Schäumen im Mixglas
Im Mixglas lassen sich Suppen und Saucen besonders fein pürieren, gewinnen an Volumen und werden luftig und schaumig. Fixieren Sie den Deckel mit der Hand und gehen Sie anschließend stufenweise auf die höchste Drehzahl.

Schäumen mit dem Stabmixer
Zum Mixen und Schäumen von kleineren Mengen Suppen oder Saucen verwenden Sie einen Stabmixer.

Abseihen, Abgießen

Abgießen von gekochtem Gemüse
Deckel mit Geschirrtuch oder Schutzhandschuhen etwas zurückziehen, das Wasser so abgießen, dass der Dampf nach hinten entweichen kann. So verhindern Sie Verbrühungen durch den heißen Dampf.

Die wichtigsten Gerätschaften zum Abseihen

Durchschlagsieb
Ein Durchschlagsieb ist zum Waschen von Salaten und Gemüse ebenso geeignet wie zum Abspülen von Nudeln.

Rundsieb
Verwenden Sie zum Durchsieben von Saucen ein Rundsieb, wenn die Flüssigkeit von den festen Bestandteilen wie etwa Röstgemüse oder Knochen getrennt werden soll. Zum raschen Abspülen von Nudeln eignen sich sowohl Rund- als auch Durchschlagsiebe.

Spitzsieb
Dieses Sieb dient zum groben Abseihen von Suppen und Saucen; die Flüssigkeit fließt leichter und rascher von den festen Bestandteilen ab als bei flachen Sieben.

Passiertuch (Etamin)
Etamin ist ein grobmaschiges Leinentuch, mit dem Sie feinste Rückstände aus klaren Suppen oder Saucen filtern können. Es wird lose in ein Rundsieb eingelegt.

Saucensieb
Seihen Sie feine Saucen vor dem Anrichten durch ein kleines, feinmaschiges Sieb.

Binden und Montieren von Suppen, Saucen und Gemüse

Binden mit pürierten Grundprodukten
Suppen oder Saucen binden Sie am natürlichsten durch Mixen (Pürieren) von gegarten Grundprodukten zusammen mit Flüssigkeit im Mixglas. Diese Methode eignet sich für dunkle Saucen mit gemixtem Röstgemüse sowie für Gemüseschaum- und Fleischpüreesuppen.

Binden mit Mehlteig
Ein kalt angerührtes Mehl-Wasser-Gemisch eignet sich zum Binden von Gulasch, Ragout und Fleischsaucen, aber auch zum Korrigieren von zu dünn geratenen Suppen oder Saucen.

1. Mehl mit dem Schneebesen glatt in kaltes Wasser einrühren.

2. Mehl-Wasser-Mischung in die kochende Flüssigkeit rühren. Aufkochen, 2–3 Minuten verkochen. Bei Klumpenbildung Sauce durch ein Sieb seihen.

Binden mit saurer Sahne und Mehl
Rahmsaucen binden Sie mit einer Mischung von saurer Sahne oder Crème fraîche und Mehl.

1. Saure Sahne oder Crème fraîche mit Schneebesen glattrühren, Mehl einrühren.

2. Rahm-Mehl-Gemisch in die kochende Flüssigkeit einrühren, aufkochen, 2–3 Minuten verkochen. Bei Klumpenbildung Sauce durch ein Sieb seihen.

Binden mit Stärke

Um Saucen leicht und glänzend zu binden, verrühren Sie Stärkemehl mit kaltem Wasser oder Wein. Um 1 l Sauce zu binden, benötigen Sie 20–25 g Stärkemehl und $^1\!/_{16}$ l Flüssigkeit.

1. Stärkemehl mit kalter Flüssigkeit verrühren.

2. Gemisch mit einem Schneebesen zügig in die kochende Flüssigkeit einrühren, nochmals aufkochen.

Herstellen einer hellen Mehlschwitze

Geeignet zum Binden von Suppen, Hühnerfrikassee und für Gemüse à la crème.
Für 1 l Suppe benötigen Sie 20–30 g Butter und 20–30 g Mehl, für 1 l Sauce 50–60 g Butter und 50–60 g Mehl.

1. Butter schmelzen, Mehl einrühren.

2. Einmal aufschäumen, anschließend am Herdrand etwas abkühlen lassen.

3. Mit kochender Flüssigkeit aufgießen, glatt verrühren. Unter ständigem Rühren 2–3 Minuten kochen.

Herstellen einer dunklen Mehlschwitze

Für eine dunkle Mehlschwitze wird das Mehl braun geröstet. Geeignet zum Binden von Linsen und für Suppen.
Für 1 l Suppe benötigen Sie ca. 30 g Öl und ca. 30 g Mehl, für 1 l Sauce 50–60 g Öl und 50–60 g Mehl.

1. Mehl in Öl einrühren und erhitzen.

2. Mehl unter Rühren braun anrösten, am Herdrand abkühlen lassen.

3. Mit kochender Suppe oder Fond aufgießen, glatt verrühren, 5 Minuten kochen.

Montieren von Säften und Saucen

Kalte Butterstücke mit dem Saucenbesen zügig in die kochende Flüssigkeit einrühren, Topf von der Herdplatte ziehen, nicht mehr aufkochen.
Suppen und Saucen erhalten dadurch zusätzliche Bindung, seidigen Glanz und vollmundigen Geschmack.

Parmesan reiben

Parmesanspäne
Parmesanspäne können Sie mit einem Sparschäler, Gemüse- oder Trüffelhobel herstellen.

Mit einer Parmesanreibe (Rohkostmühle) können Sie kleine Mengen Rohkost, Käse, Schokolade oder Nüsse schnell reiben.

Sahne schlagen

Verwenden Sie stets gut gekühlte Schlagsahne und eine kalte Rührschüssel. Achtung: Zu steif geschlagene Sahne schmeckt buttrig und aufdringlich.

Verwendung eines Wasserbads

Gelatine schmelzen

1. Gelatineblätter in kaltem Wasser einweichen.

2. Eingeweichte Gelatineblätter aus dem Wasser heben und leicht abpressen.

3. Im nicht zu heißen Wasserbad mit 1–2 EL Flüssigkeit (Wasser, Fond oder Alkoholika) lauwarm schmelzen.

4. Geschmolzene, abgekühlte Gelatine zügig unter die vorbereitete Masse rühren.

Eier warm aufschlagen

Eier mit den jeweiligen Zutaten verrühren. Im Wasserbad warm und schaumig aufschlagen.

Schokolade schmelzen

Zerkleinerte Schokolade (Kuvertüre) in eine Schüssel geben. Diese in ein warmes Wasserbad setzen, unter Rühren schmelzen.

Garen im Wasserbad
siehe Seite 59

Schneiden will geübt sein

Stumpfe Messer sind die Achillesferse jeder Küche. Denn der knusprigste Braten, die perfekt glasierte Torte und die zarteste Terrine verlieren an Wert, wenn stumpfe Messer die Optik zerstören.

Darauf kommt's an

- Verwenden Sie nur hochwertige Messer aus bestem Stahl.
- Wählen Sie für den jeweiligen Verwendungszweck das in Länge und Eigenschaften passende Messer.
- Reinigen Sie Messer niemals in der Spülmaschine.
- Ziehen Sie Messer vor jedem Gebrauch mit dem Wetzstahl im Winkel von ca. 15 ° in Richtung Handschutz ab.
- Asiatische Spezialmesser zeichnen sich durch besondere Schärfe aus, setzen aber eine eigene Schneidetechnik voraus.
- Ein Elektromesser eignet sich zum Schneiden von großem Schneidegut wie Braten, Terrinen oder Pasteten.
- Schneiden Sie auf Kunststoff- oder Holzbrettern.

So schneiden Sie richtig

- Winkeln Sie beim Schneiden die Finger der Führungshand an, lassen Sie daran das Messer gleiten.
- Flachen Sie Möhren, Sellerieknollen etc. ab, um stabilen Halt zu gewährleisten.
- Um Wurzelgemüse, Fleisch oder Käse in feine Streifen zu schneiden, verwenden Sie zuerst eine Brot- oder Aufschnittmaschine bzw. einen Gemüsehobel. Die feinen Scheiben schneiden Sie anschließend mit einem Messer in gleichmäßige Streifen.
- Schneiden Sie immer mit raschen, ziehenden Bewegungen ohne zu drücken.
- Beim Schneiden von Zwiebeln, Schnittlauch, anderen Kräutern und für den Julienne-Schnitt setzen Sie die Messerspitze auf dem Brett auf. Schneiden Sie mit wiegenden Bewegungen.
- Terrinen oder Parfaits hüllen Sie vor dem Schneiden in Frischhaltefolie. So vermeiden Sie Abbröckeln und Auseinanderbrechen. Folienstreifen ziehen Sie anschließend ab.
- Gerichte mit Teighülle ritzen Sie zuerst mit einem Sägemesser leicht ein und schneiden dann mit einem möglichst dünnen Messer nach.
- Schneiden Sie Braten nicht zu heiß, durch die fliehende Hitze trocknet das Fleisch aus.

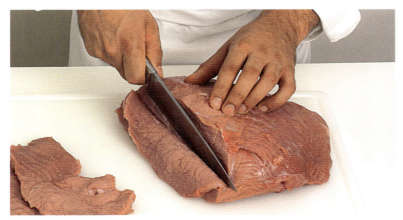

Fleischmesser oder **Allround-Messer** zum Schneiden von Fleisch und Gemüse

Langes, schmales **Messer** zum Tranchieren oder zum Aufschneiden von Pasteten und Terrinen

Schmales, biegsames **Filetiermesser** zum Filetieren von Fischen

Kurzes, schmales **Messer** zum Herauslösen von Knochen

Gemüsemesser zum Schälen und Zuschneiden von Gemüse

Zwiebeln schneiden

Schneiden Sie Zwiebeln mit einem scharfen Gemüsemesser mit breiter Klinge.

Zwiebeln in kleine Würfel schneiden

1. Zwiebel durch den Wurzelansatz halbieren, mit der Schnittfläche auf das Schneidebrett legen. Messer mit engen Schnitten durch die Zwiebel ziehen, ohne den Wurzelansatz zu durchschneiden.

2. Eingeschnittene Zwiebelhälfte zweimal waagrecht einschneiden, ohne den Wurzelansatz zu durchtrennen.

3. Zwiebelhälfte anschließend parallel zur Wurzel in kleine Würfel schneiden.

Zwiebeln in Ringe schneiden

Zwiebel im Ganzen in Richtung Wurzelansatz mit einem Gemüsemesser mit breiter Klinge oder einer Schneidemaschine in dünne Ringe schneiden.

Verwendung
für Rostbratenzwiebeln oder gebackene Zwiebelringe

Schneidearten für Wurzelgemüse

Lange, dünne Scheiben
Geschältes Wurzelgemüse der Länge nach mit Sparschäler, Schneidemaschine oder Gemüsehobel in dünne Scheiben schneiden bzw. hobeln.

Feine Streifen
Das in dünne Scheiben geschnittene Wurzelgemüse abschließend in feine Streifen schneiden (Julienne).

Verwendung
als Suppeneinlage, für Rostbraten, Salate und Rohkost

Kleine Würfel
Wurzelstreifen anschließend in kleine Würfel schneiden (Brunoise).

Verwendung
als Suppen- oder Sauceneinlage

Feinblättrig
Wurzelgemüse in ca. 3 mm dünne Scheiben schneiden.

Stäbchen
Wurzelgemüse in 5 cm lange Stücke teilen, dann in 5 mm dicke Scheiben und danach in gleichmäßige Stäbchen schneiden.

Würfelig
Die Gemüsestäbchen in Würfel schneiden.

Verwendung
als Suppeneinlage, für Eintöpfe und Mischgemüse

Für Röstgemüse (Mirepoix)
Gemüse zuerst in ca. 2 cm große Stäbchen, dann in Würfel schneiden.

Verwendung
zum Ansetzen von Fonds und Saucen

Die Kunst des Würzens

Speisen ohne Geschmack sind Speisen ohne Seele. Für viele Gerichte gibt es genaue Vorgaben, wie sie zu schmecken haben und nach welchen Richtlinien sie zu würzen sind. Bei anderen Speisen gilt: »Erlaubt ist, was schmeckt.« Die Kunst des Würzens besteht letztlich darin, zusammenzufügen, was den Geschmack verbessern kann.

Darauf kommt's an

- Lagern Sie Gewürze trocken und gut verschlossen.
- Paprika- und Currypulver sind lichtempfindlich.
- Frisch gemahlene Gewürze haben intensivere Würzkraft.
- Vermeiden Sie Überwürzungen, besondere Vorsicht ist bei Suppen geboten.
- Lorbeerblätter und Wacholderbeeren überdecken bei falscher Dosierung den Eigengeschmack des Gerichtes.
- Salzen Sie Suppen, Schmorgerichte und Risotto nicht zu früh. Reduzierendes Kochen führt zu Überwürzung.
- Salzen Sie Fisch und Fleisch erst im letzten Moment.

Das Gewürzbord

Basisausstattung
Salz (Meersalz)
Pfefferkörner, weiß und schwarz
Wacholderbeeren
Lorbeerblätter
Majoran
Thymian
Kümmel, ganz
Oregano

Paprikapulver, edelsüß
Currypulver
Muskatnuss
Anis
Gewürznelken
Vanilleschoten oder Vanillin
Zimtrinde, im Ganzen
Zimt, gemahlen

Erweiterung für Hobbyköche
Ingwer
Sternanis
Koriandersamen
Senfkörner
Safranfäden
Kurkuma
Macis
Fenchelsamen

Geschmacksverstärker

Glutamat
Das weiße kristalline Salz aus pflanzlichem Eiweiß ist geschmacklos, verstärkt jedoch den Eigengeschmack und rundet bei richtiger Dosierung Speisen angenehm ab.

Gekörnte Brühen
Fertigbrühen bestehen in der Regel aus Fleischextrakt, Salz und tierischem Fett. Gut dosiert verstärken Sie den Geschmack von Suppen und Saucen. Zur besseren Homogenisierung sollten sie erst in der Endphase des Kochprozesses mitgekocht werden.

Die Hilfsmittel

Gewürzei
Füllen Sie Gewürze und Kräuter (zum Beispiel Pfefferkörner, Wacholderbeeren, Lorbeerblatt usw.) in ein am Topfrand verankertes Gewürzei oder binden Sie sie in ein Leinentuch ein (Gewürzsäckchen).

Kräuterbündel (Bouquet garni)
Binden Sie frische Kräuter (zum Beispiel Rosmarinzweige, frische Lorbeerblätter, Petersilien- und Kräuterstängel etc.) mit Küchengarn zu einem Bündel zusammen.

Gespickte Zwiebel
Zum Dünsten von Reis, für weiße Saucen (Béchamelsauce) oder für Eintöpfe spicken Sie Zwiebeln mit Gewürznelken und einem Lorbeerblatt.

Gewürzreduktion

ZUTATEN

¼ l Wasser
1 El Essig oder Zitronensaft
1 EL Zwiebel oder Schalotten, geschnitten
1 Lorbeerblatt
10 Pfefferkörner, angedrückt
einige Kräuterstängel

SO WIRD'S GEMACHT

Kochen Sie alle Zutaten reduzierend auf ¼ der ursprünglichen Flüssigkeitsmenge ein und sieben Sie anschließend die Reduktion durch.

VERWENDUNG

zum Aufschlagen von Buttersaucen (zum Beispiel Sauce Hollandaise oder Sauce Béarnaise)

Vom Umgang mit Kräutern

Für alles ist ein Kraut gewachsen. Wer kreativ und wohlschmeckend kochen will, muss den Umgang mit Kräutern beherrschen und Kräuter den Speisen angepasst einsetzen können.

Darauf kommt's an

- Zupfen Sie die Blätter frischer Kräuter erst im letzten Moment.
- Besprühen Sie frische Kräuter mit kaltem Wasser.
- Hacken Sie Kräuter erst kurz vor der Verwendung mit scharfen Werkzeugen und nicht zu fein.
- Fügen Sie Petersilie, Kerbel und Basilikum erst ganz am Schluss der Speise bei.
- Getrocknete Kräuter weisen einen veränderten Geschmack auf, der für bestimmte Gerichte charakteristisch ist. Durch Verreiben der Kräuter zwischen den Handflächen verstärken Sie den Geschmack.

Dill
zum Beizen von Fischen, zum Garnieren von kalten Fischgerichten und Canapés, für Saucen, Schaum- und Fischsuppen, Gurkensalat und -saucen, Eintopfgerichte und für Dillkartoffeln; verwendet werden nur die Spitzen

Koriander
zum Würzen von asiatischen Nudelgerichten, Salaten, Fisch, Fleisch und Eintopfgerichten

Kresse
- Daikon-Kresse: scharfer, rettichähnlicher Geschmack
- Kapuzinerkresse: geschätzt wegen ihrer farbenprächtigen essbaren Blüten
- Zuchtkresse: zum Bestreuen von Salaten, für gebundene Suppen und Saucen und als Garnitur

Liebstöckel
Würzkraut mit ausgeprägtem »Maggi-Geschmack«, geeignet zum Aromatisieren von Suppen und Eintöpfen

Minze
zum Aromatisieren von Saucen, Lammgerichten, Bowlen und für Süßspeisen

Oregano
getrocknet für Pizza, Pasta und Grillgerichte

Schnittlauch
frisch geschnitten zum Bestreuen von Suppen, Salaten und Eiergerichten; für Dips, Aufstriche, kalte und warme Saucen

Thymian frisch oder getrocknet für Schmorgerichte und Eintöpfe

Petersilie für Kartoffeln, Fisch, Fleisch, Kräuterbutter, zum Frittieren und zum Bestreuen von Speisen; darf nicht mit Speisen mitgekocht werden

Lorbeerblätter für dunkle Saucen, Schmorgerichte von Rind, Lamm und Wild

Basilikum für Tomaten- und Käsegerichte, Tomatensauce, Pasta- und Fischgerichte; Grundbestandteil von Pesto

Salbei für Ravioli, Fisch, Geflügel und Fleischgerichte (Saltimbocca)

Kerbel für Schaumsuppen, feine Sahne- und Buttersaucen und Kräutermischungen

Majoran für Majorankartoffeln, Kartoffelsuppe, Gulasch, gebratene Leber, Nieren und Hackfleisch; getrockneter Majoran entfaltet sein volles Aroma, wenn Sie ihn zwischen den Handflächen verreiben

Rosmarin für Fisch, Braten und Schmorgerichte mit den Stängeln hinzufügen, abschließend entfernen

Estragon für Kräutermischungen, Kräuterbutter, Dressings, Marinaden, kalte und warme Saucen

Zitronenmelisse für Salate, Saucen, Fisch- und Fleischgerichte und Mixgetränke

Wildkräuter

Bärlauch
für Schaumsuppen, Fischsaucen, Risotti, Pastagerichte, Aufstriche und Bärlauchpesto

Brennnessel
junge Blätter wie Spinat verarbeiten; für Cremesuppe, Saucen oder als Raviolifüllung in Kombination mit Ricotta und Parmesan

Brunnenkresse
für Schaumsuppe, Fischsauce, als Beigabe zu Grillgerichten

Sauerampfer
in feine Streifen geschnitten in Weißweinsauce zu Fisch; für Schaumsuppen und als Bestandteil von Gourmetsalaten

Löwenzahn
als Salat, auch gemischt mit anderen Blattsalaten oder Kartoffelsalat

Waldmeister
zum Aromatisieren von Bowlen, Eisparfaits, Eiscremes usw. oder zum Parfümieren von Wildgerichten und Saucen

Wichtige Fleischteile

Die Bezeichnung der verschiedenen Fleischteile zum Kochen, Schmoren, Braten oder Ausbacken wirkt für Fachunkundige wie eine kleine Wissenschaft. Doch für den Hausgebrauch reichen einige grundlegende Informationen. Im Folgenden finden Sie eine Übersicht der wichtigsten Fleischteile zum Kochen, Braten und Schmoren sowie für Schnitzel und Steaks. Und im Zweifelsfalle lassen Sie sich vom Metzger Ihres Vertrauens beraten.

Fleisch zum Kochen, Braten und Schmoren

Tafelspitz
In der klassischen Wiener Rindfleischküche ist Tafelspitz das begehrteste und bekannteste Stück Siedefleisch. Es wird aus der Hüfte geschnitten (Hüftdeckel), hat einen zarten Fettrand an der Oberseite und ist auch zum Schmoren geeignetes, sehr feinfasriges, saftiges, hochwertiges Fleisch.

Bürgermeisterstück
Die auch »Pastorenstück« genannte, im Aussehen dem Tafelspitz ähnliche Hüftspitze hat eine etwas gröbere Fleischstruktur und zarte Fetteindeckung; zum Kochen, Kurzbraten und Schmoren geeignet.

Schwanzrolle
Dieses fast fettfreie, lange, gleichförmige, helle Stück hat eine angenehm trockene Fleischstruktur. Wird von Linienbewussten bevorzugt; zum Kochen und Schmoren geeignet.

Oberschale
Klassisches Rouladenfleisch, hervorragend zum Schmoren oder als Braten geeignet.

Unterschale
Die Unterschale ist ein absolut fettfreies, eher trockenes Keulenfleisch. Ideal für die fettarme Küche; als Braten und zum Kochen und Schmoren geeignet.

Kugel (Nuss)
Teilstücke der Kugel (Nuss) ergeben ausgezeichnetes Schmor- und Sauerbratenfleisch; auch zum Kurzbraten geeignet.

Schaufelstück
Dieses Schulterfleisch zeichnet sich durch zarte Fetteindeckung und kompakt feinfasriges, besonders geschmacksintensives Fleisch mit einem schmalen gallertartigen Kern aus; zum Kochen und Schmoren geeignet (Sauerbraten).

Schaufeldeckel
Durchzogenes, geschmacksintensives Fleischstück von der Schulter mit grober Struktur; ist zum Kochen, als Braten und für Gulasch geeignet.

Falsches Filet, Schulterfilet
Dieses zapfenartige, feinporige, kernige Schulterfleisch ist fast fettfrei und zum Kochen, Braten und für Sauerbraten geeignet.

Querrippe, Spannrippe
Saftiges, grobstrukturiertes Rippenfleisch mit oft massiver Fetteindeckung; wird bevorzugt zum Kochen verwendet.

Fehlrippe
Der hintere Teil des Halses hat einen relativ hohen Fettanteil und ist von Bindegewebe durchwachsen; wird vor allem zum Kochen verwendet.

Das ideale Fleisch für Schnitzel

Schnitzel vom Kalb oder Schwein zum Braten oder Ausbacken schneiden Sie am besten selbst.

Oberschale
Dieser magere Keulenteil ist das klassische Fleisch für Wiener Schnitzel und Schnitzel nature. Es ist großflächig, daher ideal zu portionieren und verfügt über eine feine Fleischfaserung.

Unterschale
Unterschale ist eine ausgezeichnete Alternative zur Oberschale, muss aber mit Faltschnitt geschnitten werden.

Kalbsrückenfilet
Dies ist das bevorzugte, wenn auch sehr teure Schnitzelfleisch von Haubenköchen.

Hüfte
Unter Kennern, die besonders saftige Schnitzel bevorzugen, gilt Hüfte als Geheimtipp.

Schweinenacken (Kamm)
Nacken (Kamm) ist das Richtige für Liebhaber von saftigen, mit Fett durchzogenen ausgebackenen Schnitzeln.

Puten oder Hühnerschnitzel
Puten- und Hühnerschnitzel werden aus Brustfleisch ohne Haut und Knochen geschnitten.

Fleischteile für Steaks

Vom Filet
Die zartesten, hochwertigsten und daher auch teuersten Steaks werden aus dem Rinderfilet geschnitten.
- Filetsteak/Pfeffersteak: Mindestgewicht 180 g
- Chateaubriand: Steak für 2 Personen, Mindestgewicht 400 g
- Tournedos und Mignonsteaks: kleine Steaks aus dem dünneren Teil des Filets, pro Portion 180 g
- Medaillons: Ministeaks aus sehr zartem Filet (Schweins- und Kalbsmedaillons) bzw. Rückenfilet (Lamm- und Rehmedaillons)

Vom Rinderrücken (Hochrippe und Roastbeef)
Steaks aus dem Rinderrücken verfügen über eine kompakte Fleischstruktur mit kernigem Biss.
- Entrecote: Steak aus dem Roastbeef mit ca. 200 g
- Entrecote double: Steak aus dem Roastbeef für 2 Personen mit mindestens 400 g
- Rumpsteak: Steak aus dem flachen Roastbeef mit ca. 200 g
- Rib-eye-Steak: saftiges, mit mehreren Fettschichten durchzogenes Steak aus der ausgelösten Hochrippe mit ca. 250 g
- T-Bone-Steak: Steak aus dem zur Keule verlaufenden Rinderrücken, mit T-förmigem Knochen und kleinem Filetanteil; Gewicht: 700–1.000 g, für 2–3 Personen
- Porterhousesteak (Bistecca alla fiorentina): Steak aus dem letztem Teil des zur Keule verlaufenden Rinderrückens mit T-förmigem Knochen und größerem Filetanteil; Gewicht: 700–1.000 g, für 2–3 Personen

Welches Fett für welchen Zweck

Zu viel und minderwertiges oder falsch eingesetztes Fett ist gesundheitsschädlich. Doch wer gut und gerne kocht, für den geht ohne Fett (fast) gar nichts. Um so mehr kommt es auf den richtigen Umgang mit Fetten an.

Butter
Verwenden Sie Butter zum Verfeinern von Gemüse, Montieren von Säften und Saucen, für Buttermischungen und Aufstriche.

Butterschmalz (geklärte Butter)
Butterschmalz ist hitzebeständig und deshalb zum Braten und Backen bestens geeignet; selbstgeklärte Butter schmeckt wesentlich besser als im Handel erhältliches Butterschmalz.

1. Butter langsam erhitzen und so lange kochen, bis sich die Molke absondert. Diese mit einem Suppen- oder Schaumlöffel abheben.
2. Butterschmalz durch ein feines Sieb gießen.

Braune Butter
Braune Butter eignet sich sehr gut zur Geschmacksoptimierung von gekochtem Gemüse, zu gebratenen oder pochierten Fischen.

1. Butter in einer Pfanne oder flachen Kasserolle langsam erhitzen, bis sie braun wird.
2. Beim gewünschten Bräunungsgrad Butter sofort verwenden, da sie nachdunkelt.

Fett zum Braten
Zum Braten sind geschmacksneutrale Pflanzenöle und Butterschmalz geeignet, sie können in der Regel bis 180 °C erhitzt werden. Olivenöl kann ebenfalls zum Braten verwendet werden, die Nährstoffe gehen jedoch durch das Erhitzen verloren.

Fett zum Ausbacken
Wählen Sie hitzebeständige, geschmacksneutrale Pflanzenöle oder Butterschmalz.

Zu Ihrer Sicherheit

Die Küche ist nicht nur eine Stätte des Genusses, sondern auch potentieller Gefahren. Selbst Profis sind nicht vor Unfällen gefeit. Deshalb beachten Sie bitte die folgenden Vorsichtsmaßnahmen.

Darauf kommt's an

- Bewahren Sie Messer nicht in Schubladen auf, sondern in Messerblöcken oder an Magnetleisten.
- Legen Sie beim Schälen von Gemüse und Obst niemals das Messer zu den Schalen.
- Legen Sie Messer und Schneidegeräte nicht in mit Wasser gefüllte Spülbecken.
- Reinigen Sie Messer vorsichtig und konzentriert, fahren Sie mit den Fingern nicht ungeschützt über die Klinge.
- Legen Sie Messer nach Beendigung der Schneidearbeiten sofort an ihren Stammplatz zurück.
- Legen Sie ein feuchtes Schwammtuch unter Schneidebretter.
- Bei Schneidemaschinen verwenden Sie den Handschutz. Stellen Sie nach Gebrauch die Schnittstärke zum Reinigen auf 0.
- Halten Sie keine Gegenstände wie Gummispachtel oder Kochlöffel in rotierende Rühr- und Schneidemaschinen.
- Um Töpfe und Pfannen mit heißer Flüssigkeit zu schieben, heben Sie diese an einer Seite leicht und ziehen sie dann in die gewünschte Richtung.
- Beim Hantieren mit heißen Gegenständen verwenden Sie trockene Schutzhandschuhe oder Geschirrtücher.
- Beim Abgießen von heißen Flüssigkeiten ziehen Sie den Deckel leicht nach hinten, damit der Dampf entweichen und die Flüssigkeit abfließen kann.
- Legen Sie Fleisch und Fisch stets in die vom Körper abgewandte Richtung in heiße Pfannen.
- Lassen Sie Pfannengriffe nicht über die Herdkante hinausragen.
- Löschen Sie brennendes Fett nicht mit Wasser, sondern ersticken Sie es mit Tüchern oder Decken.

Kochen ohne Chaos

Eine gut organisierte Abfolge der erforderlichen Arbeitsschritte garantiert Übersicht und Kochen ohne Stress.

Darauf kommt's an

- Beginnen Sie mit der Arbeit am Herd erst dann, wenn Sie die Vorbereitungsarbeiten beendet haben.
- Anfallendes Schmutzgeschirr sollte zwischendurch gereinigt oder in der Spülmaschine verstaut werden.
- Reinigen Sie die Arbeitsflächen nach jedem Arbeitsgang, damit Sie sauberes Geschirr nicht beschmutzen.
- Wenn Speisen aufgetragen werden, sollte die Küche bereits weitgehend gereinigt sein. Nichts ist frustrierender, als wenn nach einer wunderbaren Mahlzeit und einem geselligen Zusammensein eine mit Schmutzgeschirr überladene Küche auf Sie wartet.

So organisieren Sie Ihren Arbeitsplatz

- Stellen Sie Kochtöpfe und Schüsseln, Kochlöffel, Schneebesen etc. bereit sowie Schneidebretter mit Gleitschutz und Werkzeuge, die Sie für die geplanten Speisen benötigen.
- Legen Sie ein Geschirrtuch und ein feuchtes Schwammtuch in Griffweite.
- Zum Abtrocknen der Hände verwenden Sie Küchenkrepp.
- Zur Ablage der Kochlöffel und Rührwerkzeuge stellen Sie Teller oder Kochlöffelbehälter bereit.

Die Vorbereitungsarbeiten

- Zur Aufnahme von Schalen und Abfällen richten Sie eine Schüssel her, die Sie nach vollendeten Vorbereitungsarbeiten entfernen.
- Stellen Sie zunächst jene Zutaten bereit, die Sie für die Vorbereitungsarbeiten benötigen.
- Der Arbeitsfluss für Rechtshänder verläuft von links nach rechts.
- Beginnen Sie die Vorbereitungstätigkeiten mit dem Schälen, Reinigen und Waschen von Gemüse.
- Anschließend schneiden Sie Gemüse, parieren, schneiden, klopfen Fleisch usw.
- Stellen Sie nun alle Zutaten der jeweiligen Speisen in Behälter abgefüllt der geplanten Kochabfolge entsprechend bereit.

Starten Sie mit dem Kochen

- Beginnen Sie mit jenen Gerichten, die die längsten Garzeiten benötigen.
- Verteilen Sie Kochprozesse sinnvoll auf Herd und Backofen. Zum Beispiel: Dünsten von Gulasch im Backofen, Kochen von Suppe, Gemüse und Kartoffeln auf dem Herd.
- Erhitzen Sie vor dem Anrichten den Backofen. So können Sie Gebäck aufbacken, Teller und Anrichtegeschirr vorwärmen oder angerichtete Speisen kurzfristig warm stellen.

So bekochen Sie Gäste

Ob es für eine Familienfeier zu kochen gilt oder der Chef geladen ist: Mit erstklassiger Planung ist der Erfolg auf Ihrer Seite.

Darauf kommt's an

- Kochen Sie grundsätzlich nur Speisen, die Sie gut beherrschen.
- Nehmen Sie beim Zusammenstellen der Speisefolge auf die technischen Einrichtungen Ihrer Küche Rücksicht und nützen Sie diese optimal aus.
- Wählen Sie Speisen, von denen Sie annehmen können, dass Sie den Essgewohnheiten Ihrer Gäste entsprechen. Meiden Sie Lamm- und Wildgerichte, außer Sie sind sich sicher, dass diese Gerichte gewünscht werden.
- Nehmen Sie auf die Zusammensetzung Ihrer Gäste Rücksicht. Ältere Menschen bevorzugen kleine Portionen und leicht verdauliche Speisen. Kinder versorgen Sie mit ihren Lieblingsgerichten.
- Stellen Sie die Speisefolge unter Berücksichtigung der Jahreszeit und des Marktangebots zusammen.
- Beachten Sie bei der Zusammenstellung, dass sich Zutaten, Aromen und Zubereitungsarten nicht wiederholen.

So gestalten Sie ein festliches Menü

- Eine fertig angerichtete kalte Vorspeise gibt Ihnen die Möglichkeit, Ihren Gästen als Gesprächspartner zur Verfügung zu stehen.
- Als zweiten Gang wählen Sie eine bereits vollendete Suppe.
- Als Hauptgang bietet sich ein großer Braten an, den Sie nur noch aufschneiden und anrichten müssen.
- Gemüse und Sättigungsbeilagen (Reis oder Kartoffeln) erwärmen Sie fertig gewürzt, am besten im Mikrowellenherd.
- Die Käseauswahl wartet unter der Käseglocke darauf, serviert zu werden.
- Als Nachtisch ist Kühles angesagt. Eisparfait, Fruchtdesserts und feine Cremes kann man fix und fertig vorbereiten.
- Zum Kaffee reichen Sie vorbereitete Kleinbäckerei.
- Größere Personengruppen verwöhnen Sie mit einem kombinierten kalt-warmen Buffet. In diesem Fall sind die Vorbereitungsarbeiten bereits abgeschlossen, wenn Ihre Gäste eintreffen.
- Wählen Sie zu den Speisen passende Getränke, kühlen Sie sie rechtzeitig ein und öffnen Sie sie zum Teil vor Beginn der Mahlzeit.

Die Garmethoden

Die Wahl der geeigneten Garmethode spielt eine entscheidende Rolle für das Gelingen von Gerichten.

Blanchieren (vorbereitende Garmethode)

Spinat, Kohl und Bries etc. mit kochendem Wasser überbrühen. Anschließend in eiskaltem Wasser rasch abschrecken.

Pochieren

Schonendes Garziehen in ausreichend, meist gewürzter, Flüssigkeit (Wasser oder Fond) bei Temperaturen zwischen 75 und 95 °C (Portionsfische, Fischfilet, pochierte Eier, ausgelöste Hühnerbrust etc.).
Als Geschirr eignet sich je nach Verwendungszweck eine flache Kasserolle bzw. eine Fischwanne mit Siebeinsatz.

Kochen

Garen von Nahrungsmitteln in reichlich kochender Flüssigkeit, wobei das Kochgut (Fleisch, Gemüse, Nudeln, Eier etc.) in hohen Töpfen ohne Deckel vollständig mit Flüssigkeit bedeckt ist.

Dämpfen

Schonendes Garen über Wasserdampf im Siebeinsatz in zugedecktem Zustand (Fisch, Hühnerbrüste, Gemüse, Knödel etc.).

Garen im Wasserbad

Garen von in Formen befindlichen Terrinen, Cremes oder Aufläufen auf dem Herd oder im Backofen. Die gefüllten Formen werden bis etwa zur Hälfte in ein auf etwa 80 °C temperiertes Wasserbad gestellt.

Garen in der Folie

Garen in Bratfolie oder in verschlossener, meist gefetteter Alufolie bzw. Pergamentpapier im Backofen, im Dampfgarer oder in heißer Flüssigkeit (Fische, portioniertes Fleisch bzw. große Bratenstücke etc.).

Dünsten

Schonende Garung im eigenen Saft oder in wenig Flüssigkeit. Rohe portionierte Fleischstücke werden ohne anzubraten mit wenig Flüssigkeit zugedeckt gedünstet (zum Beispiel Gulasch).

Schmoren

Angebratenes Fleisch mit wenig Flüssigkeit und Schmorgemüse zugedeckt garen (Schmor- oder Sauerbraten, Rindsrouladen, Rehkeule etc.). Sauce mit Mehl, Stärke oder passiertem Wurzelgemüse binden und wahlweise mit Rotwein, saurer Sahne oder Crème fraîche verfeinern.

Frittieren (Ausbacken) in Fett

Speisen schwimmend in heißem Fett bei Temperaturen zwischen 160 °C und 180 °C in einer tiefen Pfanne, flachen Kasserolle oder Friteuse goldbraun knusprig frittieren (Wiener Schnitzel, Backhuhn, Pilze, Pommes frites, etc.).

Braten in der Pfanne (Kurzbraten)

Beidseitiges rasantes Braten von Portionsstücken in wenig Fett, meist mit abschließender Saucengewinnung (Schnitzel, Steaks, Fischfilets, Garnelen etc.).

Garen im Wok

Garen nach asiatischer Methode unter ständigem Schwenken und Rühren in stark erhitztem Öl (Geflügel- oder Fleischstreifen in Kombination mit Gemüsestreifen oder -röschen und Bambus- oder Sojasprossen, asiatischen Nudeln etc.).

Dünsten

Meist vorgegarte Speisen (Fleisch, Fisch, Gemüse etc.) werden mit Gratiniersauce überzogen oder mit Käse belegt und bei extremer Oberhitze im Backofen oder im Salamander (Grillschlange) überkrustet.

Grillen unter der Haube

Grillen von großen Braten im Kugelgrill bei geschlossener Haube (Pute, Spanferkel, Schweinebraten etc.).

Grillen am Rost

Beidseitiges bräunendes Grillen von Portionsstücken in Grillpfannen oder am leicht geölten Rost über Holzkohlenglut oder Lavasteinen mit Gasfeuerung (Steaks, Medaillons, Portionsfische im Ganzen, Grillgemüse etc.).

Braten (Grillen) am Spieß

Kleine Gemüse- oder Fleischstücke oder Meeresfrüchte auf Holz- oder Metallspieße auffädeln, anschließend braten oder grillen. Große Bratenstücke wie Hühner, Enten etc. auf stabilen Drehspießen fixieren und im Backofen oder über offener Feuerung garen.

Braten im Ofen

Garen von großen Bratenstücken im Backofen bei anfangs starker Ober-/Unterhitze um 220 °C, anschließend bei reduzierter Hitze und abschließendem Ruhen bei 60 °C.

Niedertemperaturgarung

Ideale Bratmethode für rosa gebratenes Fleisch wie Roastbeef, Lamm- oder Rehrücken usw. Nach dem Anbraten wird die Backofentemperatur je nach Größe des Bratens auf ca. 70–90 °C abgesenkt. Die Kerntemperatur soll bei dieser Garmethode 58 °C betragen.

Kalte Speisen

Mayonnaise

Mayonnaise dient zur Erzeugung von pikanten Saucen und Dips, zur Bindung von cremigen Salaten oder zum Garnieren von Appetithäppchen und kalten Speisen. Wer Mayonnaise selbst herstellt, hat die Möglichkeit, durch die Wahl hochwertiger Öle im Vergleich zu Handelsware wesentlich bessere Qualität zu erreichen.

Darauf kommt's an
- Verwenden Sie stets zimmertemperierte Zutaten.
- Gießen Sie das Öl mit dünnem Strahl zu.
- Rühren und homogenisieren Sie Mayonnaise mit einem Schneebesen oder einem Rührgerät.

Mayonnaise

ZUTATEN

2 Eigelb
1 KL Senf, mittelscharf
etwas Zitronensaft oder Essig
Salz
1 Prise Zucker
1 Spritzer Worcestershiresauce
Pfeffer, weiß, gemahlen
¼ l Pflanzenöl, neutral
Zitronensaft zum Abschmecken

SO WIRD'S GEMACHT

1. Eigelb, Senf, Zitronensaft (Essig), Salz, Zucker, Worcestershiresauce und Pfeffer mit Mixer oder Schneebesen glatt rühren.
2. Unter ständigem Rühren tropfenweise zimmertemperiertes Öl einrühren.
3. Bindet die Mayonnaise, kann der Ölfluss erhöht werden.
4. Abschließend Mayonnaise säuerlich pikant abschmecken.

TIPP

Wenn Mayonnaise gerinnt, haben Sie folgende Möglichkeiten, um Abhilfe zu schaffen:
- Rühren Sie 1 EL warmes Essigwasser ein.
- Zeigt dies keine Wirkung, starten Sie einen Neubeginn mit Eigelb, Senf und Essig. Rühren Sie anschließend langsam die geronnene Mayonnaise ein.

VARIATIONEN

Variieren Sie den Geschmack der Mayonnaise durch die Wahl des Öls, wie etwa Kürbiskern-, Oliven- oder Sesamöl.

Mediterrane Tomatenmayonnaise

ZUTATEN

8 Tomaten, mittelgroß, geschält, entkernt
2 EL Senf, mittelscharf
Saft einer Zitrone
Salz
Pfeffer, gemahlen
0,4 l Olivenöl, nativ

SO WIRD'S GEMACHT

1. Tomaten in kleine Stücke schneiden, mit Senf, Zitronensaft, Salz und Pfeffer fein mixen.
2. Tropfenweise zimmertemperiertes Öl wie bei einer Mayonnaise einfließen lassen, damit die Sauce bindet.

ANRICHTEN

Diese ohne Ei zubereitete und nicht dressierfähige Mayonnaise harmoniert hervorragend zu Krustentieren und Gegrilltem.

Die besten Mayonnaisesaucen

Mayonnaisesauce (Grundrezept)
Fügen Sie der Mayonnaise unter ständigem Rühren langsam Essigwasser und Joghurt oder Kaffeesahne hinzu, bis sie dickflüssig wird.

Sauce Tatar
60 g Essiggurken, 40 g Schalotten oder Zwiebeln, 1 Sardellenring, 1 KL Kapern und etwas Petersilie fein hacken, unter 200 g Mayonnaisesauce rühren.

Cocktailsauce
1 EL Ketchup, 2 EL halb geschlagene Sahne, ½ KL geriebenen Meerrettich und 1 KL Weinbrand unter 180 g Mayonnaisesauce rühren.

Curry-Ingwer-Sauce
1 KL Currypulver, ½ KL geriebene Ingwerwurzel, 2 EL sehr fein würfelig geschnittenen Apfel (oder Mango) und 2 EL halb geschlagene Sahne unter 180 g Mayonnaisesauce rühren.

Tomaten-Basilikum-Sauce
2 EL Tomaten-Concassée, 1 EL gehacktes Basilikum, 1 EL geriebenen Parmesan, 5 gehackte schwarze Oliven und 1 KL gehackte Pinienkerne mit 200 g Mayonnaisesauce auf Olivenölbasis verrühren.

Kräutersauce
160 g Mayonnaisesauce mit 3 EL Joghurt verrühren. 2 EL gehackte Kräuter (Kresse, Kerbel, Zitronenmelisse, Minze) untermengen.

Kürbiskernsauce
2 EL geröstete, grob gehackte Kürbiskerne und 50 g knackig gegarte Kürbiswürfel unter 200 g mit Kürbiskernöl zubereitete Mayonnaisesauce rühren.

Schnittlauchsauce (Zutaten für 6 Portionen)
2 gekochte Eier halbieren, Eigelb herauslösen, Eiweiß fein hacken.
100 g entrindetes Weißbrot in 0,2 l Milch einweichen, abpressen.
2 rohe Eigelb, die gekochten Eigelb, eingeweichtes Brot, etwas Senf, Essig, Salz, Pfeffer und Zucker mit dem Mixer unter ständiger Beigabe von zimmertemperiertem Öl zu einer sämigen Sauce mixen.
Bei Bedarf mit Milch oder Essigwasser verdünnen. Abschließend 5 EL fein geschnittenen Schnittlauch und das gehackte Eiweiß einrühren.
Verwendung: klassische Beigabe zu gekochtem Rindfleisch (Tafelspitz)

TIPP
Um Mayonnaisesauce aufzulockern, rühren Sie einige Esslöffel ungesüßte, halb aufgeschlagene Schlagsahne unter.

Pikante Gelees & Sülzen

Aspik (Pikantes Gelee)

Aspik wird benötigt, um Sülzen herzustellen, pikanten Mousses die nötige Steife zu geben, Formen mit einer Geleeschicht auszukleiden oder kalte Gerichte zu überziehen, um ihnen Glanz zu verleihen und sie vor dem Austrocknen zu schützen.

Darauf kommt's an

- Zum Auskleiden von Formen und um kalte Speisen mit einer dünnen Geleeschicht zu überziehen (glacieren), eignet sich aufgrund seiner hohen Elastizität aus Aspikpulver hergestelltes Aspik.
- Für Fisch-, Gemüse- oder Weingelee verwenden Sie hingegen Gelatineblätter.
- Gelatineblätter werden mit unterschiedlichem Gewicht angeboten. Beachten Sie daher immer die Gewichtsangabe auf der Verpackung. In der Regel ergeben 12 Blatt 20 g.
- Schmelzen Sie gestocktes Aspik bei Bedarf im warmen Wasserbad.
- Verwenden Sie zum Überziehen von Speisen abgekühltes dickflüssiges Aspik, das Sie mit einem Pinsel auftragen oder mit einem Löffel über die Speise gießen.
- Kühlen Sie glacierte Gerichte im Kühlschrank.
- Aromatisieren Sie Aspik je nach Verwendungszweck mit Madeira, Port- oder Weißwein.
- Schneiden Sie Aspik stets mit einem gekühlten Messer auf kalten Arbeitsflächen.

Zubereitung von Aspik mit Aspikpulver

FÜR ¼ LITER ASPIK

SO WIRD'S GEMACHT

15 g Aspikpulver mit ⅛ l kalter Flüssigkeit verrühren, 10 Minuten einweichen. ⅛ l kochende Flüssigkeit mit dem eingeweichten Pulver vermischen, mit Salz und Essig würzen, nochmals auf ca. 90 °C erhitzen. Den sich auf der Oberfläche absetzenden Schaum mit Küchenkrepp auftupfen. Abkühlen und im Kühlschrank erstarren lassen.

Zubereitung von Aspik mit pflanzlichem Geliermittel (Agar-Agar)

FÜR ½ LITER ASPIK

SO WIRD'S GEMACHT

3 g oder 3 MS Agar-Agar mit 0,1 l kaltem Wasser glatt rühren. Mit 0,4 l kochendem Wasser oder Gemüsefond verrühren. Ca. 3 Minuten unter Rühren kochen, mit Salz und Essig würzen. Abkühlen und im Kühlschrank erstarren lassen.

TIPP

Agar-Agar wird aus Meeresalgen gewonnen, ist geschmacksneutral, glutenfrei, aber nicht so geschmeidig wie tierische Geliermittel. Agar-Agar erhält man in Reformhäusern.

Zubereitung von Aspik mit Gelatineblättern

FÜR ¼ LITER ASPIK

SO WIRD'S GEMACHT

1. 7 Blatt (12 g) Gelatine in ausreichend kaltem Wasser 5 Minuten einweichen.

2. Gelatineblätter aus dem Wasser heben, abtropfen lassen und leicht abpressen.

3. Je nach Verwendungszweck ¼ l Wasser oder fettfreie, klare Brühe, Gemüse- bzw. Fischfond erwärmen, Gelatineblätter darin unter Rühren auflösen, mit Salz und Essig würzen. Nicht kochen.

4. Etwas abkühlen lassen und in eine mit Frischhaltefolie ausgelegte Form gießen, erkalten lassen, anschließend einige Stunden im Kühlschrank kühlen. Stürzen und Folie abziehen.

Sülzen

Sülzen sind pikant, dekorativ und ohne großen Aufwand herzustellen. Ideal, wenn Sie Gäste erwarten.

Darauf kommt's an

- Zum Aufgießen verwenden Sie je nach Art der Sülze klare Brühe, Fisch- oder Gemüsefond.
- Für Sülzen eignen sich gekochtes oder gebratenes Fleisch aller Art, ausgelöstes Geflügel ohne Haut, pochierte Fische, Räucherfische, Meeresfrüchte und gekochtes Gemüse.
- Bei der Wahl der Form entscheiden Sie sich zwischen Portions- oder Terrinenformen.
- Sehr dekorativ ist es, Sülzen in Suppenteller einzugießen. Gestockt sind sie servierbereit.

Sülze von Räucherfischen

ZUTATEN
FÜR 6 PORTIONEN

7 Blatt (12 g) Gelatine
1 Apfel
300 g Räucherfische, enthäutet, nach Wahl (Forelle, Schillerlocken, Aal)
Öl zum Ausstreichen der Form
150 g Räucherlachs, geschnitten
0,2 l Wasser oder Fischfond
2 EL Weißwein
1 EL Dillspitzen, gehackt
Salz
1 EL Weißwein- oder Apfelessig

VORBEREITUNG

1. Gelatineblätter in kaltem Wasser einweichen.
2. Apfel schälen, entkernen und in Würfel schneiden. Fische in grobe Stücke schneiden oder ganz belassen.
3. Terrinenform zart mit Öl ausstreichen, mit Frischhaltefolie auslegen und mit Küchenkrepp glatt streichen.

SO WIRD'S GEMACHT

1. Form mit Lachsscheiben auskleiden.
2. Abwechselnd Räucherfische und Apfelwürfel in die Form einschichten.
3. Wasser (Fond) und Wein erwärmen, Gelatineblätter darin auflösen, etwas abkühlen lassen, Dillspitzen einrühren, mit Salz und Essig würzen.
4. Dillgelee in die Form gießen, einige Stunden im Kühlschrank stocken lassen. Stürzen, Folie abziehen und in Scheiben schneiden.

ANRICHTEN

Mit Dillrahm oder Rahmgurkensalat servieren.

VARIATION

Probieren Sie einmal die einfache Variante: Lassen Sie die Lachsscheiben weg, vermischen Sie die würfelig geschnittenen Apfel- und Fischstücke und füllen Sie sie in Portionsformen oder eine Terrinenform. Mit Gelee auffüllen, stocken lassen, anschließend stürzen.

Rindfleischsülze (Grundrezept)

ZUTATEN
FÜR EINE FORM VON 21 x 11 CM
(1 LITER INHALT)

320 g Rindfleisch, mager, gekocht
130 g Möhren und Knollensellerie, geschält, gekocht
50 g Cornichons
14 Blatt (24 g) Gelatine
Öl zum Ausstreichen der Form
½ l Rinderbrühe, fettfrei, gewürzt

VORBEREITUNG

1. Rindfleisch, Wurzelwerk und Essiggurken in ca. 4 mm starke Würfel schneiden.
2. Gelatineblätter mit ausreichend kaltem Wasser bedecken, 5 Minuten einweichen.
3. Terrinenform (Wanne) zart mit Öl ausstreichen, mit Frischhaltefolie auslegen und mit Küchenkrepp glatt streichen.

SO WIRD'S GEMACHT

1. Suppe erhitzen, Gelatine leicht abpressen, einrühren und erkalten, aber nicht stocken lassen.
2. Fleisch, Gemüse und Cornichons vermischen, in die Form füllen.
3. Etwas Gelee eingießen, Form rütteln, leicht anstocken lassen. Vorgang wiederholen bis das Gelee aufgebraucht ist und sich die Gemüse-Fleisch-Mischung gleichmäßig verteilt hat.
4. Sülze bei Zimmertemperatur anstocken lassen, im Kühlschrank ca. 8 Stunden kühlen.
5. Sülze stürzen, Folie abziehen, in ca. 1 cm dicke Scheiben schneiden.

Sülze von gekochtem Fleisch
Gekochtes Fleisch (Rind, Geflügel, Wild, Zunge, Schinken etc.) in kleine Würfel schneiden und wahlweise mit gekochten Wurzelwerkwürfeln, Apfel- oder Birnenwürfeln, Pinien- oder Pistazienkernen vermischen. Mit flüssigem Aspik vermengen und in Formen stocken lassen. Orientieren Sie sich am Rezept »Rindfleischsülze«.

Buttermischungen

Butter ist hervorragend dazu geeignet, Aromastoffe und Gewürze aufzunehmen und im Speziellen Gebratenes oder Gegrilltes von Fleisch und Fisch zu veredeln. Spritzen Sie Buttermischungen mit einem Spritzsack mit Tülle rosettenartig auf Backpapier oder Folie und kühlen Sie sie bis zur vollständigen Erstarrung. Einige Buttermischungen eignen sich auch hervorragend als Brotaufstrich.

Café-de-Paris-Butter (Pariser Butter)

ZUTATEN

200 g Butter
2 Eigelb
1 EL Schalotten oder Zwiebeln, gehackt
1 KL Senf
1 KL Currypulver
1 KL Paprikapulver
etwas Sardellenpaste
2 EL Kräuter (Dill, Rosmarin, Thymian und Petersilie), gehackt
Worcestershiresauce
Zitronensaft
Salz
Pfeffer

SO WIRD'S GEMACHT

Rühren Sie Butter und Eigelb schaumig, mischen Sie die restlichen Zutaten darunter.

VERWENDUNG

als Würzbutter für Grillspezialitäten: zum Beispiel gegrilltes Steak mit Café-de-Paris-Butter belegen und bei extremer Oberhitze (Grillschlange) überbacken

Korianderbutter
Mischen Sie unter 200 g schaumig gerührte Butter 1 EL gehacktes Koriandergrün und würzen Sie mit Zitronensaft, etwas gehackter Chilischote, Salz und Pfeffer.
Verwendung: zur Verfeinerung von Nudeln, Fisch, Garnelen, Fleisch- und Geflügelgerichten

Ingwerbutter
Mischen Sie unter 200 g schaumig gerührte Butter 1 KL geriebene Ingwerwurzel, etwas fein gehacktes Zitronengras und würzen Sie mit Salz, Pfeffer, Sojasauce und etwas Kurkuma.
Verwendung: zur Verfeinerung von Fisch, Garnelen und Geflügelgerichten

Kräuterbutter
Mischen Sie unter 200 g schaumig gerührte Butter 2 EL fein gehackte gemischte Kräuter Ihrer Wahl. Geeignet sind Petersilie, Estragon, Kresse, Kerbel, Zitronenmelisse, Zitronenthymian und Basilikum. Würzen Sie mit Salz, Pfeffer, Zitronensaft und etwas gepresstem Knoblauch.
Verwendung: zum Belegen von Steaks, Lamm- oder Fischkoteletts

Pikante Cremes

Mit pikanten Cremes lassen sich Canapés und belegte Brote saftig dekorieren oder Eier, Rouladen und Gemüse füllen.

Darauf kommt's an
- Füll- und Spritzcremes werden auf Basis zimmertemperierter, schaumig gerührter Butter erzeugt.
- Reduzieren Sie die Üppigkeit der Cremes durch die Beigabe von entrindetem eingeweichtem und passiertem Weißbrot oder Quark.

Quarkcreme

ZUTATEN

80 g Butter
180 g Quark, 20 %, passiert, oder Kräuterquark
1 EL Crème fraîche oder saure Sahne
1 KL Senf, mittelscharf
1 MS Kümmelpulver
Salz
Pfeffer, weiß, gemahlen

SO WIRD'S GEMACHT

1. Zimmertemperierte Butter mit einem Schneebesen (Mixer) schaumig rühren.
2. Quark (Kräuterquark), Crème fraîche (saure Sahne), Senf und Gewürze einrühren.

VERWENDUNG

- zum Füllen von Schinken, Käserollen, Tomaten oder Gurkenscheiben
- zum Garnieren von Canapés oder belegten Broten
- als Brotaufstrich

VARIATIONEN

Variieren Sie die Creme mit 1 KL Paprikapulver oder 1 EL frisch geriebenem Meerrettich, mit Schnittlauch oder mit gehackten Kräutern.

Eiercreme

ZUTATEN

8 Eier, hart gekocht
160 g Weißbrot, entrindet
160 g Butter
1 KL Senf, mittelscharf
etwas Sardellenpaste
Salz
Pfeffer, weiß, gemahlen

VORBEREITUNG

1. Eier halbieren und Eigelb herausheben.
2. Weißbrot in kaltem Wasser einweichen und gut auspressen.

SO WIRD'S GEMACHT

1. Eigelb und anschließend Brot durch ein Sieb passieren.
2. Zimmertemperierte Butter schaumig rühren.
3. Eigelb, Brot, Senf, Sardellenpaste und Gewürze einrühren.

VERWENDUNG

- zum Füllen von Eierhälften (angegebene Menge reicht für 16 Eier), Chicoréeblättern, ausgehöhlten Tomaten oder dicken Gurkenscheiben
- zum Garnieren von Canapés oder belegten Broten

Gänseleber-Crème-Brûlée

ZUTATEN

250 g Gänseleber, roh
8 cl Portwein, weiß
0,15 l Milch
0,15 l Schlagsahne
4 Eigelb
Salz
Pfeffer, weiß, gemahlen
Kristallzucker zum Bestreuen

VORBEREITUNG

1. Gänseleber fein passieren.
2. Portwein auf 3 cl einreduzieren.

SO WIRD'S GEMACHT

1. Milch und Sahne vermischen und aufkochen.
2. Eigelb mit Milch-Sahne-Gemisch verrühren und unter Rühren im Wasserbad leicht eindicken. Gänseleber und Portwein hinzufügen, mit Mixstab einrühren und würzen.
3. In Porzellanformen (Schalen) gießen, ins Wasserbad stellen und im vorgeheizten Backofen pochieren. Creme aus dem Wasserbad heben und erkalten lassen.
4. Gleichmäßig mit Zucker bestreuen. Mit Crème-Brûlée-Brenner oder Einweg-Multigasbrenner karamellisieren.

Wasserbad: ca. 80 °C
Backofentemperatur: ca. 90 °C
Gardauer: 25–35 Minuten, je nach Größe der Formen

VERWENDUNG

Diese feine pochierte Creme mit zartem Schmelz und knuspriger Karamellkruste dient nicht als Spritz- oder Füllcreme, sondern wird als Vorspeise aufgetragen.

Pesto & Co.

Mit Pesto und Tapenade kann man auf einfache Weise Nudeln, Gnocchi, Gemüse, Fisch- und Fleischgerichten einen mediterranen Touch verleihen.

Darauf kommt's an

- Zerkleinern Sie alle Zutaten in einem Kleinschneider oder Mörser.
- Erzeugen Sie Pesto auf Vorrat, füllen Sie es in verschließbare Glasbehälter und lagern Sie es kühl.

Basilikumpesto

ZUTATEN

¼ l Olivenöl
200 g Pinienkerne
5 Knoblauchzehen, grob geschnitten
180 g Parmesan, gerieben
160 g Basilikumblätter
Salz (am besten Meersalz)
Pfeffer, gemahlen

SO WIRD'S GEMACHT

1. 2 EL Olivenöl in einer flachen Pfanne erhitzen, Pinienkerne unter Rühren leicht bräunen, Knoblauch kurz mitrösten, erkalten lassen.
2. Alle restlichen Zutaten im Kleinschneider oder Mörser zu einer cremigen, nicht zu feinen Masse verarbeiten. Abschließend würzen.

TIPP

Je nach Weiterverarbeitung regulieren Sie die Konsistenz durch Zugabe von Olivenöl.

Bärlauchpesto
Ersetzen Sie Basilikumblätter durch die gleiche Menge Bärlauch.

Kürbiskernpesto
Ersetzen Sie Pinienkerne durch die gleiche Menge gerösteter Kürbiskerne.

Rucola-Tomaten-Pesto
Ersetzen Sie Basilikumblätter durch die gleiche Menge Rucola und mixen Sie 80 g Trockentomaten mit. Erhöhen Sie die Ölmenge auf 0,3 l.

Oliventapenade

ZUTATEN
FÜR 6 PORTIONEN

150 g Oliven
2 Knoblauchzehen
einige Thymianblätter
30 g Kapern
2 Sardellenfilets
10 EL Olivenöl

SO WIRD'S GEMACHT

Alle Zutaten bis auf 5 der 10 EL Olivenöl im Kleinschneider zu Püree mixen. Abschließend das restliche Öl einrühren.

VARIATION

Mixen Sie 100 g getrocknete Tomaten mit und erhöhen Sie die Ölmenge bis zur gewünschten Konsistenz.

Salate

Ob Vorspeise oder Beilage – Salate sollten stets mit bestem Grundmaterial, edlem Essig und ausgewählten Ölen zubereitet werden.

Die wichtigsten Öle

Distelöl: Distelöl ist bestens für Salatmarinaden und Mayonnaise geeignet.

Kürbiskernöl: Wird durch Röstung und anschließende Abpressung aus Kürbiskernen gewonnen. Eignet sich hervorragend zum Marinieren von Blatt-, Gemüse- und Fleischsalaten, zum Vollenden von Sülzen wie auch zum Beträufeln von Kürbiscremesuppe.

Maiskeimöl: Maiskeimöl ist cholesterinfrei und für Blatt- und Gemüsesalate sehr gut geeignet; ideal für eine gesundheitsbewusste, diätorientierte Küche.

Olivenöl aus Erstpressungen: Natives Olivenöl extra, auch Huile vierge extra genannt, erste Güteklasse, ist zum Marinieren von Blatt- und Gemüsesalaten und kalten und warmen Fisch-, Fleisch-, Gemüse-, Pilz- sowie Pastagerichten unentbehrlich.

Pflanzenöl, neutral: Das vielseitig einsetzbare Universalöl ist besonders zum Backen geeignet.

Sesamöl: Verfeinert asiatisch geprägte Salate und Speisen durch sein charakteristisches Röstaroma.

Sonnenblumenöl: Eignet sich zum Marinieren von Salaten, zum Frittieren, Braten und Grillen.

Traubenkernöl: Gourmets schätzen es wegen seines milden, angenehm nussigen Geschmacks für Vorspeisensalate.

Trüffelöl: Olivenöl mit Trüffelaroma wird sparsam dosiert zum Parfümieren von Blattsalaten, Pastagerichten und Kartoffelpüree verwendet.

Walnussöl: Dieses wohlschmeckende Öl ist vor allem zum Marinieren von Blattsalaten geeignet.

Darauf kommt's an

- Ernährungsbewusste bevorzugen hochwertige, kaltgepresste Öle.
- Öl sollte grundsätzlich kühl (bei ca. 10 °C), dunkel und verschlossen gelagert werden. Die Lagerfähigkeit in ungeöffnetem Zustand beträgt je nach Sorte zwischen 12 und 18 Monaten, bei Kürbiskernöl jedoch nur 4–6 Monate.
- Qualitativ am hochwertigsten sind Gärungsessige auf Grundlage von Wein oder Obst.
- Sparsamer Essig-Einsatz und das richtige Mischverhältnis mit Öl sind der Garant für gut marinierte Salate.

Die wichtigsten Essige

Aceto balsamico: Der aus der Trebbiana-Traube hergestellte rotbraune oder weiße Essig gewinnt mit dem Alter an Güte. Doch Vorsicht: Oft wird »Balsam-Essig« mit Zuckercouleur gefärbt.

Apfelessig (Cidreessig): Apfelessig ist der klassische Essig für Kartoffel- und Gemüsesalate.

Frucht- und Beerenessig: Besonders Himbeeressig ergibt in Kombination mit Trauben- oder Walnussöl raffinierte Marinaden für zarte Blattsalate.

Sherryessig: Essig-Spezialität, die für Vorspeisensalate, im Besonderen für Frisée- und Eichblattsalat sowie Lollo rosso in Kombination mit Olivenöl geeignet ist.

Weinessig: Weinessig ist der universelle Essig für alle Salate.

Die besten Salatmarinaden

Essig-Öl-Marinade (Vinaigrette)

ZUTATEN

2 EL Essig nach Wahl
6 EL Öl nach Wahl
etwas Wasser, falls benötigt
Salz
eventuell 1 Prise Zucker

SO WIRD'S GEMACHT

Alle Zutaten verrühren.

VERWENDUNG

für Blattsalate

VARIATIONEN

Verändern Sie die Marinade wahlweise mit etwas Senf, gehackten Sardellen, gehacktem Estragon, Kerbel oder Basilikum, Schnittlauch, gehacktem Knoblauch, in feine Scheiben geschnittener Jungzwiebel, Tomatenwürfeln oder fein gehackten, hart gekochten Eiern.

Mediterrane Marinade

ZUTATEN

2 EL Balsamicoessig
2 EL Rinderbrühe, fettfrei
8 EL Olivenöl, nativ
etwas Meersalz
2 EL Tomaten, geschält,
    in Würfel geschnitten
2 EL Basilikum,
    in Streifen geschnitten
2 EL Pinienkerne

SO WIRD'S GEMACHT

Alle Zutaten verrühren.

VERWENDUNG

für Rucola, Radicchio, Frisée, Artischocken, Fenchel und Meeresfrüchtesalat

Ingwer-Sesam-Marinade

ZUTATEN

2 EL Mizukan-Essig (ersatz-
    weise Apfelessig)
4 EL Olivenöl
1 KL Sesamöl
1 KL Sojasauce
1 KL Honig
½ KL Ingwerwurzel, gerieben
1 EL Sesam, geröstet
1 EL Korianderblätter, gehackt
Salz

SO WIRD'S GEMACHT

Alle Zutaten verrühren.

VERWENDUNG

für Nudel- und Gemüsesalate

Die besten Salatdressings

Alternativ zu Essig-Öl-Marinaden können Sie Salate mit variantenreich angerührten Dressings marinieren. In größeren Mengen vorproduziert, verschlossen und kühl gelagert stehen sie zum schnellen Gebrauch bereit.

Dill-Rahm-Dressing

ZUTATEN

5 EL saure Sahne
5 EL Crème fraîche
1 EL Dillspitzen, gehackt
Salz
Pfeffer, weiß, gemahlen
1 KL Knoblauch, gepresst

SO WIRD'S GEMACHT

Alle Zutaten glatt verrühren.

VERWENDUNG

für Gurkensalat

Roquefortdressing

ZUTATEN

60 g Blauschimmelkäse (Roquefort, Gorgonzola etc.), passiert
100 g saure Sahne
2 EL Olivenöl
Salz
Pfeffer, weiß, gemahlen
1–2 EL Walnusskerne, gehackt, oder Pinienkerne

SO WIRD'S GEMACHT

Blauschimmelkäse mit saurer Sahne verrühren, Olivenöl einrühren und würzen. Walnusskerne (Pinienkerne) untermengen.

VERWENDUNG

für Blatt- und Nudelsalate

Eierdressing

ZUTATEN

2 EL Wein- oder Apfelessig
1 MS Sardellenpaste
1 KL Senf, mittelscharf
6 EL Olivenöl
2 Eier, hart gekocht, fein gehackt oder passiert
1 EL Schnittlauch
Salz
Pfeffer, gemahlen

SO WIRD'S GEMACHT

Essig, Sardellenpaste, Senf und Olivenöl gut verrühren. Eier und Schnittlauch untermengen. Mit Salz und Pfeffer würzen.

VERWENDUNG

für Blatt- und Spargelsalate

Cocktaildressing

ZUTATEN

80 g Mayonnaise
1 EL saure Sahne oder Joghurt
1 EL Ketchup
1–2 KL Weinbrand
1 KL Meerrettich, gerieben
etwas Zitronensaft
Salz
etwas Chilipulver
Pfeffer, weiß, gemahlen
Essigwasser, bei Bedarf

SO WIRD'S GEMACHT

Mayonnaise mit saurer Sahne (Joghurt), Ketchup, Weinbrand (Cognac), Meerrettich, Zitronensaft, Salz, Chilipulver und Pfeffer glatt verrühren. Bei Bedarf mit etwas Essigwasser verdünnen.

VERWENDUNG

für Blatt-, Gemüse-, Fleisch-, Meeresfrüchte- und Fischsalate

French Dressing

ZUTATEN

1 Eigelb
1 EL Senf
2 EL Weinessig
1 EL Wasser
Salz
Prise Zucker
Pfeffer, weiß, gemahlen
7 EL Olivenöl

SO WIRD'S GEMACHT

Eigelb, Senf, Weinessig, Wasser, Salz, Zucker und Pfeffer mit einem Schneebesen verrühren. Unter Rühren Olivenöl einfließen lassen.

VERWENDUNG

für Blatt- und Gemüsesalate

VARIATION

Ergänzen Sie das Dressing mit kleinwürfelig geschnittenen bunten Paprikaschoten und fein geschnittenen Zwiebeln.

Caesar-Dressing

ZUTATEN

2 Eigelb
etwas Senf
2 EL Weinessig
  oder Zitronensaft
6 EL Olivenöl
40 g Parmesan, gerieben
2 Sardellenfilets, gehackt
etwas Knoblauch,
  gehackt oder gepresst
Salz
Pfeffer, weiß, gemahlen

SO WIRD'S GEMACHT

Eigelb, Senf, Essig (Zitronensaft) verrühren und Öl langsam einrühren. Parmesan und Sardellen einmengen und würzen.

VERWENDUNG

für knackige Blattsalate

ANRICHTEN

Marinierten Salat mit in Olivenöl knusprig gerösteten Weißbrotwürfeln bestreuen.

Blattsalate

Ob als Vorspeise mit »Topping« oder als Beilage zu Braten, Gegrilltem oder Ausgebackenem gereicht, Blattsalate sind ein unverzichtbarer Bestandteil gesunder Ernährung.

Darauf kommt's an

- Beim Einkauf suchen Sie Salat von innen und außen nach welken und faulenden Blättern ab.
- Am besten lagern Sie Salat zwischen 4 und 8 °C.
- Im geputzten Zustand lagern Sie Salatblätter in verschlossenen Behältern, in Plastikbeuteln mit viel Luft oder mit einem feuchtem Tuch bedeckt.
- Damit Blattsalate wieder knackig werden, kurz in eiskaltes Wasser legen oder mit Wasser besprühen.

So reinigen Sie Blattsalate

1. Äußere Blätter abtrennen.

2. Strunk mit kleinem Messer herausschneiden.

3. Blätter ablösen, äußerste Grünteile der Außenblätter abschneiden.

4. Große Blätter je nach Sorte nochmals teilen und massive Stiele ausschneiden.

5. Fallweise Salatblätter in dünne Streifen schneiden (Chinakohl, Endiviensalat).

So waschen Sie Blattsalate

1. Gereinigte Salatblätter in reichlich kaltes Wasser legen und mehrmals wenden. Kurz ruhen lassen, damit sich Sand und Erdreste lösen und zu Boden sinken.
2. Blätter in eine zweite mit kaltem Wasser gefüllte Schüssel umlegen. Vorgang je nach Verschmutzungsgrad wiederholen.

So trocknen Sie Blattsalate

Gut getrocknete Salatblätter sind die Voraussetzung dafür, dass Marinaden nicht verwässert werden. Dazu gibt es 2 Möglichkeiten:

METHODE 1
Salatblätter in einer Salatschleuder durch rasantes Drehen trocknen.

METHODE 2
Salatblätter in einem Draht- oder Kunststoffkorb trocken schütteln und auf Küchenkrepp oder einem Geschirrtuch ausbreiten.

So marinieren Sie Blattsalate

Zum Marinieren bieten sich 3 Methoden an. Experimentieren Sie, mit welcher Sie das beste Resultat erzielen.

METHODE 1
Salatblätter unter Wenden mit Salz bestreuen, zuerst mit reichlich Öl (3 Teile), dann mit Essig (1 Teil) begießen und laufend locker wenden.

METHODE 2
Nötige Menge Marinade oder Dressing über die Salatblätter gießen und locker wenden.

METHODE 3
Marinade in eine Sprühflasche füllen, kräftig schütteln und über den Salat sprühen. Locker wenden.

Die wichtigsten Blattsalate

Batavia: Hat hellgrüne und rötliche, leicht gekrauste Blätter und ist wie Kopfsalat vorzubereiten und zu marinieren.

Chinakohl (Pekingkohl, Selleriekohl): Wird in der Regel nach Entfernung der Außenblätter in feine Streifen geschnitten. Das untere Drittel wird nicht verwendet.

Endivie: Schmeckt in Streifen geschnitten und mit Kartoffelsalat und Kürbiskernöl vermengt besonders köstlich.

Kopfsalat: Besonders begehrt ist das im Zentrum liegende gelbe, knackige »Herz«. Kopfsalat welkt schnell, daher öfter mit kaltem Wasser besprühen.

Radicchio: Zeichnet sich durch rötlich-violette Blätter und ausgeprägt bitteren Geschmack aus, der durch Waschen in lauwarmem Wasser milder wird.

Rucola (Rauke): Ist vor allem als Vorspeisensalat ideal in Verbindung mit gehobeltem Parmesan, Kirschtomaten, Schinken (Prosciutto), Chips, Bresaola oder gebratenen Filetstücken.

Rapunzelsalat (Feldsalat): Die büschelartig zusammengewachsenen Blätter können sehr sandbehaftet sein. Daher gründlich waschen und dabei öfters das Wasser wechseln. Klassisch ist die Kombination mit Kartoffelsalat.

Eisbergsalat: Besticht durch die Knackigkeit der festen, kohlähnlichen Blätter. Ideal als Vorspeisensalat mit »Toppings«.

Chicorée: Ist als Salat und zum Füllen mit Cremes ebenso wie zur Zubereitung als Gemüse geeignet.

Eichblattsalat: Schmeckt nussig und leicht bitter. Die zarten, grünlichen bis rostbraunen Blätter welken sehr rasch und dürfen erst im letzten Moment mariniert werden.

Frisée: Vor allem wegen seiner optischen Vorzüge ist Frisée als Garnitur zu kalten Vorspeisen beliebt.

Lollo rosso: Die rötlichen Blätter sind in Geschmack und Empfindlichkeit dem Eichblattsalat sehr ähnlich.

Lollo biondo: Auch die hellgrüne Variante des Lollo rosso ist zart und recht empfindlich.

Die besten »Toppings« für Blattsalate

Rucolasalat mit Artischocken, Kirschtomaten und Parmesanchips

Rapunzel-Kartoffel-Salat mit frittierten Karpfenstreifen

Rucola-Frisée-Salat mit Strohkartoffeln und Prosciuttochips

Italienische Blattsalate mit Schaffrischkäse, Prosciuttochips und Crostinis mit Oliventapenade

Löwenzahnsalat mit pochiertem Ei, Räucherlachsscheibchen und Dill-Rahm-Dressing

Eisbergsalat mit Thunfisch, Tomaten, Sardellenfilets und Eispalten

Kombinierte Blattsalate mit gebratener Gänseleber

Chicorée mit Roquefortdressing, Schinkenstreifen und gerösteten Pinienkernen

Kopfsalat mit gebratenen Steinpilzen und Knoblauchcroutons

Rucolasalat mit Rindersteakscheiben und Parmesanspänen

Kopfsalat mit frittierten Geflügelstreifen in Kürbiskernpanier

Rapunzelsalat mit knusprigen gebratenen Speckstreifen, Schnittlauch und pochiertem Ei

Crostinis, Croutons und Chips

Crostinis
Kleinere Weißbrotscheiben beidseitig mit Olivenöl einpinseln, flach auf ein Backblech auflegen, bei 230 °C Ober-/Unterhitze ca. 3–4 Minuten knusprig backen. Alternativ können sie auch im Toaster goldbraun getoastet werden.

Croutons
Brötchen oder Weißbrot vom Vortag in ca. 7 mm große Würfel schneiden, in auf 180 °C erhitztem Öl frittieren und anschließend gut abtropfen lassen. Alternativ können sie auch im auf 200 °C vorgeheizten Backofen auf einem Backblech verteilt goldbraun gebacken oder in einer Pfanne in heißer Butter goldbraun geröstet werden.

Brotchips
2–3 Tage altes dunkles Mischbrot mit der Brotschneidemaschine in hauchdünne Scheiben schneiden, auf ein Backblech flach auflegen, bei 230 °C Ober-/Unterhitze ca. 3–4 Minuten knusprig backen.

Parmesanchips
Pro Chip jeweils 1 KL geriebenen Parmesan flach auf Backtrennpapier auf einer Fläche von ca. 2 x 3 cm Größe verteilen. Im Mikrowellenherd bei 1000 Watt 70–80 Sekunden garen. Vom Papier lösen.

Prosciuttochips
Ein dem Schinkenblatt angemessen großes Stück Backtrennpapier mit einer Scheibe hauchdünn geschnittenen Prosciutto belegen, mit Trennpapier abdecken, wiederum eine Schinkenscheibe auflegen; diesen Vorgang zwei- bis dreimal wiederholen, mit Trennpapier abschließen. Im Mikrowellenherd auf höchster Stufe 2 Minuten fertig stellen und Prosciuttochips vorsichtig auf Küchenkrepp auflegen.

Beilagensalate

Kartoffelsalat

ZUTATEN

600 g Kartoffeln, fest kochend
0,2 l Rinderbrühe oder Wasser
½ Zwiebel, mittelgroß,
　fein geschnitten
3 EL Apfelessig
6–8 EL Pflanzenöl, neutral,
　oder Kürbiskernöl
Salz
Pfeffer, gemahlen

SO WIRD'S GEMACHT

1. Kartoffeln in Salzwasser kochen, abgießen, schälen und noch warm in messerückendicke Scheiben schneiden. Mit Flüssigkeit begießen, Zwiebeln beifügen und mit Essig, Öl, Salz und Pfeffer marinieren.
2. Kräftig rühren, bis eine leichte Bindung entsteht. 1 Stunde ruhen lassen, bei Bedarf Flüssigkeit, Essig und Gewürze hinzufügen.

TIPP

Seine charakteristische Cremigkeit erhält Kartoffelsalat durch Rühren.

VARIATIONEN

- Mischen Sie Rapunzel-, geschnittenen Endivien- oder Löwenzahnsalat unter.
- Verwenden Sie Kürbiskernöl.
- Marinieren Sie gekochte, geschälte Kartoffeln 30 Minuten mit Essig, Brühe, Salz und Pfeffer und mengen Sie anschließend 200 g verdünnte Mayonnaise unter.

Bohnensalat

ZUTATEN

600 g grüne Bohnen,
　küchenfertig
6–8 EL Salatmarinade
50 g Zwiebeln, fein geschnitten

SO WIRD'S GEMACHT

Bohnen in kleine Stücke schneiden, in kochendem Salzwasser kernig kochen, abgießen, kalt abspülen und abtropfen lassen. Salatmarinade und Zwiebeln hinzugeben. Einige Zeit marinieren, eventuell nachwürzen.

Gurkensalat

ZUTATEN

½ kg Salatgurken,
　geschält, entkernt
Salz
2 EL Apfel- oder Weinessig
4 EL Pflanzenöl, neutral
½ KL Knoblauch, gepresst
Pfeffer, gemahlen

SO WIRD'S GEMACHT

Gurken in feine Scheiben hobeln, mit Salz abmengen und 20 Minuten ruhen lassen. Flüssigkeit abpressen, mit Essig, Öl, Knoblauch, Salz und Pfeffer vermischen.

Weißkohlsalat

ZUTATEN

600 g Weißkohl ohne Strunk und Außenblätter, fein gehobelt oder geschnitten
Salz
3 EL Apfelessig
1 KL Kümmel, ganz
6 EL Pflanzenöl, neutral

SO WIRD'S GEMACHT

1. Weißkohl mit Salz bestreuen und mit den Händen gut durchkneten.
2. 1 Stunde ruhen lassen, leicht abpressen. Essig und Kümmel aufkochen, über den Kohl schütten, gut mischen und Öl dazugeben.

VARIATION

Weißkohlsalat mit etwas Rinderbrühe begießen, erwärmen, mit gerösteten Speckwürfeln vollenden.

Rote-Beete-Salat

ZUTATEN

1 kg Rote Beete, gekocht, geschält
0,2 l Wein- oder Apfelessig, gewässert
20 g Meerrettichwurzel, geschält
Salz
Prise Zucker

SO WIRD'S GEMACHT

Rote Beete kalt in dünne Scheiben schneiden oder hobeln. Essig, Meerrettich, Salz und Zucker ca. 5 Minuten kochen und heiß über die Rübenscheiben gießen. 12 Stunden marinieren.

Tomatensalat

ZUTATEN

600 g Tomaten, geschält oder ungeschält
3 EL Apfel- oder Weinessig
6 EL Pflanzen- oder Olivenöl
Salz
Pfeffer, schwarz
Prise Zucker
½ Zwiebel, mittelgroß, fein geschnitten

SO WIRD'S GEMACHT

1. Tomaten in ca. 5 mm dicke Scheiben schneiden.
2. Essig, Öl, Salz, Pfeffer und Zucker zu einer Marinade verrühren.
3. Zwiebeln hinzufügen, über die Tomatenscheiben gießen und 30 Minuten marinieren.

Broccolisalat (Blumenkohlsalat)

ZUTATEN

600 g Broccoli oder Blumenkohl
6–8 EL Salatmarinade

SO WIRD'S GEMACHT

Broccoli (Blumenkohl) in Röschen teilen, in kochendem Salzwasser kernig weich kochen, abgießen, sofort kalt spülen und abtropfen lassen. Mit Salatmarinade vollenden.

Kombinierte Salate

Salat von Artischockenböden, Mozzarella und Blattsalaten

ZUTATEN

4 Artischocken
Saft einer Zitrone
4 EL Olivenöl
200 g Mozzarella
100 g Kirschtomaten
100 g Blattsalate
Mediterrane Marinade (siehe Seite 78) nach Bedarf

SO WIRD'S GEMACHT

1. Artischocken zu Böden vorbereiten (siehe Seite 313), mit Zitronensaft einreiben, in kleine Keile schneiden und anschließend in einer flachen Teflonpfanne in erhitztem Olivenöl knackig braten.
2. Mozzarella in Scheiben schneiden, Tomaten halbieren und Blattsalate waschen.
3. Artischocken, Tomaten und Blattsalate mit Marinade begießen, locker wenden und auf Tellern anrichten. Mit Mozzarellascheiben belegen und mit Marinade beträufeln.

Fenchelsalat mit Wurzelgemüse

ZUTATEN

3 Fenchelknollen
200 g Möhrchen, geschält
Salz
Pfeffer
3 EL Weinessig (vorzugsweise weißer Balsamicoessig)
6 EL Olivenöl
1 KL Senf
Fenchelkraut, gehackt

SO WIRD'S GEMACHT

1. Fenchelknollen kochfertig vorbereiten (siehe Seite 320), halbieren und in fingerbreite Stücke schneiden.
2. Möhrchen in kleine Würfel schneiden und am Boden einer flachen Kasserolle verteilen. Fenchel einschichten, mit etwas Wasser begießen, mit Salz und Pfeffer würzen.
3. Zugedeckt kernig weich garen und anschließend erkalten lassen. Fenchel und Gemüse aus dem Sud heben.
4. Sud reduzierend kochen und erkalten lassen. 3 EL Fenchelsud, Essig, Öl, Senf und Fenchelkraut vermischen, über den Fenchel gießen und ca. 1 Stunde marinieren.

Gardauer: ca. 12 Minuten

Salat von Stangensellerie, Äpfeln und Walnüssen

ZUTATEN

150 g Stangensellerie, geschält
150 g Ananas, geschält (ersatzweise aus der Dose)
150 g Äpfel, geschält, entkernt
etwas Zitronensaft
Salz
Zucker
150 g Mayonnaise
2 EL Sahne, geschlagen
60 g Walnusskerne, grob gehackt

SO WIRD'S GEMACHT

1. Stangensellerie der Breite nach in feine Scheiben, Ananas in kleine Stücke und Äpfel in Streifen schneiden.
2. Mit etwas Zitronensaft, Salz und Zucker vermengen, 1 Stunde beizen, anschließend Saft abpressen. Mayonnaise einrühren und bei Bedarf mit abgepresstem Saft verdünnen.
3. Sahne und Walnusskerne locker einrühren.

Spargelsalat mit Löwenzahn, Schinken und Eierdressing

ZUTATEN

400 g Spargel, geschält, pariert
150 g Puten- oder Kochschinken
Eierdressing nach Bedarf
 (siehe Seite 79)
1 KL Meerrettich, gerieben
100 g Löwenzahnsalat, geputzt
Frühlingskräuter (Kresse oder
 Schnittlauch), gehackt,
 zum Bestreuen

SO WIRD'S GEMACHT

1. Spargel kernig kochen (siehe Seite 354). Nach dem Erkalten in ca. 3 cm große Stücke und Schinken in ca. 1 cm breite Streifen schneiden. Mit Eierdressing und Meerrettich marinieren.
2. Löwenzahn gesondert mit Eierdressing marinieren, auf Tellern ausbreiten, Spargelsalat darauf anrichten, mit Frühlingskräutern bestreuen.

VARIATION

Statt Löwenzahn können Sie auch Rapunzelsalat verwenden.

Salat von Muscheln und Tintenfisch

ZUTATEN

150 g Sepia oder Kalmar,
 küchenfertig
200 g Oktopus, küchenfertig
500 g Miesmuscheln, gereinigt
½ Zwiebel, mittelgroß
1 Paprikaschote,
 rot, entstielt, entkernt
200 g Crevetten
 oder Cocktailgarnelen
6 EL Olivenöl
2 EL Weinessig
Salz
Pfeffer, weiß
2 Knoblauchzehen,
 gehackt oder gepresst

SO WIRD'S GEMACHT

1. Tintenfische nach Sorten gesondert in Salzwasser weich kochen, kalt abspülen und in beliebig kleine Stücke bzw. Ringe schneiden.
2. Miesmuscheln dämpfen (siehe Seite 208) und erkaltet auslösen.
3. Zwiebel fein und Paprikaschote in kleine Würfel schneiden.
4. Alle Zutaten mit Crevetten (Cocktailgarnelen) vermengen, mit Olivenöl, Essig, Salz, Pfeffer und Knoblauch marinieren.
5. Einige Stunden bei Zimmertemperatur beizen.

TIPP

Wenn Ihnen das Kochen von Tintenfischen zu aufwendig ist, verwenden Sie fertig gegarte Sepia, Moscardini oder Pulpo aus dem Glas.

Matjessalat mit Preiselbeeren

ZUTATEN

250 g Matjesfilet
½ Zwiebel, mittelgroß
1 Apfel, geschält, entkernt
4 EL Mayonnaise
4 EL saure Sahne
100 g Preiselbeerkompott

SO WIRD'S GEMACHT

Matjesfilet in fingerstarke Stücke schneiden, Zwiebel und Apfel in kleine Würfel schneiden. Mit Mayonnaise, saurer Sahne und Preiselbeerkompott vermengen.

Nudelsalat mit Steinpilzen und Rucola

ZUTATEN

250 g Fusilli
  oder Farfalle, gekocht
2 EL Olivenöl
1 Hand voll Rucola
250 g Steinpilze
3 EL Olivenöl zum Braten
1 EL Petersilie, gehackt
Knoblauch, gepresst
Salz
Pfeffer
Zitronensaft
3 EL Balsamicoessig
8 EL Olivenöl
Parmesanspäne oder Pecorino,
  gerieben, zum Bestreuen

SO WIRD'S GEMACHT

1. Gekochte Nudeln mit kaltem Wasser abschrecken, abtropfen lassen und mit Olivenöl vermischen.
2. Rucola waschen und trocknen. Steinpilze reinigen und in dickere Scheiben schneiden.
3. In einer flachen Teflonpfanne Olivenöl erhitzen, Steinpilze unter Wenden braten, Petersilie und Knoblauch hinzufügen. Würzen und mit etwas Zitronensaft beträufeln.
4. Alle Zutaten in einer Schüssel mit Balsamicoessig und restlichem Olivenöl vermischen.
5. Salat mit Parmesanspänen oder Pecorino bestreuen.

Rindfleischsalat mit Muskatkürbis

ZUTATEN

400 g Rindfleisch, gekocht
400 g Muskatkürbis,
  geschält, entkernt
4 EL Pflanzenöl zum Braten
Salz
Pfeffer, gemahlen
2 EL Apfelessig
2 EL Rinderbrühe, kalt, fettfrei
6 EL Kürbiskernöl
½ Zwiebel, mittelgroß,
  fein geschnitten

SO WIRD'S GEMACHT

1. Fleisch zuerst in dünne Scheiben und dann in 1–2 cm breite Streifen schneiden. Muskatkürbis in 5 mm dicke Scheiben und dann rautenförmig schneiden.
2. In einer flachen Teflonpfanne Pflanzenöl erhitzen, Kürbisscheiben mit Salz und Pfeffer würzen, goldgelb braten und aus der Pfanne heben.
3. Aus Apfelessig, Rinderbrühe, Kürbiskernöl und Salz eine Marinade rühren. Rindfleisch, Zwiebel und Kürbis damit marinieren und locker vermischen.

VARIATIONEN

Kombinieren Sie den Salat mit Rapunzelsalat, gekochten Bohnen oder marinierten Pfifferlingen.

ANRICHTEN

Bestreuen Sie den Salat mit frisch gerösteten Kürbiskernen.

Mariniertes Gemüse

Die Mittelmeerküche wird unter anderem wegen der vielseitigen Verwendung von Gemüse in Kombination mit Olivenöl, Zitronensaft, Balsamicoessig, Knoblauch und mediterranen Kräutern besonders geschätzt.

Marinierte Paprikaschoten

ZUTATEN

Je 3 rote und gelbe Paprikaschoten
4 Knoblauchzehen
8 EL Olivenöl
2 EL Weißwein- oder Balsamicoessig
Oregano, frisch oder getrocknet
2 Salbeiblätter
Salz
Pfeffer, schwarz, gemahlen

VORBEREITUNG

1. Paprikaschoten schälen (siehe Seite 33), der Länge nach halbieren, entstielen, entkernen und die Hälften nochmals in drei Teile schneiden.
2. Knoblauch schälen und in Scheiben schneiden.

SO WIRD'S GEMACHT

1. Öl schwach erhitzen, Knoblauch glasig rösten und mit Essig ablöschen.
2. Paprikaschoten und Kräuter hinzufügen, würzen und in Marinade wenden. Im vorgeheizten Backofen oder zugedeckt auf dem Herd kernig dünsten.

Backofentemperatur: ca. 180 °C
Gardauer: ca. 4 Minuten

Marinierte Zwiebeln

ZUTATEN

1 EL Kristallzucker
500 g Zwiebeln, klein, geschält
5 EL Olivenöl
0,3 l Brühe, fettfrei, oder Wasser
2 EL Weißwein- oder Balsamicoessig
Salz

SO WIRD'S GEMACHT

1. Zucker in einem flachen Topf karamellisieren, Zwiebeln hinzufügen, durchrühren. Restliche Zutaten hinzufügen, zugedeckt kernig weich kochen.
2. Deckel abheben, Flüssigkeit verdampfen lassen bis die Marinade die ideale Würzung erreicht hat.

Gardauer: ca. 10 Minuten

Ofentomaten in Olivenöl

ZUTATEN

1 kg Tomaten (San Marzano)
3 Knoblauchzehen
Salz
1 EL Kristallzucker
¼ l Olivenöl
Rosmarinzweige, frisch

VORBEREITUNG

1. Backblech mit Alufolie oder Backpapier belegen.
2. Tomaten waschen, abtrocknen, Stielansatz entfernen, der Länge nach halbieren. Knoblauch schälen und in Scheiben schneiden.

SO WIRD'S GEMACHT

1. Tomatenhälften mit der Schnittfläche nach oben auf das Backblech setzen, mit Salz und etwas Zucker bestreuen.
2. In den vorgeheizten Backofen schieben und Tomaten trocknen lassen.
3. Erkaltete Tomaten mit Olivenöl, Rosmarin und Knoblauch vermischen und marinieren.

Backofentemperatur: ca. 80 °C
Gardauer: 6–8 Stunden, je nach Größe der Tomaten

Marinierte Auberginen- und Zucchinischeiben

ZUTATEN

1 Aubergine
2 Zucchini, mittelgroß
Salz
3 Knoblauchzehen
Pfeffer, schwarz, gemahlen
Mehl zum Wenden
Olivenöl zum Braten
   und Marinieren
etwas Zitronensaft
   oder 2 EL Weißweinessig

VORBEREITUNG

1. Aubergine und Zucchini waschen, jeweils Spitzen und Enden abschneiden. In ca. 8 mm dicke Scheiben schneiden, jeweils beidseitig kräftig salzen und 10 Minuten ruhen lassen.
2. Knoblauch schälen und fein hacken.

SO WIRD'S GEMACHT

1. Gemüsescheiben mit Küchenkrepp abtupfen, mit Pfeffer bestreuen, in Mehl wenden und abschütteln.
2. Öl fingerhoch in flacher Teflonpfanne erhitzen, Gemüsescheiben nacheinander beidseitig braun frittieren und aus dem Öl heben. Abtropfen lassen und auf eine flache Anrichteplatte schichten.
3. Öl fast zur Gänze abgießen, Knoblauch kurz rösten und mit Zitronensaft (Essig) ablöschen. Marinade über die Gemüsescheiben verteilen.

Tatar

In Anlehnung an das klassische Tatar vom Rinderfilet schufen kreative Köche »Tatar« aus rohem Fisch, Krustentieren, Gemüse oder Pilzen in allen erdenklichen Variationen.

Darauf kommt's an

- Verwenden Sie nur Zutaten von absoluter Frische.
- Benutzen Sie gut geschärfte Messer und saubere bzw. desinfizierte Schneideunterlagen.
- Klassischerweise wird für Tatar Rinderfilet verwendet und mit dem Messer gehackt. Als kostengünstige Alternative können Sie jedoch auch magere Teile der Oberschale oder der Schulter nehmen. Das Fleisch wird in diesem Fall durch den Fleischwolf gedreht (nicht gehackt).

Rindfleischtatar

ZUTATEN
FÜR 4 BIS 6 PORTIONEN

800 g Rindfleisch
4 Eigelb
2 EL Zwiebeln, fein geschnitten
1 EL Kapern, fein gehackt
100 g Essiggurken, fein gehackt
1 EL Ketchup
1 KL Senf, mittelscharf
1 KL Paprikapulver, edelsüß
1 MS Sardellenpaste
1 EL Petersilie, gehackt
3 EL Pflanzenöl, neutral, oder Olivenöl
Salz
Pfeffer, schwarz, frisch gemahlen

SO WIRD'S GEMACHT

1. Fleisch hacken oder durchdrehen.

Methode 1 (Klassisch) Rinderfilet mit einem großen, stabilen Messer in kleine Würfel schneiden und anschließend fein hacken.

Methode 2 (Kostengünstig und einfacher) Rindfleisch in Streifen schneiden und in gut gekühltem Fleischwolf fein durchdrehen.

2. Gehacktes (durchgedrehtes) Fleisch und alle Zutaten mit einer Gabel vermengen.

3. Um Tatar zu formen, setzen Sie einen runden Ausstecher mittig auf das auf einen Teller oder eine Platte verteilte Tatar; streichen Sie die Masse glatt in den Ausstecher und ziehen Sie diesen ab.

Thunfischtatar

ZUTATEN

400 g Thunfischloin
  (Sushiqualität)
asiatische Marinade
  (siehe Seite 103, Hälfte der
  dort angeführten Menge)

SO WIRD'S GEMACHT

1. Thunfisch sehr klein würfelig schneiden (nicht hacken oder durchdrehen).
2. Thunfisch und Marinade mit einer Gabel verrühren und locker rund formen.

Matjestatar

ZUTATEN

220 g Matjesfilet
100 g Apfel, geschält, entkernt
50 g Senfgurke
4 EL Zwiebeln, geschnitten
2 EL saure Sahne
1 KL Dill, gehackt
wenig Salz
Pfeffer, weiß, gemahlen
1 KL Honig

SO WIRD'S GEMACHT

1. Matjes, Apfel und Senfgurke in kleine Würfel schneiden.
2. Mit den restlichen Zutaten vermischen.

ANRICHTEN

Als Beilage reichen Sie kleine Kartoffelpuffer.

Graved-Lachs-Tatar

ZUTATEN

600 g Graved Lachs ohne Haut
  (siehe Seite 180)
3 EL Senf, mittelscharf
2 EL Wasser
2 EL Honig
1 EL Weinessig
0,1 l Pflanzenöl
1 EL Dillspitzen, gehackt

SO WIRD'S GEMACHT

1. Lachs in feine Würfel schneiden.
2. Senf, Wasser, Honig und Essig vermischen, tropfenweise Öl, abschließend Dillspitzen einrühren.
3. Lachs mit so viel Sauce binden, dass eine formbare Masse entsteht.

ANRICHTEN

Servieren Sie Graved-Lachs-Tatar auf Apfelsalat.

Asiatische Marinade für Tatar

ZUTATEN
FÜR 800 G FLEISCH ODER FISCH

3 Eigelb (nur für Fleisch)
2 EL Zwiebeln, fein geschnitten
1 KL Ingwer, gerieben
2 EL Sojasauce
1 KL Currypulver
1–2 EL Koriandergrün, gezupft, gehackt
1 KL Zitronensaft
2 EL Sesamöl
2 EL Sesamkörner, geröstet
Salz
Pfeffer, schwarz, gemahlen

SO WIRD'S GEMACHT
Alle Zutaten verrühren.

VERWENDUNG
Die asiatische Marinade bietet für Fleisch- und vor allem Fischtatar alternativ zur Standard-Marinierung ein völlig konträres, besonders genussvolles Geschmackserlebnis.

Dorade-Avocado-Tatar

ZUTATEN
300 g Doradenfilet, enthäutet
Salz (am besten Meersalz)
Pfeffer, weiß, gemahlen
Zitronensaft
1 Avocado, vollreif, geschält, entkernt
1 EL Schalotten oder Zwiebeln

SO WIRD'S GEMACHT
1. Doradenfilet in feine Würfel schneiden, mit Salz, Pfeffer und etwas Zitronensaft vermengen.
2. Avocado mit einer Gabel püreeartig zerkleinern, mit fein geschnittenen Schalotten (Zwiebeln), Zitronensaft, Salz und Pfeffer würzen.
3. Passende Ausstecher zentriert auf Teller setzen, Avocadomus bis zur Hälfte des Ausstechers einfüllen, verstreichen, mit Tatar auffüllen, glatt streichen und Ring abziehen.

VARIATIONEN
Dorade können Sie durch Forelle, Saibling oder Lachs ersetzen.

Tomaten-Rucola-Tatar

ZUTATEN
200 g Tomaten, geschält, entkernt
½ Hand voll Rucola, entstielt
3 EL Pinienkerne
Olivenöl
200 g Ricotta
1 EL Zwiebeln, fein geschnitten
Salz
Pfeffer, gemahlen

SO WIRD'S GEMACHT
1. Tomaten in kleine Würfel schneiden und Rucola fein hacken.
2. Pinienkerne in Olivenöl rösten und salzen.
3. Ricotta mit den übrigen Zutaten vermischen, mit Salz und Pfeffer würzen.

ANRICHTEN
Servieren Sie das Tatar mit frischem Ciabattabrot.

Carpaccio

Geniale Ideen präsentieren sich bei näherer Betrachtung oft als recht simpel. Giuseppe Cipriani, Besitzer der legendären »Harry's Bar« in Venedig, hat sich als erklärter Kunstliebhaber vom Stil des Renaissancemalers Vittore Carpaccio, der seine Werke in leuchtend roten und weißen Farben erstrahlen ließ, inspirieren lassen: Er kombinierte hauchdünn geschnittenes, farbfrisches rohes Fleisch mit einer zitronensaftbetonten Mayonnaisesauce. Heute hat sich die Bezeichnung Carpaccio längst von den farblichen Inspirationen ihres Namensgebers gelöst. Carpaccio ist aus allem herstellbar, was dünn geschnitten und mariniert werden kann. Und auch bezüglich der Marinade sind der Fantasie keine Grenzen gesetzt. Marinieren Sie nach Lust und Laune. Auf Seite 103 finden Sie zum Beispiel eine asiatische Marinade, die hervorragend zu Carpaccio passt.

Darauf kommt's an

- Verwenden Sie für Rindercarpaccio frisches, nicht abgehangenes, zartes Rinderfilet.
- Schneiden Sie das Fleisch mit einer Aufschnittmaschine oder mit einem scharfen Messer in hauchdünne Scheiben.
- Damit Carpaccioscheiben beim Schneiden mit der Aufschnittmaschine nicht zerfallen, fangen Sie sie am besten mit einer Teigkarte oder der Hand einzeln auf.
- Für Fischcarpaccio sind Filets vom Lachs, Seeteufel, Thun- oder Butterfisch ideal.
- Für Carpaccio-Fans empfehlen wir, in Frischhaltefolie straff eingerollte Filetstücke im Tiefkühlfach auf Vorrat zu lagern.

Rindercarpaccio mit Rucola

ZUTATEN

400 g Rinderfilet,
  nicht abgehangen

FÜR DIE MARINADE

3 EL Olivenöl
1 EL Zitronensaft
  oder Balsamicoessig, weiß
Salz
Pfeffer, schwarz, gemahlen

FÜR DIE GARNITUR

2 Hand voll Rucola, gewaschen
Salz
2 EL Olivenöl
Balsamicoessig nach Bedarf
80 g Parmesan,
  in Späne gehobelt

VORBEREITUNG

1. Mit einem dünnen Messer vom Rinderfilet Fett und die feinen Häutchen entfernen.
2. Vor dem Anrichten Öl, Zitronensaft (Essig) und Salz verrühren. Die Innenflächen der Teller mit Marinade bestreichen und mit Pfeffer bestreuen.
3. Parmesan mit einem Sparschäler zu Spänen hobeln.

SO WIRD'S GEMACHT

Methode 1:
1. Fleisch straff in Frischhaltefolie einrollen und im Tiefkühlfach anfrieren lassen.
2. Angefrorenes Filet mit einem scharfen Messer in möglichst dünne Scheiben schneiden und auf eine leicht geölte Frischhaltefolie legen.
3. Mit Olivenöl zart bestreichen und mit Frischhaltefolie bedecken.
4. Anschließend mit einem Nudelholz ausdünnen oder mit einem Plattiereisen dünn plattieren. Obere Folie entfernen.
5. Teller mit Marinade bestreichen. Folie mit der Fleischseite nach unten auf den Teller kippen, leicht andrücken, Folie entfernen, mit Marinade bestreichen, leicht salzen, mit Pfeffer bestreuen.

Methode 2:
1. Rinderfilet straff in Frischhaltefolie einrollen, etwa 12 Stunden im Tiefkühlfach einfrieren. Anschließend ca. 10 Minuten bei Raumtemperatur antauen und dann die Folie entfernen.
2. Fleisch mit einer Aufschnittmaschine in dünne Scheiben schneiden. Jede Scheibe einzeln mit der Hand oder einer Teigkarte entnehmen, leicht überlappend auf die Teller aneinander reihen, bis die Innenflächen voll belegt sind.
3. Angerichtetes Fleisch mit restlicher Marinade bestreichen, leicht salzen, mit Pfeffer bestreuen.

FERTIGSTELLUNG

1. Rucola salzen, mit Öl und Essig marinieren und zentriert auf das Carpaccio häufen.
2. Parmesanspäne auf Carpaccio und Rucola verteilen.

TIPP

Bei größerer Personenanzahl rate ich zu folgendem Vorgehen:
1. Belegen Sie jeweils eine geölte Frischhaltefolie in Größe der Innenfläche der zum Servieren geplanten Teller überlappend mit den Fleischscheiben.
2. Bedecken Sie diese mit geölter Frischhaltefolie und wiederholen Sie den Vorgang, bis die gewünschte Portionenanzahl erreicht ist.
3. Legen Sie die Folien auf eine flache Unterlage, tiefkühlen Sie das Fleisch.
4. Ca. 20 Minuten vor dem Servieren ziehen Sie die Folien ab und legen die Fleischscheiben auf die mit Marinade bestrichenen Teller. Nach dem Auftauen würzen, marinieren, abschließend garnieren.

VARIATIONEN

- Wandeln Sie die Marinade mit Steinpilz-, Kürbiskern-, Trüffel- oder Walnussöl und verschiedenen Essigsorten variantenreich ab.
- Marinieren Sie zur Abwechslung das Carpaccio mit einer Sauce: Bestreuen Sie die Teller mit Salz und schwarzem Pfeffer. Legen Sie das Fleisch auf, salzen und pfeffern Sie es. Füllen Sie die Sauce in eine Spritztüte und verteilen Sie sie gitterartig auf dem Fleisch.
- Variationsideen fürs Anrichten finden Sie auf den folgenden Seiten.

Zitronensauce für Carpaccio

ZUTATEN

0,2 l Mayonnaise
Spritzer Worcestershiresauce
1 KL Zitronensaft
3 EL Milch
Salz
Pfeffer, weiß, gemahlen

SO WIRD'S GEMACHT

Alle Zutaten zu einer cremigen Sauce verrühren.

Trüffelölsauce für Carpaccio

ZUTATEN

1 Eigelb
1 KL Senf
3 cl Weißwein- oder Balsamicoessig, weiß
Salz
Pfeffer, weiß, gemahlen
Trüffelöl zum Parfümieren
⅛ l Olivenöl
etwas Wasser oder Rinderbrühe, kalt, fettfrei

SO WIRD'S GEMACHT

1. Eigelb mit Senf, Essig, Salz und Pfeffer mit einem Schneebesen gut verrühren.
2. Zimmertemperierte Öle unter ständigem Rühren langsam einfließen lassen.
3. Sauce unter Beigabe von kalter Flüssigkeit zu dickflüssiger Konsistenz rühren.

Variationsideen für Rindercarpaccio

Spargelspitzen und Vinaigrette

Rucola und Parmesanchips

Ziegenkäse und Rapunzelsalat

Feigen und Kumquats

Gebratene und mit Vinaigrette marinierte Artischockenherzen

Zitronenmayonnaise, Oliven und Ofentomaten

Marinierte Pilze

Rucola, Gorgonzoladressing und Pinienkerne

Lachs-Crevetten-Carpaccio

ZUTATEN

400 g Lachsfilet (Mittelstück)
180 g Crevetten
4 EL Dillspitzen, gehackt
Salz
Pfeffer, weiß, gemahlen
Saft einer halben Zitrone
Olivenöl

VORBEREITUNG

1. Haut vom Lachsfilet mit einem Messer abtrennen.
2. Die Quergräten mit einer Fischpinzette herausziehen.
3. Fette Bauchlappen abtrennen.

SO WIRD'S GEMACHT

1. Lachsmittelstück mittels Längsschnitt taschenförmig aufklappen, damit sich die Fläche verdoppelt.
2. Mit Frischhaltefolie bedecken, mit einem Plattiereisen zart plattieren oder mit einem Nudelholz auswalken.
3. Mit Crevetten fast bis zum Rand hin bestreuen, anpressen und mit Dill bestreuen. Straff einrollen.
4. Rolle zuerst in Frischhalte-, dann in Alufolie hüllen. Durch gleichzeitiges Zusammendrehen der Enden straffen.

FERTIGSTELLUNG

1. Rolle einige Stunden tiefkühlen, anschließend leicht antauen und Folien entfernen.
2. Gut gekühlte Teller mit Sauce bestreichen.
3. Lachsrolle mit einer Schneidemaschine langsam dünn aufschneiden, alle Scheiben einzeln mit der Hand oder einer Teigkarte auffangen, damit sie nicht auseinander fallen.
4. Anschließend einzeln auf den Tellern anordnen, mit Salz und Pfeffer bestreuen.
5. Zitronensaft und Olivenöl vermischen und mit einem Pinsel auf das Carpaccio streichen.

Pikante Mousses

Ob zartes Gemüse, Räucherfische, Geflügelleber oder Schinken: Fein gemixt und mit geschlagener Sahne veredelt, findet sich für jeden Geschmack das Richtige.

Darauf kommt's an

- Für pikante Mousses können Sie gegarte, fein pürierte Grundmaterialien wie Schinken, Räucherzunge, Fischfilets, Räucherfische, Geflügelbrüste, mageres Wild und Wildgeflügel, Kalbs- oder Geflügelleber, Spargel, Kürbis, Broccoli usw. verwenden.
- Zum Pürieren eignet sich am besten ein Kleinschneider (Blitzschneider).
- Durch das Beimengen von geschlagener, ungesüßter Sahne erzielen Sie eine locker cremige Konsistenz.

Mousse von Räucherfischen

ZUTATEN

3 Blatt (5 g) Gelatine
220 g Räucherfisch ohne Haut und Gräten (Lachs, Forelle, Aal, Heilbutt, Makrele usw.)
¼ l Schlagsahne
etwas Meerrettich, gerieben
1 EL Wermut
Salz
Pfeffer, weiß, gemahlen
etwas Zitronensaft

VORBEREITUNG

1. Gelatineblätter in kaltem Wasser einweichen.
2. Räucherfisch klein schneiden.

SO WIRD'S GEMACHT

1. Räucherfisch mit 4 EL flüssiger Sahne im Kleinschneider fein pürieren und in eine Rührschüssel geben.
2. Restliche Schlagsahne cremig schlagen, Meerrettich einrühren.
3. Gelatineblätter aus dem Wasser heben, abtropfen lassen und mit Wermut lauwarm schmelzen.
4. Gelatine zügig mit einem Schneebesen unter die pürierten Fische mischen, sofort geschlagene Sahne darunter heben. Mit Salz, Pfeffer und Zitronensaft würzen. In passende gekühlte Gläser bzw. Schalen oder in eine Wanne füllen, einige Stunden kühlen.

Gänselebermousse

ZUTATEN

1½ Blatt (2,5 g) Gelatine
300 g Gänseleberterrine
¼ l Schlagsahne
1 TL Madeira
Salz
Pfeffer, weiß, gemahlen

VORBEREITUNG

1. Gelatineblätter in kaltem Wasser einweichen.
2. Gänseleberterrine fein passieren.

SO WIRD'S GEMACHT

1. Schlagsahne cremig schlagen.
2. Gelatine aus dem Wasser heben, abtropfen, mit Madeira lauwarm schmelzen, mit passierter Leberterrine verrühren.
3. Geschlagene Sahne unterheben und würzen.
4. In eine Wanne oder gekühlte Gläser füllen, einige Stunden kühlen.

Kürbismousse

ZUTATEN

ca. 700 g Hokkaidokürbis
¼ l Schlagsahne
1 Blatt (1,67 g) Gelatine
Salz
Pfeffer
Spritzer Apfel- oder Weinessig

VORBEREITUNG

1. Kürbis halbieren oder vierteln.
2. Backofen auf ca. 180–200 °C erhitzen.
3. Kürbis mit Schale und Kernen im Backofen ca. 40 Minuten garen bis er weich ist.
4. Gelatineblatt in kaltem Wasser einweichen.

SO WIRD'S GEMACHT

1. Gegarten Kürbis entkernen, Fleisch mit einem Löffel aus der Schale heben, fein passieren, würzen. Sie benötigen 300 g passiertes Kürbisfleisch.

2. Schlagsahne cremig schlagen. Gelatine abtropfen, lauwarm schmelzen; zuerst Gelatine, danach geschlagene Sahne unter die kalte Kürbismasse rühren, würzen.

3. Masse in ein flaches Gefäß füllen, einige Stunden kühlen. Mit einem nassen Löffel Nocken ausstechen oder die Masse in Gläser füllen.

TIPP

Falls die Kürbisfleischmasse zu trocken ist, rühren Sie etwas Fond oder Brühe ein.

Farcen

Mit einem handelsüblichen preisgünstigen Kleinschneider (Cutter) kann heute die einst aufwendige Erzeugung von feinen Farcen innerhalb weniger Minuten optimal ausgeführt werden.

Darauf kommt's an

- Verwenden Sie je nach Verwendungszweck Filets von enthäuteten, festfleischigen Fischen, ausgelöste, enthäutete Brüste von Huhn oder Pute oder auch mageres, sehnenfreies Kalbfleisch.
- Die langsame Beigabe von Schlagsahne lockert Farcen auf.
- Um ein Gerinnen der Farce zu verhindern, kühlen Sie alle Zutaten.
- Der Aufsatz des Kleinschneiders sollte ebenfalls gekühlt sein.
- Wenn Sie eine saftigere Konsistenz erzielen wollen, mixen Sie zusätzlich entrindetes, in Wasser oder Milch eingeweichtes und anschließend ausgedrücktes Weißbrot unter die Farce. Der Brotanteil sollte in etwa 10 % betragen.

Fischfarce

ZUTATEN

500 g Fischfilet, frisch oder tiefgekühlt, ohne Haut (ideal sind Hecht, Zander oder Lachs)
Salz
0,4 l Schlagsahne
Pfeffer, weiß, gemahlen

SO WIRD'S GEMACHT

1. Grätenfreies, gut gekühltes Fischfilet in kleine Würfel schneiden.
2. Fisch salzen und im Kleinschneider unter ständiger Zugabe von eiskalter Sahne zu einer homogenen Masse verarbeiten. Mit Salz und Pfeffer abschmecken.

VERWENDUNG

- zur Erzeugung von Fischpasteten oder Terrinen
- zum Füllen von Fischen oder
- als Basis von Hechtnockerln

Hühnerfarce

ZUTATEN

500 g Hühnerbrust, ohne Haut und Knochen
Salz
0,4 l Schlagsahne
Pfeffer, weiß, gemahlen
etwas Muskatnuss, gerieben

SO WIRD'S GEMACHT

1. Gut gekühlte Hühnerbrust in kleine Würfel schneiden.
2. Fleisch salzen, im Kleinschneider unter ständiger Zugabe von eiskalter Sahne zu einer homogenen Masse verarbeiten. Mit Salz, Pfeffer, Muskatnuss abschmecken.

VERWENDUNG

- zur Erzeugung von Terrinen
- zum Füllen von Rouladen
- als Basis von Farcenockerln

VARIATIONEN

Die Farce lässt sich mit wenig Aufwand mit verschiedenen Kräutern, rosa oder grünen Pfefferkörnern, Pistazien, Pilzen oder Pinienkernen variantenreich abwandeln.

Farce für Fleischkäse (Leberkäse)

ZUTATEN

320 g Schweinespeck, ungeräuchert
100 g Schweinebauch, ausgelöst, ohne Schwarte
350 g Rindfleisch, mager, von der Schulter
15 g Pökelsalz (beim Metzger erhältlich)
2 Eiweiß
¼ l Wasser
2–3 Eiswürfel
1 EL Zwiebeln, gehackt
2 Knoblauchzehen, gepresst
1 KL Majoran
10 g Salz
Pfeffer, weiß, gemahlen
Muskatnuss, gerieben
½ KL Speisestärke (Maizena)
Öl zum Ausstreichen der Form

VORBEREITUNG

1. Schweinespeck und -bauch gesondert klein schneiden, kühlen.
2. Rindfleisch klein schneiden, mit Pökelsalz vermengen, 1 Stunde sehr kalt ruhen lassen.

SO WIRD'S GEMACHT

1. Rindfleisch fein durchdrehen.
2. Anschließend mit Eiweiß im Kleinschneider fein mixen, dabei ständig Eiswasser einfließen lassen.
3. Schweinespeck und Bauchfleisch fein durchdrehen, mit der bereits fertigen Rindfleischfarce vermischen. Zwiebeln, Knoblauch, Majoran, Salz, Pfeffer, Muskatnuss und Stärke hinzufügen.
4. Diese Masse in mehreren Etappen im Kleinschneider sehr kalt kuttern.
5. Masse in eine gefettete Backform oder Aluminium-Einwegwanne füllen.
6. Im vorgeheizten Backofen bei 160° Ober-/Unterhitze je nach Größe der Form 40–60 Minuten backen. Die Kerntemperatur soll 80 °C betragen.

Terrinen

Terrinen sind ein Fall für Ambitionierte. Doch keine Sorge, vieles erscheint schwieriger, als es tatsächlich ist. Terrinen lassen sich gut vorbereiten und eignen sich vorzüglich dafür, eine größere Anzahl Gäste stressfrei mit einer tollen Vorspeise zu verwöhnen.

Darauf kommt's an

- Für Farcen verwenden Sie nur hochwertiges, gut pariertes Fleisch bzw. festfleischiges Fischfilet.
- Achten Sie immer darauf, dass Farcen stets gut gekühlt verarbeitet werden, damit sie nicht gerinnen.
- Wer Gänsestopfleber aus humanitären Gründen meiden will, verwende für Gänseleberterrine normale Gänseleber und kompensiere geringere Qualität mit dem guten Gewissen des Tierschützers.

Gänseleberterrine

ZUTATEN
FÜR ½ KG GÄNSELEBERTERRINE

500 g Gänseleber, Qualitätsstufe 1 a bis 3 b, zugeputzt
Speckscheiben, ungeräuchert, oder Alufolie zum Auskleiden der Form
8 g Pökelsalz (beim Metzger erhältlich)
Pfeffer, weiß, gemahlen
1 EL Cognac
1 EL Madeira oder Wermut

VORBEREITUNG

1. Haut der Gänseleber mit der Spitze eines kleinen Messers abziehen. Hauptstränge, grobe Adern und Teile mit Verfärbungen herausschneiden. Schöne Stücke beiseite legen, Kleinstücke durch ein Sieb streichen.
2. Form überlappend mit Speck auskleiden oder mit Folie auslegen.

SO WIRD'S GEMACHT

1. Gänseleberstücke und passierte Leber mit Pökelsalz, Pfeffer, Cognac und Madeira (Wermut) gut vermengen.
2. Masse in die Form einstreichen, überlappende Teile der Speckscheiben darüber klappen und 12 Stunden kühl ruhen lassen.
3. Terrine in ein Wasserbad stellen und im vorgeheizten Backofen pochieren.
4. Terrine aus dem Wasserbad heben, bei Raumtemperatur abkühlen lassen.
5. Im Kühlschrank 12 Stunden erstarren lassen. Anschließend stürzen, Speck entfernen, in Scheiben schneiden.

Wasserbad: ca. 80 °C
Backofentemperatur: 150 °C Ober-/Unterhitze
Gardauer: je nach Größe und Beschaffenheit der Form 35–60 Minuten; die Kerntemperatur muss 45–50 °C betragen.

Fischterrine mit Lachseinlage

ZUTATEN
FÜR CA. 8 PORTIONEN

Öl zum Ausstreichen der Form
600 g Fischfarce
80 g Pistazienkerne
300 g Lachsfilet (Mittelstück), ohne Haut und Bauchlappen
Salz
Pfeffer, weiß, gemahlen
6–8 EL Dillspitzen, gehackt

VORBEREITUNG

Terrinenform zart mit Öl ausstreichen, Alufolie einlegen, mit Küchenkrepp glatt streichen und vorsichtig mit Öl ausstreichen.

SO WIRD'S GEMACHT

1. Fischfarce mit Pistazien vermengen, die Hälfte der Farce mit einem Kunststoffspachtel in die Form einstreichen.
2. Lachsfilet mit Salz und Pfeffer würzen, in Dill wälzen, anpressen und in die Mitte der Form legen. Mit Farce auffüllen, mit nasser Teigkarte glatt verstreichen.
3. Mit geölter Alufolie bedecken, in ein Wasserbad stellen und im vorgeheizten Backofen pochieren.
4. Aus dem Wasserbad heben, erkalten lassen, einige Stunden kühlen. Terrine stürzen, Folie entfernen, in Dill wälzen, in fingerdicke Scheiben schneiden.

Wasserbad: ca. 80 °C
Backofentemperatur: ca. 160 °C
Gardauer: ca. 30 Minuten

ANRICHTEN

Servieren Sie als Beilage Saucen auf Basis von Mayonnaise oder saurer Sahne, Blattsalate oder mariniertes Gemüse.

VARIATIONEN

Variieren Sie die Farce und die Einlage. Hervorragend schmeckt zum Beispiel eine Lachsfarce mit Seeteufel oder Garnelen.

Pilzterrine

ZUTATEN
FÜR CA. 8 PORTIONEN

Öl zum Ausstreichen der Form
800 g Steinpilze oder Pfifferlinge
50 g Brötchen oder Weißbrot, entrindet
4 EL Pflanzenöl, neutral
Salz
Pfeffer, weiß, gemahlen
2 EL Petersilie, fein gehackt
500 g Geflügelfarce
1 Ei

VORBEREITUNG

1. Terrinenform zart mit Öl ausstreichen, Frischhaltefolie einlegen, mit Küchenkrepp glatt streichen, vorsichtig mit Öl ausstreichen.
2. Pilze reinigen, waschen (siehe Seite 366), trocknen und je nach Größe in kleine Stücke schneiden.
3. Brötchen (Weißbrot) in kaltem Wasser einweichen.

SO WIRD'S GEMACHT

1. Öl in einer Pfanne erhitzen, Pilze darin rösten, würzen, mit Petersilie vermischen. Auf ein Sieb schütten, Flüssigkeit auffangen. Beides kühlen.
2. Brötchen (Weißbrot) aus dem Wasser heben, ausdrücken, passieren oder mit dem Stabmixer cremig zerkleinern.
3. Farce mit passiertem Brötchen (Weißbrot), Ei und etwas Pilzsud vermischen, Pilze untermengen.
4. Farce in die Form füllen, mit nasser Teigkarte glatt verstreichen, mit leicht geölter Klarsichtfolie bedecken, im temperierten Wasserbad in den vorgeheizten Backofen stellen.
5. Pochieren, aus dem Wasserbad heben, erkalten lassen, einige Stunden kühlen. Stürzen, Folie entfernen, in fingerdicke Scheiben schneiden.

Wasserbad: ca. 80 °C
Backofentemperatur: 180 °C
Gardauer: ca. 30 Minuten

VARIATIONEN

Variieren Sie die Farce und die Einlage. Eine Wildfarce zum Beispiel lässt sich sehr gut mit angebratenem Rehrückenfilet oder Fasanenbrust und gekochten, geschälten Kastanien kombinieren.

ANRICHTEN

Servieren Sie als Beilage Kräutersaucen auf Basis von saurer Sahne und Blattsalate.

Warme Speisen

Eiergerichte

Das Ei ist in Maßen konsumiert wohl einer der wesentlichsten Bausteine einer gesunden Ernährung und bei vielen Koch- und Backprozessen eine unverzichtbare Zutat.

Darauf kommt's an

- Beachten Sie die EU-weit einheitliche Kennzeichnung, die über Herkunft, Güteklasse, Größe und Haltbarkeit der Eier informiert.
- Lagern Sie Eier trocken, kühl und von anderen Lebensmitteln getrennt mit der spitzen Seite nach unten.
- Als Grundlage für Kochrezepte werden in der Regel Eier mit Gewichtsklasse M (53 bis 62 Gramm) verwendet.
- Personen mit schwachem Immunsystem sollten auf nicht durchgegarte Eiergerichte verzichten.

Eier in der Schale kochen

SO WIRD'S GEMACHT

1. Eier mit einem Suppenlöffel vorsichtig in kochendes Wasser einlegen und schwach wallend zum gewünschten Garungsgrad kochen.
2. Wasser abgießen, Eier mit eiskaltem Wasser abschrecken. Hart gekochte Eier in mehrmals ergänztem kalten Wasser kühlen.

GARDAUER

Weiches Ei: 4-5 Minuten (klassisches Frühstücksei)
Eiweiß ist fest, Eigelb innen flüssig und am äußeren Rand fester.
Wachsweiches Ei: 6 Minuten
Eiweiß ist fest, Eigelb leicht gestockt, aber cremig. Ideal zum Weiterverarbeiten für panierte Eier.
Hartes Ei: 13 Minuten (Wachtelei ca. 2 Minuten)
Eiweiß und Eigelb sind durchgegart und schnittfest.

TIPPS

- Verwenden Sie zum Kochen Eier, die nicht direkt aus dem Kühlschrank kommen. Sie platzen beim Kochen leicht auf.
- Stechen Sie Eier mit einem »Eier-Picker« an der schwächer gewölbten Seite an.
- Wenn Sie mehrere Eier auf einmal kochen, verwenden Sie am besten einen Siebeinsatz zum Einhängen ins Kochwasser.

VERWENDUNG VON HART GEKOCHTEN EIERN

Schneiden Sie hart gekochte Eier mit einem Eiteiler in Sechstel oder mit einem Eischneider in Scheiben und garnieren Sie damit belegte Brote, Canapés, kalte Gerichte, Salate, gegarte Fleisch- oder Fischscheiben. Eihälften können Sie mit Eiercreme füllen.

Pochierte Eier

ZUTATEN

1 l Wasser
⅛ l Wein- oder Apfelessig
4 Eier

SO WIRD'S GEMACHT

1. Wasser und Essig auf ca. 90 °C erhitzen (nicht kochen lassen). Eier einzeln in kleine Schälchen schlagen, ohne das Eigelb zu verletzen.

2. Eier einzeln in das Wasser gleiten lassen, Eiweiß mit einem Kochlöffel über das Eigelb legen.

3. Nach 5 Minuten mit einem flachen Drahtlöffel aus dem Wasser heben, je nach Weiterverarbeitung in kaltes oder lauwarmes Wasser legen.

4. Eier aus dem Wasser heben, abstehende Eiweißteile abschneiden.

TIPPS

- Zum Pochieren benötigen Sie möglichst frische, gut gekühlte Eier.
- Pochieren Sie maximal 4 Eier auf einmal.

VERWENDUNG

Kalt: als Vorspeise oder Bestandteil eines kalten Buffets
- Saure Sahne salzen, mit gehackten Dillspitzen verrühren und Eier damit oder mit verdünnter Mayonnaise überziehen.
- Mit Räucherfisch, Sardellen oder Schinkenstreifen belegen und mit marinierten Blattsalaten garnieren.

Warm: zum Frühstück, als warme Vorspeise oder als kleine Mahlzeit
- Auf Weißbrottoast oder gewürzten, heißen Blattspinat legen, mit Sauce Hollandaise oder Gratiniersauce überziehen und überbacken.

Spiegeleier

ZUTATEN
FÜR 1 PORTION

20 g Butter oder etwas Öl
Salz
2 Eier

SO WIRD'S GEMACHT

1. Butter (Öl) in einer Teflonpfanne erwärmen, mit Salz bestreuen.
2. Eier einzeln in kleine Schälchen schlagen und in die Pfanne gleiten lassen. Langsam erhitzen, bis das Eiweiß fest und das Eigelb ungestockt, aber warm ist. Eier sollen keine braunen Ränder aufweisen.

TIPP

Der Fachhandel bietet Spiegeleierpfannen oder Ringe an, die ein Zusammenfließen der Eier verhindern.

Rühreier

ZUTATEN
FÜR 1 PORTION

3 Eier
4 EL Sahne
Salz
20 g Butter

SO WIRD'S GEMACHT

1. Eier, Sahne, Salz mit einem Schneebesen verschlagen.
2. Butter in einer Pfanne oder flachen Kasserolle schmelzen, Eiermasse einfließen lassen.
3. Bei mäßiger Hitze mit einem Kochlöffel rühren, bis die Eier cremig anstocken.

VARIATIONEN

Rühreier können Sie mit klein geschnittenem Schinken, Crevetten, geriebenem Käse, Tomatenwürfeln, Spargelspitzen, Schnittlauch, gehackten Kräutern oder, als Rühreier »de luxe«, mit Kaviar oder gehobelten weißen Trüffeln kombinieren.

Wiener Eierspeise

ZUTATEN
FÜR 1 PORTION

3 Eier
Salz
20 g Butter

SO WIRD'S GEMACHT

1. Eier und Salz in einer Schüssel mit einer Gabel kurz verquirlen. Eiweiß und Eigelb sollen in der Struktur noch erkennbar bleiben.
2. In einer Teflonpfanne Butter schmelzen. Eier eingießen und leicht anstocken lassen.
3. Mit einer Gabel vom Außenrand der Pfanne zur Mitte kreuzweise die Eier vorsichtig zueinander ziehen, bis sie zu stocken beginnen.

VARIATIONEN

- Verwenden Sie an Stelle von Butter Schweineschmalz und rösten Sie darin fertige Grieben, bevor Sie die Eier zugießen.
- Bestreuen Sie die fertige Eierspeise mit Schnittlauch oder beträufeln Sie sie mit etwas Kürbiskernöl.

Panierte Eier

ZUTATEN

10 Eier
Salz
ca. 100 g Mehl
ca. 150 g Weißbrot, gerieben, oder Paniermehl
reichlich Öl zum Frittieren

SO WIRD'S GEMACHT

1. Mit einem »Eier-Picker« 8 zimmertemperierte Eier an der schwächer gewölbten Seite anstechen.
2. Reichlich Wasser in einem Topf aufkochen, Eier mit einem Suppenlöffel vorsichtig einlegen. 6 Minuten kochen, in eiskaltem Wasser abschrecken, vorsichtig schälen.
3. Restliche 2 Eier mit einer Gabel verquirlen. Die gekochten Eier rundum salzen, in Mehl wenden, abschütteln, durch die verquirlten Eier ziehen, abtropfen lassen, in Weißbrotbröseln (Paniermehl) wenden, abschütteln.
4. Öl in einem Topf auf 180 °C erhitzen, Eier einlegen – sie müssen mit Öl bedeckt sein –, unter Schütteln des Topfes goldgelb ausbacken, aus dem Öl heben, auf Küchenkrepp abtropfen lassen.

ANRICHTEN

Gourmet-Variante: etwas Kartoffelpüree auf gewärmte Teller mit einem Spritzsack rosettenartig aufspritzen. Die Spitzen der Eier abschneiden, Eier mit der anderen Seite auf das Püree aufsetzen und leicht anpressen. Auf die abgekappten Eierspitzen Crème fraîche oder saure Sahne geben und mit etwas Kaviar oder Lachskaviar toppen.

Omelett

ZUTATEN
FÜR 1 PORTION

3 Eier
Salz
20 g Butterschmalz oder Öl

SO WIRD'S GEMACHT

1. Eier mit Salz in einer Schüssel mit einem Schneebesen gut verrühren. In einer Teflonpfanne Butterschmalz oder Öl erhitzen. Eier einfließen lassen und mit einer Gabel ständig rühren.

2. Wenn die Masse anstockt, Pfanne am Stiel anheben, Eiermasse zur Mitte zusammenschlagen und auf vorgewärmte Teller stürzen.

ANRICHTEN

Kombiniert mit Blattsalaten ideal als leichte Mahlzeit geeignet.

VARIATIONEN

Variationsideen für Omelett finden Sie auf den folgenden Seiten.

So variieren Sie Omelette

Rühren Sie unter die rohe Eiermasse Schinken-, Speck- oder Tomatenwürfel, geröstete Pilze, Käse, gehackte Kräuter oder eine beliebige Kombination aus diesen Zutaten.

Kräuter

Käse

Schinken

Champignons

Omelette von oben füllen

Schneiden Sie das Omelett nach dem Stürzen an der Oberseite mit der Messerspitze ein, ziehen Sie die Öffnung auseinander. In den Hohlraum füllen Sie je nach Belieben in Butter geschwenktes, gewürztes Gemüse wie Blattspinat, Tomatenragout oder Spargelspitzen.

Erbsen

Gemüse

Tomaten und Basilikum

Blattspinat

Suppen

Eine kräftige Suppe ist ein wahres Lebenselixier; dabei ist die Herstellung oft einfacher, als man denkt. Lassen Sie sich von den langen Kochzeiten nicht irritieren. Hat eine Rinderbrühe erst einmal aufgekocht, ist sie abgeschäumt und die Temperatur richtig geregelt, kocht sie sich praktisch von selbst. Und für Schaumsuppen auf Gemüsebasis reduzieren hochtourige Stab- und Standmixgeräte die einst mühevolle Arbeit des Pürierens von Gemüse auf wenige Sekunden und garantieren ein luftig-schaumiges Ergebnis.

Klare Suppen

Rinderbrühe (Bouillon)

Darauf kommt's an

- Eine Rinderbrühe kann man aus Fleischknochen, aus Fleisch oder auch aus einer Kombination von beidem zubereiten.
- Stellen Sie Knochen mit kaltem Wasser auf, durch langsames Erwärmen werden sie besser ausgelaugt.
- Das Fleisch geben Sie erst dazu, wenn das Wasser kocht.
- Aufsteigender Schaum bindet Trübstoffe, schöpfen Sie ihn deshalb ständig ab.
- Fügen Sie Lauch, Möhren und Sellerie erst in der letzten halben Stunde der Suppe hinzu. So zerkocht das Gemüse nicht und kann, klein geschnitten, mit der Suppe serviert werden.
- Bei Bedarf fügen Sie gekörnte Suppenwürze oder Suppenwürfel hinzu.
- Die so genannten »Goldaugen« auf der Suppe sind für den gehaltvollen, charakteristischen Geschmack verantwortlich.
- Lassen Sie die Suppe vor dem Durchseihen einige Zeit ruhen, damit sich Trübstoffe setzen können.

Rinderbrühe (Bouillon)

ZUTATEN
FÜR 6 PORTIONEN

1 Zwiebel, mit Schale, halbiert
ca. 400 g Rindfleisch für Suppe
500 g Rindfleischknochen mit Fleischbehaftung, gehackt
250 g Wurzelwerk (Möhren, Sellerie und Petersilienwurzel zu gleichen Teilen)
½ Lauchstange
Salz
ca. 3,5 l Wasser
10 Pfefferkörner, schwarz
etwas Sellerie- und Petersiliengrün
gekörnte Brühe, bei Bedarf
Schnittlauch, geschnitten, zum Bestreuen

VORBEREITUNG

1. Zwiebelhälften mit Schale in einer mit Alufolie ausgelegten Pfanne an den Schnittflächen sehr dunkel bräunen.
2. Fleisch und Knochen lauwarm waschen. Wurzelwerk schälen, Lauch halbieren und waschen.

SO WIRD'S GEMACHT

1. Knochen mit kaltem Wasser langsam zum Kochen bringen, leicht salzen.

2. Fleisch in kochende Flüssigkeit einlegen.

3. Aufsteigenden Schaum ständig mit einem Schöpf- oder Schaumlöffel abschöpfen.

4. Pfefferkörner und Zwiebelhälften hinzufügen, Suppe leicht wallend kochen.

5. Während der letzten 20 Minuten Wurzelwerk, Suppengrün und, falls gewünscht, gekörnte Brühe beifügen.

6. Gegartes Fleisch und Knochen aus der Suppe heben. Suppe durch ein feines Sieb gießen, salzen und mit Schnittlauch bestreuen.

TIPP

Wurzelwerk in nicht zu dünne Scheiben schneiden, mit blanchierten Markscheiben der fertigen Suppe hinzufügen und 5 Minuten heiß ziehen lassen.

Geklärte Rinderbrühe (Consommé)

Darauf kommt's an

- Die Basis für Consommé ist eine kräftige, am besten am Vortag gekochte Rinderbrühe. Wenn man sie im Kühlschrank lagert, kann man das erstarrte Fett mühelos abheben.
- Durch gemeinsames Erwärmen der kalten Rinderbrühe und einer Klärmischung aus grob durchgedrehtem mageren Rindfleisch, Wurzelwerk und rohem Eiweiß bildet sich ein Eiweißkuchen, der mit fortschreitender Erhitzung an die Oberfläche steigt und alle Trübstoffe bindet.
- Die Consommé gilt als eine Suppe für besondere Anlässe und wird entweder »nature« oder mit Sherry oder Madeira aromatisiert serviert.
- Gibt man die doppelte Menge Klärfleisch dazu, erhält man eine doppelte Kraftbrühe (Consommé double).
- Mit anderen Grundprodukten kann man auf dieselbe Weise auch Consommé von Wild, Wildgeflügel oder Fisch herstellen.
- Servieren Sie nur feinste Einlagen, die das Aroma der Kraftbrühe nicht übertönen. Geeignet sind zum Beispiel Farcenockerln, Eierstich, Croutons oder klein geschnittenes Wurzelgemüse.
- Schnittlauch ist als Beigabe ungeeignet.

Geklärte Rinderbrühe (Consommé)

ZUTATEN
FÜR 6 PORTIONEN

2 l Rinderbrühe, kühlschrank-
   temperiert

FÜR DAS KLÄRFLEISCH

400 g Rindfleisch, mager
   (Wade oder Hals)
150 g Möhren, Sellerieknolle
   und Petersilienwurzel
   zu gleichen Teilen
50 g Lauch
1 Lorbeerblatt
8 Pfefferkörner
1 Thymianzweig
3 Eiweiß
Salz
½ Zwiebel, mit Schale, dunkel
   angebraten (siehe Seite 130,
   Schritt 1 der »Vorbereitung«)
einige Eiswürfel

VORBEREITUNG

1. Erstarrtes Fett von der kalten Rinderbrühe abheben.

2. Fleisch, Wurzelwerk und Lauch grob durchdrehen.

SO WIRD'S GEMACHT

1. Durchgedrehtes Rindfleisch, Wurzelwerk, Gewürze, Eiweiß und Salz mit ½ l kalter Rinderbrühe gut verrühren, Zwiebel und Eiswürfel untermengen.

2. Masse 30 Minuten kühl ruhen lassen, anschließend in einen hohen Topf geben. Mit restlicher kalter Brühe aufgießen, erhitzen und dabei vorsichtig am Topfboden rühren.

3. Nach dem Aufkochen, wenn das Klärfleisch an die Oberfläche gestiegen ist, an der Siedegrenze etwa 1 Stunde ziehen lassen.

4. Consommé langsam durch ein mit einem feinmaschigen Tuch ausgelegtes Sieb gießen, mit Salz abschmecken.
Kochdauer: ca. 1½ Stunden

VARIATIONEN

Aromatisieren Sie die Consommé mit Madeira oder Sherry.

Klare Geflügelbrühe (Geflügelfond)

ZUTATEN

½ Zwiebel
200 g Wurzelwerk (Möhren, Sellerieknolle und Petersilienwurzel zu gleichen Teilen)
600 g Geflügelklein oder Geflügelkeulen
1,5 l Wasser
60 g Lauch
einige Pfefferkörner
Salz
Hühnerbrühe, gekörnt, bei Bedarf

VORBEREITUNG

Zwiebel und Wurzelwerk schälen und Geflügelklein (Keulen) waschen.

SO WIRD'S GEMACHT

1. Geflügelklein (Keulen) mit kaltem Wasser aufstellen, zum Kochen bringen. Öfters abschäumen, schwach wallend kochen.
2. Nach ca. 10 Minuten Zwiebeln, Wurzelwerk, Lauch, Pfefferkörner und wenig Salz hinzufügen.
3. Nach 30 Minuten Brühe durchsieben. Geflügelklein (Keulen) von Haut und Knochen befreien. Geflügelfleisch und Wurzelwerk klein schneiden.
4. Brühe mit Salz und, wenn gewünscht, mit gekörnter Hühnerbrühe abschmecken. Einige Minuten kochen, geschnittenes Suppengemüse und Geflügelfleisch hinzufügen.

Kochdauer: ca. 35 Minuten

Klare Gemüsesuppe (Gemüsefond)

ZUTATEN

50 g Möhren
150 g Stangensellerie
150 g Sellerieknolle
1 Zwiebel
100 g Lauch
2 l Wasser
Kräuterstängel (Petersilie, Kerbel)
2 Knoblauchzehen
10 Pfefferkörner, weiß
wenig Salz
Gemüsebrühe, gekörnt, bei Bedarf

VORBEREITUNG

Wurzelwerk und Zwiebel schälen. Lauch halbieren, waschen. Alles in ca. 2 cm große Stücke schneiden.

SO WIRD'S GEMACHT

1. Gemüse mit kaltem Wasser bedecken, Kräuterstängel, Knoblauch und Pfefferkörner hinzufügen.
2. Langsam aufkochen (bei Bedarf gekörnte Gemüsebrühe hinzufügen), schwach wallend ca. 1 Stunde kochen und dann 20 Minuten ohne Hitze ziehen lassen, salzen.

VERWENDUNG

Aufgussmittel für gebundene Suppen, Saucen, Risotto, Polenta und für vegetarische Gerichte

Die besten Suppeneinlagen

Die Vielfalt der Einlagen für klare Brühen ist in Österreich und Süddeutschland besonders groß. Ihre Zubereitung ist verhältnismäßig aufwendig, doch die Arbeit lohnt sich, denn mit der passenden Einlage wird eine einfache Brühe zur Festtagssuppe. Und wenn Sie größere Mengen Suppeneinlagen auf Vorrat zum Einfrieren herstellen, lässt sich auch der Aufwand reduzieren.

Fritatten (Flädle)

ZUTATEN

⅛ l Milch
1 Ei
1 KL Petersilie, gehackt
Salz
70 g Mehl
Öl zum Braten

SO WIRD'S GEMACHT

1. Halbe Milchmenge, Ei, Petersilie und Salz mit einem Schneebesen verrühren.
2. Mehl hinzufügen, zu einem glatten Teig verrühren, restliche Milch einrühren. 30 Minuten ruhen lassen.
3. Öl in flacher Teflonpfanne erhitzen.
4. Teig dünn in die Pfanne gießen, Pfanne dabei so drehen, dass sich der Teig gleichmäßig auf dem Pfannenboden verteilt.
5. Hellbraun braten, mit einer Palette wenden, fertig braten, aus der Pfanne heben.
6. Erkaltete Pfannkuchen in feine Streifen schneiden.

Pfannkuchenroulade

ZUTATEN

1 EL Öl
2 EL Zwiebeln, gehackt
140 g Rindfleisch, gekocht, klein geschnitten
etwas Brühe
1 Ei
Salz
Pfeffer, gemahlen
Majoran
1 EL Petersilie, gehackt
2–3 Stück Pfannkuchen (siehe links)

SO WIRD'S GEMACHT

1. Öl erhitzen und Zwiebeln licht rösten. Fleisch hinzufügen, kurz mitrösten, mit Brühe begießen und kurz kochen.
2. Masse erkaltet durch den Fleischwolf drehen und mit Ei, Gewürzen und Petersilie vermischen.
3. Pfannkuchen überlappend auf der Arbeitsfläche auflegen, mit Füllung bestreichen und einrollen. In Alufolie einwickeln, die Enden straff abdrehen und die Rolle bei 90 °C im Wasserbad pochieren. Aus dem Wasser heben, erkalten lassen, Folie ablösen und Roulade in Scheiben schneiden.

Gardauer: 20 Minuten

Lebernockerl/Leberknödel

ZUTATEN
FÜR CA. 8 NOCKERL/KNÖDEL

1 EL Zwiebeln, fein gehackt
1 EL Butter zum Anrösten
½ Brötchen oder 25 g Weißbrot
100 g Rinderleber
30 g Kalbsnierenfett
1 Ei
20 g Weißbrot, gerieben
2 Knoblauchzehen, gepresst
1 EL Majoran
1 EL Petersilie, gehackt
Salz
Pfeffer, gemahlen

VORBEREITUNG

1. Zwiebeln in zerlassener Butter anschwitzen und abkühlen lassen. Brötchen (Weißbrot) in Wasser einweichen und auspressen.
2. Leber und Nierenfett in Streifen schneiden, mit Brötchen (Weißbrot) und Zwiebeln durch den Fleischwolf drehen.

SO WIRD'S GEMACHT

1. Vorbereitete Masse mit allen restlichen Zutaten und Gewürzen vermengen, im Kühlschrank ca. 30 Minuten quellen lassen.
2. Reichlich Salzwasser (Brühe) zum Kochen bringen.
3. Nockerl mit einem nassen Suppenlöffel und einer mit Wasser benetzten Innenhand formen oder Knödel durch Rollen in den nassen Handflächen formen.
4. Nockerl oder Knödel sofort in Salzwasser (Brühe) einkochen und schwach wallend kochen.

Kochdauer: ca. 8 Minuten

Grießnockerl

ZUTATEN

55 g Butter
1 Ei
110 g Grieß
Salz
Muskatnuss, gerieben

SO WIRD'S GEMACHT

1. Butter schaumig rühren. Ei gut verquirlen, nach und nach in die Butter einrühren.

2. Grieß und Gewürze einrühren. Masse ca. 15 Minuten kühl ruhen lassen.

3. Mit zwei nassen Löffeln aus der Masse Nockerln ausstechen.

4. In Salzwasser oder in Brühe einlegen, ca. 4 Minuten leicht wallend kochen. Etwas kaltes Wasser zugießen und 10 Minuten zugedeckt ziehen lassen.

Schöberl (Grundmasse)

ZUTATEN

40 g Butter
3 Eigelb
1 KL Milch
40 g Mehl
3 Eiweiß
Salz
Butter und Mehl
    zum Ausstreichen und
    Bestäuben der Form

SO WIRD'S GEMACHT

1. Handwarme Butter schaumig rühren, Eigelb nach und nach einrühren. Anschließend lauwarme Milch und Mehl dazugeben.

2. Eiweiß mit Salz zu cremigem Schnee schlagen, diesen unter die Masse heben.

3. Masse fingerhoch in eine mit Butter ausgestrichene und mit Mehl bestäubte, flache, rechteckige Form streichen.

4. Im vorgeheizten Backofen backen, auf Backpapier stürzen. Erkaltet in kleine Karos schneiden.
Backofentemperatur: ca. 220 °C
Backdauer: 8–10 Minuten

So wandeln Sie die Schöberlmasse ab

Parmesanschöberl
Grundmasse mit 20 g geriebenem Parmesan vermischen.

Kräuterschöberl
Grundmasse mit 2 EL frischen, gehackten Kräutern wie Petersilie, Kerbel, Estragon oder Basilikum vermischen.

Schinken-Erbsen-Schöberl
Grundmasse mit 20 g fein gewürfeltem Schinken und 30 g gekochten Erbsen vermischen.

Markschöberl
Grundmasse mit ca. 120 g Markscheiben belegen.

Weißbrotklößchen

**ZUTATEN
FÜR 16 KLÖSSCHEN**

100 g Butter
1 Ei
1 Eigelb
200 g Weißbrot, ohne Rinde, getrocknet, fein gerieben, oder Paniermehl
⅛ l Milch
1 EL Petersilie, gehackt
Salz
Muskatnuss, gerieben
Pfeffer, weiß, gemahlen

SO WIRD'S GEMACHT

1. Handwarme Butter in einer Schüssel schaumig rühren. Ei und Eigelb verquirlen, langsam unter die Butter mengen.
2. Geriebenes Brot (Paniermehl) mit Milch verrühren, 20 Minuten einweichen, anschließend unter die Masse rühren, Petersilie beifügen, würzen.
3. 30 Minuten im Kühlschrank ruhen lassen.
4. Masse mit nassen Handflächen zu kleinen Klößchen formen, in kochendem Salzwasser oder in Brühe 5 Minuten schwach wallend kochen, weitere 5 Minuten ziehen lassen.

Gardauer: ca. 10 Minuten

VERWENDUNG

Einlage für klare und gebundene Suppen

Eierstich

ZUTATEN
FÜR 6 PORTIONEN

Öl zum Ausstreichen der Form
2 Eier
1 Eigelb
0,1 l Rinderbrühe, fettfrei,
  oder Milch
Salz

SO WIRD'S GEMACHT

1. Kleine Metallform zart mit Öl ausstreichen oder mit Klarsichtfolie auslegen.
2. Eier mit Eigelb, Rinderbrühe (Milch) und Salz blasenfrei verquirlen.
3. Eiermasse in die Form gießen, diese in ein auf 80 °C erhitztes Wasserbad stellen. Im heißen Ofen oder auf dem Herd zugedeckt pochieren.
4. Masse erkalten lassen, aus der Form stürzen und in kleine Würfel schneiden.

Gardauer: je nach Formgröße, ca. 45 Minuten

VARIATIONEN

Man kann die Masse in rohem Zustand mit Tomatenmark, Spinat- oder Kräuterpüree farblich und geschmacklich variieren.

Schlickkrapferln (Gefüllte Teigtaschen)

ZUTATEN
FÜR 8 SUPPENEINLAGEN

Nudelteig von 100 g Mehl (siehe
  Seite 376/377)

FÜR DIE FÜLLUNG

20 g Butterschmalz
100 g Rindfleisch, gekocht,
  oder Bratenreste
30 g Zwiebeln, fein geschnitten
1 Ei
1 EL Petersilie, gehackt
Salz
Pfeffer, schwarz, gemahlen
Majoran
1 Knoblauchzehe, zerdrückt

VORBEREITUNG

Rindfleisch (Bratenreste) durch den Fleischwolf drehen.

SO WIRD'S GEMACHT

1. Butterschmalz erhitzen, die Zwiebeln darin glasig anschwitzen.
2. Fleisch hinzufügen, rösten, Ei beifügen, weiterrösten.
3. Petersilie einrühren und würzen, abkühlen lassen, danach 16 Kugeln formen.
4. Nudelteig dünn ausrollen und in zwei gleich große Teile schneiden.
5. Fleischkugeln in gleichmäßigen Abständen auf die eine Teighälfte legen.
6. Teigenden rundum mit verquirltem Ei bestreichen.
7. Zweite Teighälfte darüber stülpen, fest anpressen und mit einem runden Ausstecher kleine Taschen ausstechen.
8. Salzwasser zum Kochen bringen, Krapferln einlegen, einige Minuten schwach wallend kochen, aus dem Wasser heben.

Gardauer: ca. 5 Minuten

Gebundene Suppen

Man unterscheidet zwischen Schaumsuppen (mit natürlicher Bindung durch Gemüse und Sahne) und mehlgebundenen Suppen mit oder ohne Einlage (Creme- und Ragoutsuppen). Letztere sind in der Konsistenz molliger und kommen eher einem konservativen Geschmacksempfinden entgegen. Die Bindung erfolgt dabei durch eine Butter-Mehl-Schwitze oder durch mit Mehl verrührte saure Sahne.

Darauf kommt's an

- Konsistenz und Kaloriengehalt passen Sie Ihren persönlichen Bedürfnissen durch Zugabe von mehr oder weniger Sahne, saurer Sahne oder Mehlschwitze an.
- Mixen und schäumen Sie auf höchster Stufe im Mixglas. So erzielen Sie eine besonders luftig-schaumige Suppe.
- Für Kräuterschaumsuppen sind frischer Kerbel, Estragon, Kresse, Petersilie, Basilikum, Minze und Zitronenmelisse geeignet. Sie können einzeln oder gemischt verwendet werden.
- Für Gemüseschaumsuppen verwenden Sie Knollensellerie, Kürbis, Zucchini, Blumenkohl, Broccoli, Paprikaschoten, Erbsen, Spargel, weiße Bohnen, Zwiebeln, Kastanien, Kartoffeln oder Tomaten.
- Als Aufgussmittel sind Gemüse- oder milde Hühnerbrühe geeignet. Als Alternative können Sie gekörnte Gemüsebrühe verwenden.

Kräuterschaumsuppe

ZUTATEN

½ Zwiebel oder
   2 Schalotten (60 g)
1 Knoblauchzehe
50 g Kräuter nach Wahl
30 g Butter
0,6 l Gemüsefond
   oder Gemüsebrühe, gekörnt
¼ l Schlagsahne
30 g Butter zum Einmixen
2 EL Sahne, geschlagen
Salz

VORBEREITUNG

1. Zwiebel (Schalotten) schälen, fein schneiden. Knoblauch schälen, fein hacken.
2. Kräuter von den Stielen zupfen, kurz waschen, abtrocknen, grob hacken.

SO WIRD'S GEMACHT

1. Butter schmelzen, Zwiebeln (Schalotten) glasig anschwitzen, Knoblauch hinzufügen, farblos andünsten.
2. Kräuter einrühren, mit Gemüsefond (Brühe) und Sahne aufgießen, 10 Minuten kochen.
3. Suppe mixen, anschließend kalte Butterstücke einmixen. Geschlagene Sahne einrühren, würzen.

ANRICHTEN

Als Einlage servieren Sie entweder Eierstich, pochiertes Ei, geröstete Brotwürfel oder Tomaten-Concassée.

Paprikaschaumsuppe

ZUTATEN

3 Stück Paprika, gelb oder rot
 (ca. 350 g Paprikafruchtfleisch)
½ Zwiebel oder
 2 Schalotten (60 g)
etwas Ingwerwurzel
50 g Butter
½ l Gemüsefond
0,2 l Schlagsahne
Salz
Muskatnuss, gerieben
Pfeffer, weiß, gemahlen
2 EL Sahne, geschlagen

VORBEREITUNG

1. Paprika schälen (siehe Seite 33), entstielen, entkernen, in feine Scheiben schneiden. Zwiebel (Schalotten) fein schneiden.
2. Ingwerwurzel schälen, fein reiben.

SO WIRD'S GEMACHT

1. Butter schmelzen, Zwiebel (Schalotten) glasig rösten, Paprikaschoten hinzufügen, andünsten.

2. Mit Gemüsefond und Schlagsahne aufgießen, 25 Minuten kochen.

3. Suppe mixen, Ingwer hinzufügen, würzen.

4. Abschließend mit geschlagener Sahne schaumig mixen.

Kürbisschaumsuppe

ZUTATEN

350 g Muskatkürbis, geschält, entkernt
½ Zwiebel oder
2 Schalotten (60 g), geschält
50 g Butter
½ l Gemüsefond
0,2 l Schlagsahne
Salz
Muskatnuss, gerieben
Pfeffer, weiß, gemahlen
2 EL Sahne, geschlagen
Kürbiskernöl zum Beträufeln

VORBEREITUNG

Kürbis in Scheibchen schneiden und Zwiebeln (Schalotten) fein schneiden.

SO WIRD'S GEMACHT

1. Butter schmelzen, Zwiebeln (Schalotten) glasig rösten, Kürbis hinzufügen, andünsten.
2. Mit Gemüsefond und Schlagsahne aufgießen, 25 Minuten kochen.
3. Suppe mixen, würzen, abschließend mit geschlagener Sahne schaumig mixen.
4. Anrichten, mit etwas Kürbiskernöl beträufeln.

Kochdauer: 25 Minuten

ANRICHTEN

Garnieren Sie die Suppe mit kross gebratenen Speckscheiben oder Schwarzbrotchips.

Gemüseschaumsuppe (Grundrezept)

ZUTATEN

50 g Butter
½ Zwiebel (60 g), geschält, fein geschnitten
Gemüse nach Wahl, Menge von Gemüseart abhängig
½ l Gemüsefond oder Brühe, gekörnt
0,2 l Schlagsahne
Salz
Pfeffer, weiß, gemahlen
2 EL Sahne, geschlagen

SO WIRD'S GEMACHT

1. Butter schmelzen, Zwiebel rösten, Gemüse hinzufügen und andünsten.
2. Mit Gemüsefond (Brühe) und Schlagsahne aufgießen, alles gemeinsam weich kochen (Spinat nicht mitkochen, sondern erst direkt vor dem Mixen hinzufügen).
3. Suppe mixen, würzen.
4. Abschließend geschlagene Sahne einrühren.

VARIATIONEN

Auf Basis dieses Rezeptes lassen sich verschiedenste Schaumsuppen zubereiten: Es ändern sich lediglich die Gemüsesorte, deren Menge, die Kochdauer und die Gewürze; Beispiele siehe Seiten 146–149.

ANRICHTEN

Garnieren Sie die Suppen nach Belieben mit gebackenem Gemüse oder Kartoffelstroh, frittierten Petersilienblättern, Brotcroutons oder Prosciuttochips.

Die besten Gemüseschaumsuppen (Grundrezept siehe Seite 144)

Rote-Beete-Schaumsuppe
300 g Rote Beete, geschält, klein geschnitten

Zusätzliche Würzung
Weinessig, Prise Zucker, Kümmelpulver, 1 KL Meerrettich, gerieben

Knoblauchschaumsuppe
30 g Weißbrot ohne Rinde in der Suppe kochen sowie 30 g Knoblauchzehen, geschält, fein geschnitten

Zusätzliche Würzung
geröstete Zwiebeln und Knoblauch mit 5 cl Weißwein ablöschen

Spinatschaumsuppe (Bärlauchschaumsuppe)
150 g blanchierten Blattspinat (Bärlauch) 2 Minuten vor dem Mixen hinzufügen

Zusätzliche Würzung
Muskatnuss, gerieben, 3 Knoblauchzehen, gepresst, eventuell 10 g Butter, gebräunt

Lauchschaumsuppe
230 g Lauch (Weißes und Grünes),
klein geschnitten

Zusätzliche Würzung
Muskatnuss, gerieben

Tomatenschaumsuppe
350 g Tomaten, geschält, entkernt

Zusätzliche Würzung
Basilikum, Oregano, Lorbeer,
Knoblauch

Variation
Sahnemenge auf 0,1 l reduzieren,
0,1 l Tomatensaft hinzufügen

Kartoffelschaumsuppe mit Trüffelaroma
200 g Kartoffeln, mehlig, roh,
geschält, klein geschnitten

Zusätzliche Würzung
etwas Trüffelöl

Die besten Gemüseschaumsuppen (Grundrezept siehe Seite 144)

Erbsenschaumsuppe
300 g Erbsen, frisch oder tiefgekühlt

Zusätzliche Würzung
Prise Zucker

Petersilienschaumsuppe
300 g Petersilienwurzeln, geschält, fein geschnitten, 30 g Petersilie, gezupft (Petersilie erst in der letzten Minute vor dem Würzen hinzufügen)

Zusätzliche Würzung
Muskatnuss, gerieben

Möhrenschaumsuppe
300 g Möhren, geschält, blättrig geschnitten

Zusätzliche Würzung
Prise Zucker, eventuell 1 KL frisch geriebener Ingwer

Sellerieschaumsuppe
300 g Knollensellerie, geschält, fein geschnitten

Zusätzliche Würzung
Muskatnuss, eventuell etwas Trüffelöl

Zucchinischaumsuppe
300 g Zucchini, klein geschnitten

Zusätzliche Würzung
Thymian, Knoblauch

Fenchelschaumsuppe
300 g Fenchel, in Streifen geschnitten

Zusätzliche Würzung
Muskatnuss, gerieben, Orangenschale, gerieben

Wiener Kartoffelsuppe

ZUTATEN

200 g Kartoffeln, roh, geschält
50 g Frühstücksspeck
80 g Möhren und Knollensellerie, geschält
10 g Steinpilze, getrocknet
½ Zwiebel, geschält
3 EL Pflanzenöl, neutral
1 EL Mehl
1¼ l Wasser oder Rinderbrühe, mild
1 Lorbeerblatt
Majoran, verrieben
1 Knoblauchzehe, gepresst
2–3 EL saure Sahne
Salz
Spritzer Apfel- oder Weinessig
Pfeffer, gemahlen

VORBEREITUNG

1. Kartoffeln in ca. 1 cm große Würfel, Speck, Möhren und Sellerie gesondert in 4 mm große Würfel schneiden.
2. Pilze in wenig kaltem Wasser einweichen und Zwiebel fein schneiden.

SO WIRD'S GEMACHT

1. Speck in Öl rösten, Zwiebeln, Möhren und Sellerie hinzufügen.
2. Gemüse glasig rösten, Mehl einrühren, kurz rösten.
3. Mit Wasser (Brühe) aufgießen, glatt rühren.
4. Pilze, Lorbeerblatt, Majoran, Knoblauch und wenig Salz dazugeben, 10 Minuten kochen.
5. Kartoffeln untermengen, weich kochen.
6. Saure Sahne verquirlen, unter die Suppe rühren, mit Essig, Salz, Pfeffer würzen.

Geflügelragoutsuppe mit Curry und Apfelchips

ZUTATEN

3 Hühnerkeulen (Oberkeule)
80 g Suppengemüse
   (Möhren, Knollensellerie
   und Petersilienwurzel)
1 Apfel
½ Zwiebel oder
   2 Schalotten (60 g)
1 l Wasser
Salz
6 Pfefferkörner, weiß
40 g Butter
20 g Mehl
1 KL Currypulver
etwas Kokosmilch oder
   1 EL Kokosflocken, geweicht
0,2 l Schlagsahne
Ingwer, gerieben
Salz
Muskatnuss, gerieben

VORBEREITUNG

1. Hühnerkeulen waschen.
2. Suppengemüse schälen. Apfel schälen, entkernen, klein schneiden.
3. Zwiebel (Schalotten) schälen, klein schneiden.

SO WIRD'S GEMACHT

1. Hühnerkeulen mit Wasser bedecken, mit wenig Salz, Pfefferkörnern und Suppengemüse kernig kochen.
2. Suppe durch ein Sieb gießen, Geflügel kurz in kaltem Wasser abschrecken.
3. Butter schmelzen, Zwiebeln (Schalotten) und Apfelstücke farblos rösten. Mehl dazugeben, kurz rösten.
4. Currypulver einrühren, mit Hühnersud, Kokosmilch (Kokosflocken) und Sahne aufgießen. 20 Minuten reduzierend kochen, mixen, würzen.
5. Hühnerkeulen enthäuten, auslösen, Fleisch in kleine Würfel schneiden und in die Suppe geben.

Kochdauer: 30 Minuten

ANRICHTEN

Verwenden Sie als Garnitur Apfelchips.

Die 10-Minuten-Suppen

Die Behauptung, dass für die Zubereitung von Suppen viel Zeit notwendig ist, stimmt nicht immer. Das möchten wir Ihnen durch die folgenden Rezepte beweisen, die mit wenigen Zutaten und minimalem Aufwand innerhalb von 10 Minuten köstliche Suppen ergeben.

Darauf kommt's an

- Gemüsefond oder Brühe wird durch gekörnte, möglichst glutenfreie Brühe (Würfel) ersetzt. Der Qualität der Suppe schadet dies in keiner Weise.
- Beachten Sie die Arbeitsschritte genau, sie garantieren unter anderem die kurze Zubereitungsdauer.
- Erweitern Sie Ihr Repertoire zum Beispiel durch die Zugabe von Knoblauch, Lauch, Zwiebeln, Käse oder Kräutern.
- Gewinnen Sie durch Übung an Tempo.

Tomatensuppe mit Basilikum

ZUTATEN

400 g Fleischtomaten, vollreif
0,6 l Wasser
Gemüsebouillon, gekörnt
Basilikum, frisch
0,1 l Schlagsahne
Salz

SO WIRD'S GEMACHT

1. Tomaten waschen, in kleine Stücke schneiden und in einen passenden Topf geben. Mit heißem Wasser bedecken, Bouillon nach Bedarf hinzufügen, salzen und 8 Minuten weich kochen. In der Zwischenzeit Basilikum fein hacken.
2. Suppe mit Sahne im Standmixer hochtourig pürieren, mit Basilikum vermischen.

Kochdauer: ca. 8–10 Minuten

Steirische Rahmsuppe mit Kümmel

ZUTATEN

½ l Wasser
Salz
1 EL Kümmel, ganz
½ l saure Sahne
30 g Mehl
etwas Apfel- oder Weinessig

SO WIRD'S GEMACHT

1. Gesalzenes Wasser mit Kümmel ca. 2 Minuten kochen. Inzwischen saure Sahne und Mehl glatt verrühren und zügig mit einem Schneebesen in die kochende Flüssigkeit einrühren.
2. Ca. 5 Minuten kochen und dann mit Essig säuerlich abschmecken.

Kochdauer: ca. 8–10 Minuten

ANRICHTEN

Bestreuen Sie die Suppe mit Brotchips oder Croutons.

Getrüffelte Polentasuppe mit Rucola

ZUTATEN

30 g Butter
30 g Maisgrieß (Polenta)
0,8 l Wasser
Gemüsebouillon,
 gekörnt, oder Würfel
Salz
1 Hand voll Rucola
0,1 l Schlagsahne
etwas Trüffelöl

SO WIRD'S GEMACHT

1. Butter in einem passenden Topf schmelzen, Maisgrieß einrühren und mit heißem Wasser bedecken. Mit einem Schneebesen rühren, aufkochen, mit Bouillon und Salz würzen und ca. 8 Minuten kochen. In der Zwischenzeit Rucola grob schneiden.
2. Sahne und Trüffelöl einrühren, Suppe anrichten und mit Rucola bestreuen.

Kochdauer: ca. 8–10 Minuten

VARIATION

Verwenden Sie an Stelle von Polentagrieß Weizengrieß und rühren Sie zum Schluss 1 verquirltes Ei rasch unter die Suppe.

Brotsuppe mit Eifäden

ZUTATEN

80 g Mischbrot
 (eventuell getrocknete Reste)
20 g Butter
0,8 l Wasser
Gemüsebouillon, gekörnt,
 oder Würfel
2 EL Schnittlauch
 zum Bestreuen
2 Eier
Salz

SO WIRD'S GEMACHT

1. Brot in Würfel schneiden.
2. Butter in passendem Topf erhitzen, Brotwürfel hinzufügen, kurz rösten, heißes Wasser zugießen, gekörnte Brühe hinzufügen, 6 Minuten kochen, in der Zwischenzeit den Schnittlauch schneiden.
3. Brot in der Suppe mit einem Schneebesen verrühren oder mit einem Mixstab nicht zu fein mixen.
4. Eier mit einer Gabel verrühren, in die kochende Suppe einfließen lassen, rasch mit einem Schneebesen unterrühren, aufkochen lassen, salzen, anrichten, mit Schnittlauch bestreuen.

Kochdauer: ca. 8–10 Minuten.

VARIATION

Lassen Sie in der fertigen Suppe 1 Paar in Scheiben geschnittene Wiener Würstchen 1 Minute kochen.

Suppen von Fischen und Meeresfrüchten

Suppen aus Fischen und Meeresfrüchten zählen zu den edelsten, aber auch zeitaufwendigsten und teuersten Suppen.

Darauf kommt's an

- Geeignet sind festfleischige Fische wie Zander, Karpfen, Angler, Steinbutt, Dorade, Drachenkopf oder Aal.
- Nützen Sie die Gelegenheit, Fische vom Fischhändler küchenfertig vorbereiten zu lassen. Die anfallenden Karkassen benötigen Sie für den Fond.
- Für Suppen von Krustentieren eignen sich gekochte Karkassen von Krebsen, Hummern und Langusten. Kaufen Sie zu diesem Zweck bei Ihrem Fischhändler nach Möglichkeit tiefgekühlten, gekochten Hummer oder »Hummerbruch«, um Kosten zu sparen.

Suppe von Mittelmeerfischen, Muscheln und Garnelen

ZUTATEN
FÜR 8 PORTIONEN

600 g Filet von festfleischigen Mittelmeerfischen (Angler, Dorade, Rotbarben, Rascasse usw.)
Karkassen der verwendeten Fische
300 g Miesmuscheln
100 g Garnelen, geschält
4 Knoblauchzehen
3 Tomaten
½ Lauchstange (nur das Weiße)
1 Fenchelknolle
ca. 2 l Wasser
1 Lorbeerblatt
10 Pfefferkörner, weiß
3 Thymianzweige
4 EL Olivenöl
einige Safranfäden
0,1 Weißwein, trocken
3 EL Wermut
1 EL Pernod
Fischfond zum Aufgießen
Salz

VORBEREITUNG

1. Fischkarkassen kalt waschen, zerkleinern. Muscheln reinigen (siehe Seite 206), Garnelen schälen. Fischfilets in 2–3 cm große Stücke schneiden.
2. Knoblauch schälen und fein hacken. Tomaten schälen, entkernen und würfeln. Lauch halbieren, waschen, in Scheiben schneiden. Vom Fenchel Fäden ziehen, Strunk entfernen, in Würfel schneiden.

SO WIRD'S GEMACHT

1. Fischkarkassen und Garnelenschalen mit kaltem Wasser bedecken, Lorbeerblatt, Pfefferkörner, Thymian dazugeben. 20 Minuten schwach wallend kochen, durchsieben.
2. Öl erhitzen, Lauch und Fenchel glasig rösten. Tomatenwürfel, Safran und Knoblauch dazufügen, kurz dünsten. Muscheln hinzufügen, durchrühren.
3. Mit Weißwein, Wermut und Pernod ablöschen, etwas Fischfond zugießen. Aufkochen, kochen, bis sich die Muscheln öffnen.
4. Fischstücke und Garnelen hinzufügen, salzen, 4 Minuten bei 75 °C pochieren.

Kochdauer: 25–30 Minuten

Hummersuppe

ZUTATEN
FÜR 6 PORTIONEN

500 g Karkassen von gekochten Hummern
80 g Schalotten oder Zwiebeln, mild, geschält
100 g Stangensellerie
80 g Butter
20 g Mehl
1 EL Tomatenmark
¼ l Weißwein, trocken
4 EL Wermut, trocken
3 EL Cognac oder Weinbrand
0,7 l Fisch- oder Geflügelfond oder Wasser
0,4 l Schlagsahne
einige Dillstängel
8 Pfefferkörner, weiß, angedrückt
4 EL Sahne, halbsteif geschlagen
Salz

VORBEREITUNG

1. Hummerkarkassen im Mörser zerstoßen.
2. Schalotten (Zwiebeln) fein schneiden, Stangensellerie in kleine Stücke schneiden.

SO WIRD'S GEMACHT

1. Butter in tiefer Kasserolle erhitzen, Karkassen anrösten. Schalotten und Sellerie hinzufügen, weiterrösten. Mehl einrühren, Tomatenmark dazufügen, kurz rösten.
2. Mit Wein, Wermut und Cognac (Weinbrand) ablöschen, mit Fond (Wasser) und Sahne auffüllen. Dillstängel und Pfefferkörner hinzufügen, 30 Minuten kochen. Anschließend 60 Minuten heiß ziehen lassen, bei Bedarf Flüssigkeit zugießen.
3. Halbsteif geschlagene Sahne einmixen, salzen.

Kochdauer: 1½ Stunden

ANRICHTEN

Reichen Sie klein zerteiltes Hummerfleisch als Einlage.

TIPP

Krebssuppe wird auf dieselbe Weise zubereitet.

Rieslingsuppe mit Zander

ZUTATEN

2 Tomaten
1 Paprikaschote, rot
3 Knoblauchzehen
250 g Zander, geschuppt
30 g Butter
100 g Zwiebeln, in Scheiben
1 EL Paprikapulver, edelsüß
0,1 l Riesling, trocken
0,5 l Wasser oder Fischfond
0,1 l Schlagsahne
1 Lorbeerblatt
Salz
Pfeffer, schwarz, gemahlen

VORBEREITUNG

1. Tomaten waschen, Stielansatz ausschneiden, in grobe Würfel schneiden.
2. Paprikaschote entkernen und in Streifen schneiden.
3. Knoblauch schälen und pressen oder hacken.
4. Zanderfilet in 2 cm große Stücke schneiden.

SO WIRD'S GEMACHT

1. In einem Topf Butter erhitzen, Zwiebeln licht rösten, Tomaten und Paprika hinzufügen, andünsten, Paprikapulver und Knoblauch einrühren, mit Wein ablöschen, mit Wasser (Fischfond) aufgießen, aufkochen.
2. Sahne zugießen, Lorbeerblatt hinzufügen.
3. 15 Minuten kochen, mit Salz und Pfeffer würzen, Lorbeerblatt entfernen, im Mixglas mixen oder passieren.
4. Die Suppe wieder in den Topf gießen, erhitzen, Fischwürfel hinzufügen, ca. 3 Minuten heiß ziehen lassen.

Muschelsuppe

ZUTATEN

½ kg Miesmuscheln
½ Zwiebel oder
  2 Schalotten (60 g)
180 g Möhren und Sellerieknolle
  zu gleichen Teilen
2 EL Olivenöl
1–2 Knoblauchzehen
1 KL Currypulver
⅛ l Weißwein, trocken
Wasser zum Ablöschen
¼ l Schlagsahne
2 EL Wermut, trocken
einige Safranfäden
Salz

VORBEREITUNG

1. Muscheln vorbereiten (siehe Seite 206).
2. Zwiebeln (Schalotten) schälen und fein schneiden. Möhren und Sellerie schälen und in kleine Würfel schneiden.

SO WIRD'S GEMACHT

1. Öl in einer Kasserolle erhitzen und Zwiebeln darin anschwitzen. Knoblauch und Muscheln hinzufügen und kurz anrösten. Currypulver einrühren, mit Weißwein und etwas Wasser ablöschen. Zugedeckt dämpfen, bis sich die Muscheln öffnen.

2. Sud abgießen, durchsieben und zur Seite stellen. Muschelfleisch aus den Schalen lösen und mit nassem Küchenkrepp abdecken.

3. Gemüse mit Muschelsud, Sahne, Wermut und Safran knackig kochen.

4. Ausgelöste Muscheln in die Suppe geben und diese kurz erwärmen, aber nicht mehr kochen, mit Salz abschmecken.
Kochdauer: Muscheln ca. 3–5 Minuten, Suppe ca. 10–12 Minuten

VARIATION

Suppe kann, falls gewünscht, mit 20 g Mehl, das mit 4 EL Schlagsahne verquirlt wird, gebunden werden.

ANRICHTEN

Als Beigabe reichen Sie mit Knoblauchbutter bestrichene getoastete Baguettescheiben.

Kalte Suppen

Wenn die Hundstage anbrechen, steigt die Lust auf Kühles. Statt einer dampfenden Suppe ist Kaltschale & Co. angesagt. Neben den großen »Klassikern« wie »Gazpacho« oder »Vichychoise« kann man auch viele als warm gedachte Suppen eisgekühlt auftragen. Voraussetzung ist absolute Fettfreiheit.

Darauf kommt's an

- Besonders einfach sind kalte Suppen auf Dick- oder Buttermilchbasis herzustellen. Vermischen Sie Dick- oder Buttermilch mit etwas kalter fettfreier Suppe oder Gemüsefond und ergänzen Sie sie zum Beispiel mit Gurkenstreifen und gehacktem Dill.
- Gemüseschaumsuppen ohne Mehlzugabe oder Minestrone ergeben köstliche geeiste Suppen. Beachten Sie jedoch die Konsistenz, denn gekühlt erscheint die Suppe immer kompakter. Regulieren Sie mit kalter klarer Brühe.
- Kühlen Sie Teller oder Schalen im Kühlschrank vor und richten Sie die Suppe erst im letzten Moment an.

Geeiste Rote-Beete-Suppe

ZUTATEN

200 g Rote Beete, roh
3 Blatt (5 g) Gelatine
1 l Rinderbrühe, mild, fettfrei
½ KL Kümmel, gemahlen
Salz
etwas Apfel- oder Weinessig
Prise Zucker
4 EL saure Sahne

VORBEREITUNG

1. Rote Beete mit dem Sparschäler schälen und in hauchdünne Streifen schneiden.
2. Gelatineblätter in kaltem Wasser einweichen.

SO WIRD'S GEMACHT

1. Rote-Beete-Streifen mit Rinderbrühe zum Kochen bringen, Kümmel und wenig Salz hinzufügen und ca. 12 Minuten knackig kochen.
2. Gelatine leicht abpressen und unter die noch warme Suppe rühren. Gut kühlen, mit Salz, Essig und einer Prise Zucker abschmecken.
3. In kalten Tassen oder Tellern anrichten und mit glatt gerührter saurer Sahne garnieren.

VARIATIONEN

Variieren Sie die Einlage der Suppe. Fügen Sie nach Belieben in Streifen geschnittene Geflügel- oder Wildgeflügelbrust, Gurken- oder Schinkenstreifen, gehackte Dillspitzen oder etwas geriebenen Meerrettich hinzu.

Geeiste Tomatensuppe mit Basilikum und Mozzarella

ZUTATEN

240 g Tomaten
einige Basilikumblätter
150 g Büffelmozzarella
0,4 l Tomatensaft
0,3 l Gemüsefond
4 EL Olivenöl
Salz
etwas Chilischote,
 frisch gehackt
Worcestershiresauce
etwas Zitronensaft

VORBEREITUNG

1. 120 g Tomaten waschen und ungeschält in kleine Stücke schneiden. 120 g Tomaten schälen, entkernen und in kleine Würfel (Concassée) schneiden (siehe Seite 35).
2. Basilikumblätter in Streifen schneiden.
3. Mozzarella in ca. 1 cm große Würfel schneiden.

SO WIRD'S GEMACHT

1. Tomatensaft, Gemüsefond, Olivenöl und ungeschälte Tomatenstücke im Standmixer fein pürieren.
2. Suppe durchsieben, mit Chili, Worcestershiresauce und Zitronensaft würzen, bei Bedarf mit Gemüsefond verdünnen.
3. Tomaten-Concassée, Basilikum und Mozzarella hinzufügen.
4. In kalten Tassen oder Tellern anrichten.

Kalte Avocadosuppe mit gebeiztem Lachs

ZUTATEN

1 Avocado, vollreif
Saft einer halben Zitrone
100 g Lachs, gebeizt
50 g Schalotten
 oder Zwiebeln, mild
4 dl Gemüsebrühe, fettfrei
0,2 l Kaffeesahne
0,4 l Joghurt
Salz
Pfeffer, weiß, gemahlen

VORBEREITUNG

1. Avocado halbieren und Kern entfernen. Fruchtfleisch aus der Schale mit einem Esslöffel herausheben und sofort mit Zitronensaft marinieren.
2. Lachs in feine Streifen oder Würfel schneiden. Schalotten (Zwiebeln) in kleine Würfel schneiden.

SO WIRD'S GEMACHT

1. In einem Mixbecher das Fruchtfleisch unter ständiger Zugabe von kalter Suppe und Sahne zu einer glatten, cremigen Flüssigkeit mixen.
2. Joghurt mit einem Schneebesen in die Suppe einrühren, mit Salz und Pfeffer würzen und bei Bedarf mit Gemüsebrühe verdünnen.
3. Schalotten (Zwiebeln) und Lachs hinzufügen und einige Stunden im Kühlschrank marinieren.
4. In kalten Tassen oder Tellern anrichten.

VARIATIONEN

Als Alternative zum Lachs können Sie Krebsschwänze oder Crevetten verwenden.

Fonds

Vereinfacht gesagt sind Fonds stark reduzierte, ungesalzene, klare oder braune, suppenähnliche Brühen. Es gibt helle (auf Fisch-, Geflügel- oder Gemüsebasis) und dunkle Fonds (auf Kalb-, Lamm- oder Wildbasis). Sie dienen als Aufgussmittel für gehaltvolle helle oder dunkle Saucen.

Darauf kommt's an

- Bei hellen Fonds werden die Grundzutaten – gehackte Knochen, Karkassen, Parüren von Fleisch oder Fisch – ungeröstet mit kaltem Wasser aufgegossen und langsam gekocht.
- Bei dunklen Fonds erfolgt eine intensive Röstung und Bräunung der Grundzutaten.
- Für Fischfond verwenden Sie Karkassen von mageren Weißfischen (Hecht, Forelle, Saibling etc.). Den besten Fond ergeben Karkassen von Plattfischen (Scholle, Seezunge etc.). Lachskarkassen und Fischhäute sind ungeeignet. Schneiden Sie Kiemen, Flossen und Flossensäume ab, sonst wird der Fond tranig und bitter.
- Um einer Überwürzung durch Flüssigkeit reduzierendes Kochen vorzubeugen, werden Fonds nicht gesalzen.
- Kochen Sie Fonds auf Vorrat und frosten Sie sie in Eiswürfel- oder Kunststoff-Behältern.
- Im Bedarfsfall behelfen Sie sich ersatzweise mit Fleischbrühe, Gemüsebrühe oder mit Fertigprodukten, die Sie mit Wurzelwerk, Gewürzen, Alkoholika und Kräutern aufwerten.

Fischfond

ZUTATEN
FÜR CA. ¾ LITER FISCHFOND

400 g Karkassen von Weiß- oder Plattfischen
50 g Lauch, weiße Teile
½ Zwiebel oder 2 Schalotten (60 g)
80 g Staudensellerie
1 l Wasser
0,2 l Weißwein, trocken
8 Pfefferkörner, weiß, angedrückt
½ Lorbeerblatt

VORBEREITUNG

1. Fischköpfe (ohne Kiemen) und Karkassen mit kaltem Wasser gut abspülen und anschließend zerkleinern.
2. Lauch halbieren, waschen; Lauch, Zwiebeln (Schalotten) und Sellerie blättrig schneiden.

SO WIRD'S GEMACHT

1. Karkassen und Köpfe mit Wasser und Weißwein bedecken. Zwiebeln (Schalotten), Lauch, Sellerie, Pfefferkörner und Lorbeer hinzufügen.
2. Langsam zum Kochen bringen, Hitze reduzieren, mehr ziehen als kochen lassen, Schaum ständig abschöpfen.
3. Fertigen Fond durch ein feines Sieb (Tuch) gießen. Reduzierend auf die gewünschte Menge kochen.

Kochdauer: 20 Minuten

TIPP

Wenn Ihnen die Zutaten für einen Fischfond fehlen, finden Sie im folgenden Rezept eine Ersatz-Möglichkeit.

Fischfond-Ersatz

ZUTATEN
FÜR CA. ¾ LITER

30 g Butter
3 EL Zwiebeln oder Schalotten, fein geschnitten
¼ l Weißwein, trocken
½ l Wasser
Spritzer Essig
1 EL Wermut
½ Lorbeerblatt
etwas Thymian
einige Petersilien- oder Dillstängel
8 Pfefferkörner, weiß, angedrückt
Salz

SO WIRD'S GEMACHT

1. Butter in einer flachen Kasserolle erhitzen, Zwiebeln (Schalotten) hinzufügen, farblos anrösten.
2. Mit Weißwein, Wasser, Essig und Wermut ablöschen. Lorbeer, Thymian, Petersilie (Dill) und Pfefferkörner beifügen.
3. 10 Minuten kochen, durchsieben, salzen.

Weißer Kalbsfond

Wird wie Rinder(knochen)brühe (siehe Seite 130), jedoch mit blanchierten Kalbsknochen und geschälten, ungebräunten Zwiebeln hergestellt. Er dient Profis und ambitionierten Hobbyköchen als Aufgussmittel für Suppen und Saucen.

Weißer Geflügelfond

Wird wie klare Hühnersuppe hergestellt (siehe Seite 133) und je nach Verwendungszweck nach dem Durchsieben reduzierend gekocht.

Gemüsefond

Wird wie klare Gemüsesuppe hergestellt (siehe Seite 133) und je nach Verwendungszweck nach dem Durchsieben reduzierend gekocht.

Klarer Tomatenfond

ZUTATEN
FÜR CA. 1 LITER FOND

2 kg Fleischtomaten
⅛ l Gemüsefond oder Wasser
10 Pfefferkörner
1 Lorbeerblatt
Salz (am besten Meersalz)

SO WIRD'S GEMACHT

1. Tomaten waschen, vierteln, mit dem Stabmixer oder im Mixbecher fein pürieren.

2. In das kalte Tomatenpüree kalte Flüssigkeit geben, durchrühren und würzen.

3. In einer Kasserolle diese Flüssigkeit aufkochen und dann ca. 30 Sekunden ziehen lassen.

4. In ein feines Sieb ein Passiertuch legen, warme Flüssigkeit langsam durch das Tuch filtern und abschließend salzen.

VERWENDUNG

Die Flüssigkeit ist klar und fast farblos. Sie eignet sich für klare Tomatensuppen, für Tomatenmousse oder als Aufguss für Pastagerichte und Risotti.

Dunkler Kalbsfond

ZUTATEN
FÜR 1 LITER FOND

1 kg Kalbsknochen
100 g Zwiebeln
200 g Möhren und Sellerieknolle
80 g Lauch
5 EL Pflanzenöl, neutral
400 g Parüren
2 EL Tomatenmark
3 l Wasser oder Brühe, mild
10 Pfefferkörner, angedrückt

VORBEREITUNG

Knochen hacken oder gehackt kaufen. Zwiebeln und Wurzelwerk schälen, gesondert in 1 cm große Würfel schneiden. Lauch halbieren, waschen, in 1 cm große Stücke schneiden.

SO WIRD'S GEMACHT

1. Öl in Bratenpfanne erhitzen. Knochen und Parüren hinzufügen.
2. Im vorgeheizten Backofen unter öfterem Rühren braun rösten. Zwiebeln, Lauch, Wurzelwerk dazugeben und weiter rösten.
3. Tomatenmark einrühren, dunkel rösten, mit etwas Wasser (Brühe) aufgießen. Aufkochen, in einen passenden Topf umgießen.
4. Restliche Flüssigkeit und Pfefferkörner hinzufügen, langsam kochen, Fett und Schaum ständig abschöpfen.
5. Nach ca. 3 Stunden durch ein feines Sieb oder Tuch gießen.
6. Reduzierend auf die gewünschte Menge kochen.

Backofentemperatur: 220 °C
Kochdauer: 3–4 Stunden

Lammfond
Wird wie Kalbsfond zubereitet, wobei Lammrückenknochen und Lammfleischparüren verwendet werden. Die Würzung erweitern Sie mit 1 Lorbeerblatt, 3 Knoblauchzehen, Thymian und Rosmarin.

Wildfond
Wird wie Kalbsfond zubereitet, wobei Knochen vom Reh- oder Hirschrücken und Wildfleischparüren verwendet werden. Geröstete Knochen und Sehnen löschen Sie mit ¼ l Rotwein ab. Die Würzung erweitern Sie mit 1 Lorbeerblatt, 6 angedrückten Wacholderbeeren, Thymian, 3 EL Preiselbeerkompott, ½ Orange und ½ Zitrone.

Saucen

Die einst als höchste Form der Kochkunst gepriesene Zubereitung erlesener Saucen führt heutzutage ein kulinarisches Schattendasein, weil sie verhältnismäßig aufwendig ist. Unsere von Zeitnot geprägte Gegenwart bevorzugt schnelle, unkomplizierte Pfannengerichte.
Wer jedoch Saucen liebt, lasse sich zur fachgerechten Zubereitung von Saucen inspirieren: von Butter- und Mehlschwitz- über variantenreich abzuwandelnde Weißweinsaucen auf Fischbasis und einer Sauce aus Krustentieren bis zu den so genannten selbstständigen Saucen auf Basis von Gemüse, Gewürzen oder Kräutern.

Darauf kommt's an

- Um eine Sauce herzustellen, benötigen Sie einen Kalbs-, Geflügel-, Fisch- oder Gemüsefond.
- Wenn Ihnen dies zu aufwendig erscheint, so improvisieren Sie mit milder Brühe oder Instantfonds und aromatisieren Sie je nach Beschaffenheit der Sauce mit Weiß- oder Rotwein und passenden Gewürzen.
- Für aufgeschlagene Buttersaucen (Sauce Hollandaise) kochen Sie etwa 10 Minuten lang eine Gewürzreduktion aus Wasser, geschnittenen Schalotten (bzw. Zwiebeln), Kräuterstielen, Pfefferkörnern und Zitronensaft und sieben diese anschließend durch.

Béchamelsauce

ZUTATEN

40 g Butter
40 g Mehl
½ l Milch
Salz
Pfeffer, weiß, gemahlen
Muskatnuss, gerieben

SO WIRD'S GEMACHT

1. Butter schmelzen, Mehl einrühren, farblos anschwitzen. Vom Herd nehmen, etwas abkühlen lassen.

2. Milch aufkochen, sofort mit Schneebesen schnell und glatt in die Mehlschwitze rühren. 5 Minuten unter ständigem Rühren verkochen lassen, dann mit Salz, Pfeffer und Muskatnuss würzen.

TIPPS

- Lassen Sie die Mehlschwitze abkühlen, bevor Sie Fond, Brühe oder Milch zugießen.
- Gießen Sie stets mit kochender Flüssigkeit auf und rühren Sie kräftig mit einem Schneebesen.
- Sollten sich dennoch kleine Klumpen bilden, passieren Sie die Sauce.

VERWENDUNG

- für Aufläufe
- Basissauce zur Erzeugung von Gratiniersauce (Sauce Mornay)

Gratiniersauce (Sauce Mornay)

ZUTATEN

Béchamelsauce
2 Eigelb
2–3 EL Hartkäse, gerieben

SO WIRD'S GEMACHT

1. Rühren Sie die Eigelb zügig in die nicht zu heiße Sauce.

2. Mengen Sie den geriebenen Hartkäse in die abgekühlte Sauce.

VERWENDUNG

Sauce Mornay dient zum Überbacken (Gratinieren) zum Beispiel von Blumenkohl, Broccoli oder Fischfilet.

Sauce Hollandaise

ZUTATEN

120 g Butter
2 EL Flüssigkeit (Gewürz-
  reduktion oder zum Gericht
  passender Fond)
2 Eigelb
Salz
Zitronensaft
Worcestershiresauce

VORBEREITUNG

1. Butter schmelzen bzw. klären (siehe Seite 54) und auf ca. 40 °C temperieren.

2. Bei Bedarf Gewürzreduktion zubereiten (siehe Seite 47), durchsieben oder einen zum Gericht passenden Fond bereitstellen.

SO WIRD'S GEMACHT

1. Eigelb mit Flüssigkeit, Salz, Zitronensaft und Worcestershiresauce in eine Rührschüssel geben.

2. Mit Schneebesen oder elektrischem Handrührgerät über nicht zu heißem Wasserdampf schaumig schlagen.

3. Butter mit dünnem Strahl unter ständigem Schlagen einmengen. Die Konsistenz der Sauce nach Bedarf durch die Beigabe von Flüssigkeit (dünner) oder Butter (dicker) regulieren.
Die Sauce darf nicht aufgekocht werden, da sie sonst gerinnt.

VERWENDUNG

- als Beilagensauce zu Spargel, Artischocken, Blumenkohl, Broccoli, pochiertem Fisch, Steaks, Pfannen- und Grillgerichten
- zum Überziehen und anschließendem Überbacken von Gemüse-, Fleisch- und Fischgerichten
- um Saucen und Ragoutgerichte zu verfeinern und »molliger« zu machen

TIPPS

- Wenn die Sauce Eierklumpen aufweist, waren Wasserbad oder Butter zu warm oder die Sauce wurde nicht ständig geschlagen. In diesem Fall ist die Sauce nicht zu retten.
- Wenn die Sauce zu dünn ist, waren Eigelb und Flüssigkeit zu wenig schaumig oder wurden zu kalt aufgeschlagen oder die Butter war zu kalt. Abhilfe lässt sich schaffen, indem Sie im Wasserbad erneut Eigelb und Fond schaumig schlagen und statt Butter langsam die flüssige Sauce einrühren.
- Nach der Schulmethode sollte Butter geklärt werden. Dies ist jedoch nicht unbedingt notwendig. Geschmolzene, auf 40 °C temperierte Butter erfüllt denselben Zweck.

Sauce Mousseline
Rühren Sie etwas halbsteif geschlagene Sahne unter die Hollandaise.

Sauce Béarnaise
Rühren 1 KL frische oder in Essig eingelegte gehackte Estragonblätter und 1 KL gehackte Petersilie unter die Hollandaise.

Weiße Grundsauce (Velouté)

ZUTATEN
FÜR 1 LITER SAUCE

50–60 g Butter
50–60 g Mehl
½ l Rinderbrühe,
    Kalbs- oder Geflügelfond
Salz
Pfeffer, weiß, gemahlen
Muskatnuss, gerieben

SO WIRD'S GEMACHT

1. In einer flachen Kasserolle Butter schmelzen, Mehl einrühren, farblos anschwitzen, vom Herd nehmen, etwas abkühlen lassen.
2. Brühe (Fond) aufkochen, mit dem Schneebesen schnell und glatt unter die Mehlschwitze rühren. Einige Minuten kochen, mit Salz, Pfeffer und Muskatnuss würzen.

Kochdauer: 5 Minuten

VERWENDUNG

Dient zum Binden von Gemüse oder als Grundlage für Pilz-, Kapern- oder Kräutersauce, die man mit Sahne, saurer Sahne, kalter Butter oder eingerührter Eigelb-Sahne-Mischung aufwerten kann.

Weißweinsauce (Klassische Methode)

ZUTATEN
FÜR CA. ½ LITER SAUCE

20 g Butter
20 g Mehl
¼ l Fischfond
⅛ l Weißwein, trocken
1 EL Wermut (Noilly Prat)
⅛ l Schlagsahne
30 g Butter zum Montieren
Salz
Zitronensaft

SO WIRD'S GEMACHT

1. Butter schmelzen, Mehl einrühren, farblos anschwitzen.

2. Mit kochendem Fischfond aufgießen.

3. Weißwein und Wermut zugießen, aufkochen, Sahne hinzufügen, einige Minuten kochen, anschließend passieren.

4. Eiskalte Butterstücke mit Schneebesen einrühren, mit Salz und Zitronensaft würzen.

TIPP

Weißweinsauce ist fast immer eine Fischsauce, die zu pochierten Fischen gereicht wird. In der modernen Küche geht man jedoch dazu über, diese Saucen in den unterschiedlichsten Abwandlungen auch zu gedämpften und gebratenen Fischen zu reichen.

VARIATIONEN

Variationsideen finden Sie auf Seite 170.

Weißweinsauce (Moderne Methode)

ZUTATEN
FÜR CA. ¼ LITER SAUCE

2 EL Zwiebeln oder Schalotten, fein geschnitten
¼ l Fischfond
⅛ l Weißwein, trocken
⅛ l Wermut (Noilly Prat)
⅛ l Schlagsahne
50 g Butter zum Montieren
2 EL Schlagsahne, halb geschlagen
Salz
Zitronensaft

SO WIRD'S GEMACHT

1. Zwiebeln (Schalotten), Fischfond, Weißwein und Wermut 5 Minuten reduzierend kochen. Anschließend durch ein feines Sieb gießen.

2. Kalte Schlagsahne zugießen, nochmals reduzierend kochen, bis eine sämige Konsistenz entsteht. Zum Schluss kalte Butterstücke einrühren.

3. Sauce mit dem Stabmixer aufmixen.

4. Halbgeschlagene Sahne unterheben, mit Salz und Zitronensaft würzen.

TIPP

Die Konsistenz regulieren Sie je nach Bedarf mit spritzigem Weißwein, Fischfond oder Schlagsahne.

VARIATIONEN

Variationsideen finden Sie auf Seite 170.

So wandeln Sie Weißweinsauce ab
(Grundrezept siehe Seiten 168/169)

Estragonsauce mit Tomatenwürfeln
¼ l erhitzte Grundsauce mit 4 EL Tomaten-Concassée und 2 KL gehackten Estragonblättern vermengen.
Verwendung: zu festfleischigen Meeresfischen und zu Lachs

Schnittlauchsauce
¼ l erhitzte Grundsauce mit 2 EL geschnittenem Schnittlauch und etwas gemahlenem rosé Pfeffer vermengen.
Verwendung: für Süßwasserfische, Seeteufel und Barsch

Sauerampfersauce
20 g entstielte, gewaschene Sauerampferblätter in feine Streifen schneiden. In ¼ l Grundsauce mischen, aufkochen.
Verwendung: für Lachs, Wolfsbarsch, Seeteufel und Zander

Weißweinsauce mit Wurzelstreifen
50 g geschälte, in feine Streifen geschnittene Wurzeln (Möhren, Petersilienwurzel und Knollensellerie) in 10 g Butter anschwitzen, salzen, mit etwas Weißwein und Fischfond begießen, kernig dünsten. Mit ¼ l erhitzter Grundsauce vermengen. Nach dem Anrichten mit geriebenem Meerrettich komplettieren.
Verwendung: zu Karpfen, Hecht, Zander, Saibling oder Lachs

Pfeffersauce
¼ l erhitzte Grundsauce mit 2 EL abgespülten grünen Pfefferkörnern vermengen, nochmals erhitzen, nicht aufkochen.
Verwendung: für festfleischige Fische wie Seeteufel, Wolfsbarsch oder Steinbutt

Safransauce
Einige Safranfäden in 1 EL Weißwein erhitzen, anschließend ¼ l Grundsauce beifügen. Mit Wermut oder Pernod aromatisieren.
Verwendung: zu Plattfischen und Krustentieren

Kräutersauce
¼ l Weißweinsauce mit 2 EL gehackten Kräutern, zum Beispiel Estragon, Kerbel, Petersilie oder Koriandergrün vermischen.
Verwendung: universell einsetzbar

Sauce Duxelles
4 EL »Duxelles« mit ¼ l Grundsauce vermengen.
Verwendung: universell einsetzbar

Sardellen-Kapern-Sauce
¼ l erhitzte Grundsauce mit 2–3 fein gehackten Sardellenfilets und 2 EL kleinen Kapern vermengen, kurz erhitzen, mit Zitronensaft und gehackter Petersilie vollenden.

Erbsen-Zitronen-Sauce
70 g tiefgekühlte Erbsen in der Grundsauce erhitzen, im Mixglas pürieren, mit etwas Zitronensaft und abgeriebener Zitronenschale abschmecken.
Verwendung: zu Süßwasserfischen

Schalotten-Senf-Sauce
¼ l erhitzte Grundsauce mit 1 KL Dijonsenf oder 1 EL mittelscharfem Senf vermischen. 2 EL fein geschnittene Schalotten in etwas Weißwein dünsten und in die Sauce einrühren.
Verwendung: zu Fischen mit kompaktem, ausdrucksstarkem Fleisch

Rote-Beete-Sauce
60 g geschälte junge Rote Beete in feine Scheiben schneiden, in 10 g zerlassener Butter andünsten, mit Salz und Pfeffer würzen. Mit etwas Fischfond oder Essigwasser aufgießen, kernig dünsten, anschließend mixen. Unter ¼ l erhitzte Grundsauce mischen, etwas geriebenen Meerrettich und 1 EL saure Sahne einrühren, nicht mehr kochen, passieren.
Verwendung: für festfleischige Fische wie Stör, Zander, Steinbutt oder Angler

171

Hummersauce

ZUTATEN
FÜR 6–8 PORTIONEN

300 g Karkassen von gekochtem Hummer, gesäubert
40 g Schalotten oder Zwiebeln, geschält
50 g Stangensellerie
40 g Butter
1 EL Tomatenmark
1 EL Weinbrand
2 EL Wermut, trocken
0,1 l Weißwein, trocken
0,3 l Fischfond oder Wasser
0,3 l Schlagsahne
einige Dillstängel
8 Pfefferkörner, weiß, angedrückt
2 EL Sahne, halbsteif geschlagen
Salz

SO WIRD'S GEMACHT

1. Karkassen fein zerstoßen, Schalotten (Zwiebeln) fein, Stangensellerie in kleine Stücke schneiden.
2. Butter in tiefer Kasserolle erhitzen, Karkassen anrösten, Schalotten (Zwiebeln) und Sellerie hinzufügen, rösten, Tomatenmark einrühren.
3. Alkoholika zugießen, mit Fond (Wasser) und Sahne auffüllen. Dillstängel und Pfefferkörner dazugeben. 30 Minuten kochen und 60 Minuten heiß ziehen lassen. Bei Bedarf Flüssigkeit zugießen.
4. Durch ein feines Sieb gießen, mit dem Stabmixer unter Zugabe von halbsteif geschlagener Sahne aufmixen, salzen.

Kochdauer: ca. 90 Minuten

TIPPS

- Auf dieselbe Weise können Sie Krebs- und Langustensauce herstellen.
- Karkassen von Scampi oder Riesengarnelen geben hingegen für eine selbstständige Sauce zu wenig Geschmack ab.

Morchelsauce

ZUTATEN

40 g Morcheln, getrocknet
40 g Schalotten oder Zwiebeln
20 g Butter
0,3 l Fischfond (für Fischgerichte) oder Kalbsfond, dunkel (für Fleischgerichte)
0,2 l Schlagsahne
2 cl Wermut, trocken (Noilly Prat)
Salz
Pfeffer, gemahlen

VORBEREITUNG

1. Morcheln in lauwarmem Wasser einweichen, mehrmals unter Wechseln des Wassers waschen.
2. Schalotten (Zwiebeln) schälen, sehr fein schneiden.

SO WIRD'S GEMACHT

1. Morcheln aus dem Wasser heben, gut abtropfen lassen.
2. Butter in einer Kasserolle schmelzen, Schalotten licht rösten, Morcheln hinzufügen, andünsten, mit Wermut ablöschen, Fond und Sahne dazugießen.
3. Reduzierend kochen, bis die Morcheln knackig gegart sind und die Sauce sämig wird. Bei Bedarf Fond zugießen.

VERWENDUNG

Als Ergänzung zu kompakten gebratenen oder pochierten Fischfilets (zum Beispiel Seeteufel oder Steinbutt), Kalbs- oder Rehmedaillons, gebratenen Hühnerbruststreifen, Geschnetzeltem vom Kalbsfilet oder Rinderfilet.

Tomatensauce

ZUTATEN
FÜR 6–8 PORTIONEN

500 g Tomaten
60 g Zwiebeln
25 g Butter
15 g Mehl
0,3 l Wasser oder Gemüsefond
40 g Tomatenmark
1 Lorbeerblatt
8 Pfefferkörner
Salz
1 Prise Zucker

VORBEREITUNG

1. Tomaten in Spalten schneiden.
2. Zwiebeln schälen und fein schneiden.

SO WIRD'S GEMACHT

1. Zwiebeln in Butter licht rösten, Mehl dazugeben, kurz anschwitzen.
2. Mit Gemüsefond (Wasser) aufgießen, mit dem Schneebesen glatt rühren.
3. Tomaten, Tomatenmark, Lorbeerblatt und Pfefferkörner hinzufügen.
4. 20 Minuten kochen, danach durch die Flotte Lotte oder ein Drahtsieb passieren. Mit Salz und Zucker abschmecken.

Currysauce

ZUTATEN
FÜR 6–8 PORTIONEN

100 g Zwiebeln
½ Apfel
20 g Butter
20 g Mehl
10 g Currypulver
0,3 l Hühner- oder Rinderbrühe
0,2 l Schlagsahne
10 g Kokosraspeln
Salz

VORBEREITUNG

1. Zwiebeln schälen, fein schneiden.
2. Apfel schälen, vierteln, entkernen und in feine Scheiben schneiden.

SO WIRD'S GEMACHT

1. Zwiebeln in Butter licht rösten, Mehl einrühren, Apfelscheiben hinzufügen, andünsten.
2. Mit Curry bestreuen, verrühren, sofort mit heißer Brühe und Sahne aufgießen.
3. Alles glatt verrühren, aufkochen, Kokosraspeln hinzufügen, weitere 10 Minuten kochen.
4. Durchsieben, nochmals aufkochen und mixen. Anschließend nochmals erhitzen, salzen.

Dillsauce

ZUTATEN
FÜR 4–6 PORTIONEN

3 EL Dillspitzen
50 g Zwiebeln
20 g Butter
20 g Mehl
¼ l Fischfond oder Rinderbrühe, je nach Verwendungszweck
⅛ l saure Sahne
Salz

VORBEREITUNG

1. Dill abzupfen und hacken.
2. Zwiebeln schälen, fein schneiden.

SO WIRD'S GEMACHT

1. Zwiebeln in Butter licht rösten, Mehl einrühren, kurz weiterrösten.
2. Mit heißem Fond (Suppe) aufgießen, verrühren, 10 Minuten kochen.
3. Saure Sahne und Dill einrühren, mixen, salzen.

Fische

Nach ihrer Herkunft werden Fische in Süßwasser- und Salzwasserfische bzw. Meeresfische unterteilt. Alle Süßwasserfische und das Gros der Salzwasserfische sind Rundfische. Plattfische wie Steinoder Heilbutt, Seezunge, Scholle, Rochen oder Flunder gelten als besonders hochwertig.

Die wichtigsten Süßwasserfische

Lachs

Bachsaibling

Wels (Waller)

Zander (Schill)

Karpfen

Forelle

Hecht

Die wichtigsten Salzwasserfische
Rundfische **Plattfische**

Kabeljau (Dorsch)

Scholle

Thunfisch

Seezunge

Wolfsbarsch (Branzino, Loup de mer)

Steinbutt

Sardinen

Knorpelfisch

Seeteufel (Angler, Lotte)

Drachenkopf (Rascasse)

Einkauf und Lagerung

Darauf kommt's an

- Achten Sie auf festes, elastisches Fleisch und frischen, angenehmen Fischgeruch.
- Die Augen sollen klar, prall und glänzend, die Kiemen leuchtend rot sein. Achtung! Oft wird durch Einfärben gemogelt.
- Mit dem Finger eingedrückte Stellen müssen sofort die ursprüngliche Form annehmen.
- Umfassen Sie den Fisch am Schwanz und heben Sie ihn waagrecht auf. Je weniger der Fisch nach unten hängt, desto frischer ist er.
- Schuppenlose Fische müssen eine glänzende und klare Schleimschicht aufweisen.
- Achten Sie bei Fischen mit Schuppenbehaftung auf festsitzende Schuppen.
- Ideal ist es, wenn Karpfen, Forellen und Saiblinge zur Zeit des Einkaufs noch leben und frisch geschlachtet werden.
  Dies garantiert bei richtiger Handhabung die zum »Blaukochen« nötige unverletzte frische Schleimhaut.
- Fische sollten rasch und kühl, am besten in Kühlboxen, transportiert werden.
- Die ideale Lagertemperatur beträgt 0 °C bis +4 °C.
- Lagern Sie Fische aromageschützt, wenn möglich auf einem Gitter mit Auffangwanne.
- Zum Tiefkühlen eignen sich vor allem fettarme Fische wie Zander, Forelle oder Saibling.
- Fische oder Fischfilets, die tiefgefrohren werden sollen, hüllen Sie einzeln und ohne Verkrümmung in leicht geölte Frischhaltefolie und frieren sie flach mit Abständen auf einer passenden Unterlage bei –18 °C ein.
- Tiefgekühlte Fische lassen Sie im Kühlschrank auftauen. Beachten Sie dabei, dass der Fisch nicht in der beim Auftauen entstehenden Flüssigkeit zu liegen kommt.

Rundfische vorbereiten

Rundfische werden meist ausgenommen angeboten und auf Wunsch vom Fischhändler geschuppt und auch filetiert. Die folgende Anleitung richtet sich daher vor allem an fortgeschrittene Köche und Hobby-Angler.

1. Rücken-, Brust- und Bauchflossen mit einer Küchenschere abschneiden.

2. Fisch mit einem Tuch am Schwanz halten, mit einem Fischschupper oder einem schräg angewinkelten Messerrücken in Richtung Kopf abschaben. Anschließend kalt waschen.

3. Bauch mit einem kleinen Messer vom After bis zum Kopf aufschneiden. Das letzte Stück mit einer Schere durchtrennen.

4. Bauchlappen auseinander ziehen. Eingeweide an After und Schlund abtrennen, vorsichtig entfernen.

5. Blutreste am inneren Rückgrad abschaben, mit kaltem Wasser waschen.

6. Fisch hinter den Kiemen schräg von beiden Seiten zur Mitte einschneiden, den Kopf abtrennen.

7. Entlang des Rückgrats mit einem dünnen, scharfen Messer bis zur Mitte einschneiden. Erste Filethälfte in Richtung Schwanz von der Karkasse abtrennen.

8. Zweite Filethälfte mit der Hautseite nach unten auflegen. Karkasse vom Fischfilet an der Kopfseite beginnend abschneiden.

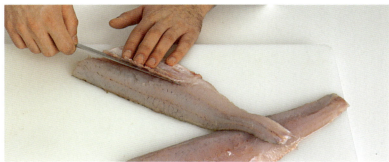

9. Bauchhöhlengräten an beiden Filets herausschneiden.

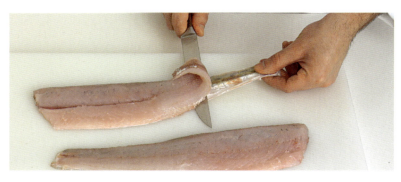

10. Filets mit der Hautseite nach unten auflegen, beim Schwanz beginnend mit leicht angewinkeltem Messer in einem Zug von der Haut abtrennen. Bauchlappen und Flossenansätze abschneiden.

11. Mit dem Messerrücken gegen die Grätenstellung streichen, damit sich diese anheben. Gräten mit Grätenzange oder Pinzette herausziehen.

Seezunge filetieren

1. Fisch beim Schwanzansatz zart quer einschneiden. Mit dem Messer in Richtung Körper schaben, bis die Haut erfassbar ist.

2. Schwanz mit einem Tuch auf die Arbeitsfläche pressen, die Haut flach zum Kopf hin abziehen.

3. Innereien aus der Bauchhöhle ziehen und entfernen.

4. Kopf mit dem Messer schräg abtrennen. Flossensaum mit der Schere abschneiden.

5. Fischfleisch von der Kopfseite entlang des Rückgrats einschneiden.

6. Filets mit dem flach geführten Filetmesser von der Karkasse abtrennen.

Fische beizen

Diese natürliche und besonders schmackhafte Art, rohen Fisch zuzubereiten, hat skandinavische Wurzeln. Salz und Zucker entwässern den Fisch und verleihen ihm eine kompakte Struktur. Obwohl man grundsätzlich jedes Rundfischfilet beizen kann, gilt Graved Lachs als der Klassiker schlechthin.

Gebeizter Lachs (Graved Lachs)

ZUTATEN

100 g Meersalz
100 g Kristallzucker
1 EL Pfefferkörner, weiß, gestoßen oder geschrotet
3 Wacholderkörner, gestoßen
1 EL Senfkörner
1 Lachsfilet, pariert, entgrätet, mit Haut, geschuppt, ca. 1,2–1,4 kg
100 g Dillkraut, gehackt

VARIATIONEN

- Fügen Sie den Gewürzen etwas Pökelsalz bei.
- Verwenden Sie statt Wacholderbeeren Korianderkörner.
- Variieren Sie in der Wahl der Fische.
- Für Wolfsbarsch nehmen Sie Fenchelkraut statt Dill.

SO WIRD'S GEMACHT

1. Salz, Zucker, Pfeffer-, Wacholder- und Senfkörner mischen, Innenseite des Filets damit bestreuen, Dillkraut darüber verteilen.

2. Lachsfilet in eine Wanne legen, mit einem Brett und Gewicht leicht beschweren.

3. 12 Stunden kühl beizen, wenden, weitere 12 Stunden beizen.

4. Dill und Gewürze abstreifen, abwaschen, abtrocknen, mit gehackten Dillspitzen bestreuen. Anpressen, in hauchdünne Scheiben schneiden.

Honig-Senf-Sauce

ZUTATEN

2 EL Senf
1 EL Honig
Zitronensaft
6 EL Olivenöl
1 EL Dillspitzen, gehackt

SO WIRD'S GEMACHT

Senf mit Honig und Zitronensaft verrühren, danach mit dem Schneebesen tropfenweise Olivenöl einrühren, anschließend Dillspitzen untermischen.

VERWENDUNG

die klassische Sauce zu gebeiztem Lachs

Fische braten

Darauf kommt's an

- Verwenden Sie eine beschichtete Teflonpfanne, damit der Fisch nicht anhaftet.
- Entgegen der allgemeinen Praxis muss die Haut nicht zwingend eingeschnitten (zieliert) werden.
- Verwenden Sie zum Braten passend zur Art der Fische Butterschmalz, geschmacksneutrales Pflanzenöl oder bei mediterranen Fischen eine Mischung aus Olivenöl und Butter.
- Mediterrane Fische als Filet mit Haut oder im Ganzen braten Sie am besten naturbelassen, ohne Mehlbehaftung. Servieren Sie dazu zum Beträufeln eine Mischung aus 6 EL Olivenöl, etwas Zitronensaft, 2 EL Tomatenwürfeln, Salz und 1 EL geschnittenen Basilikumblättern.
- Alle Fische sollten stets schonend auf den Punkt gegart werden.

Gebratenes Fischfilet mit Haut (Grundrezept)

ZUTATEN

600–800 g Fischfilet, mit Haut, geschuppt
Salz
Pfeffer, weiß, gemahlen
Zitronensaft
Mehl zum Wenden
3 EL Öl oder Butterschmalz

VORBEREITUNG

Fischfilet beidseitig mit Salz, Pfeffer und Zitronensaft würzen. Hautseite in Mehl wenden, leicht andrücken, abschütteln.

SO WIRD'S GEMACHT

1. Öl (Butterschmalz) in einer Teflonpfanne erhitzen. Filets zuerst mit der Innenseite in die Pfanne legen, farblos kurz anziehen lassen.

2. Wenden und auf der Hautseite kross braten.

3. Öfters mit Bratfett begießen.

4. Wenden, kurz warm ruhen lassen.

TIPPS

- Besonders geeignet sind Filets von Zander, Hecht, Lachs, Branzino und Dorade.
- Spicken Sie Fische oder Fischfilets mit frischen, ungehackten Kräutern wie Rosmarin, Thymian, Bärlauch oder Salbei.

Gebratene Portionsfische

ZUTATEN

4 Portionsfische (Saiblinge oder Forellen) zu je ca. 350 g, ausgenommen
Salz
Pfeffer, weiß, gemahlen
Mehl zum Wenden
2 EL Butterschmalz oder Pflanzenöl

VORBEREITUNG

Fische waschen, mit Küchenkrepp abtupfen, innen und außen mit Salz und Pfeffer würzen. In Mehl wenden, abschütteln.

SO WIRD'S GEMACHT

1. Butterschmalz (Pflanzenöl) in Teflonpfanne erhitzen. Fische einlegen, an einer Seite rasant anbraten.

2. Wenden, unter oftmaligem Begießen bei reduzierter Hitze fertig braten.
Bratdauer: ca. 10–13 Minuten

Gebratene Dorade mit Kapern und Sardellen

ZUTATEN

1–2 Bund Thymian
4 Dorade Royal zu je ca. 350 g, ausgenommen
Salz
Pfeffer, weiß, gemahlen
Saft einer halben Zitrone
2 Sardellenfilets aus der Dose
3 EL Olivenöl
50 g Butter
1 EL Kapern

VORBEREITUNG

1. Einen Teil des Thymians abzupfen, fein hacken (ca. 1 TL).
2. Fische waschen, mit Küchenkrepp abtupfen, innen und außen mit Salz und Pfeffer würzen, mit Zitronensaft beträufeln.
3. Restlichen Thymian in die Bauchhöhlen füllen.
4. Sardellen hacken.

SO WIRD'S GEMACHT

1. Olivenöl in Teflonpfanne erhitzen. Fische einlegen, an einer Seite rasant anbraten.
2. Fische wenden, unter oftmaligem Begießen mit dem Bratenfett bei reduzierter Hitze fertig braten.
3. Die knusprig gebratenen Fische aus der Pfanne heben, anrichten, warm stellen.
4. Öl aus der Pfanne gießen, Butter in der Pfanne aufschäumen, Kapern, Sardellen und gehackten Thymian einrühren.
5. Fische mit der Butter übergießen.

TIPPS

- Dorade Rosé, Wolfsbarsch oder Meerbarbe können Sie auf dieselbe Art zubereiten.
- Besonders knusprig geraten die Fische, wenn Sie sie vor dem Braten in einer Mischung aus Mehl und geriebenem Weißbrot wenden.

Gebratene Saiblinge mit Mandeln

ZUTATEN
FÜR 2 PORTIONEN

2 Saiblinge zu je ca. 350 g, küchenfertig
Salz
Mehl zum Wenden
1 Ei
Mandeln, gehobelt, zum Wenden
2 EL Butterschmalz oder Öl
20 g Butter
etwas Zitronensaft

SO WIRD'S GEMACHT

1. Fische innen und außen salzen, in Mehl wenden, überschüssiges Mehl abschütteln.
2. Ei mit einer Gabel gut verrühren, die Fische mit einem Pinsel damit bestreichen.
3. Fische in Mandeln wenden, diese anpressen, allseitig nochmals zart salzen.
4. 2 El Butterschmalz (Öl) in einer beschichteten Pfanne erhitzen, die Fische bräunend anbraten, vorsichtig wenden, weiter braten.
5. Im auf 180 °C vorgeheizten Backofen ca. 8 Minuten fertig braten.
6. Fische auf gewärmten Tellern anrichten, Bratfett aus der Pfanne gießen, 20 g Butter aufschäumen lassen, etwas Zitronensaft beifügen, Fische damit übergießen.

TIPP

Forellen können Sie auf dieselbe Art zubereiten.

Fische mit Krusten überbacken

Zanderfilet mit Kräuterkruste

ZUTATEN

FÜR DAS ZANDERFILET

siehe Grundrezept Gebratenes Fischfilet (Seite 181)

FÜR DIE KRUSTE

70 g Butter
1 Eigelb
1 KL Zitronensaft
2 EL Kräuter, gehackt (geeignet sind Estragon, Bärlauch, Thymian und Minze)
1 KL Knoblauch, gepresst
60 g Weißbrot, entrindet, gerieben (ersatzweise Paniermehl)
Salz
Pfeffer, gemahlen

SO WIRD'S GEMACHT

1. Braten Sie das Zanderfilet nach dem Grundrezept.

2. Für die Kruste Butter, Eigelb und Zitronensaft schaumig rühren. Kräuter, Knoblauch und geriebenes Weißbrot (Paniermehl) einrühren.

3. Fischfilets an der Hautseite mit der Masse bestreichen, im vorgeheizten Backofen knusprig überbacken.
Backofentemperatur: maximale Oberhitze oder Zuschaltung der Grillschlange (bzw. Salamander)

Thunfisch mit Sesamkruste

ZUTATEN

600 g Thunfischloin
1 KL Ingwerwurzel, gerieben
2 EL Sojasauce
1 KL Honig
1 KL Koriandergrün, gehackt
6 EL Sesamöl
4 EL Oliven- oder Sesamöl zum Braten
100 g Sesam

SO WIRD'S GEMACHT

1. Thunfisch in 4 Scheiben schneiden.
2. Ingwer, Sojasauce, Honig, Koriander und Sesamöl verrühren. Thunfisch darin wenden, einige Stunden kühl und zugedeckt marinieren.
3. Öl in einer Teflonpfanne erhitzen.
4. Thunfischscheiben in Sesam wälzen, in der Pfanne auf beiden Seiten kurz bräunend braten. Der Fisch soll innen warm, aber noch roh sein.
5. Aus der Pfanne heben, in Scheiben schneiden.

Fische auf dem Rost grillen

Darauf kommt's an

- Neben heimischen Fischen wie Forelle, Saibling, Reinanken und Zander sind Mittelmeerfische wie Wolfsbarsch, Dorade, Angler und auch Lachs zum Grillen besonders prädestiniert.
- Schneiden Sie große Rundfische in ca. 1,5 cm dicke Scheiben.
- Wenden Sie den Fisch mit einer Palette oder einer Grillschaufel.
- Damit Fische nicht austrocknen, schaffen Sie zwei Hitzefelder: zum raschen Bräunen und zum »Nachziehen«.
- Füllen Sie bei Portionsfischen die Bauchhöhle mit Dill oder Rosmarin.
- Salzen Sie Fische erst im letzten Moment und bestreichen Sie den Rost und den Fisch zart mit Öl.
- Meiden Sie Fischfilets ohne Haut, da diese leicht am Rost haften bleiben.

Seeteufelmedaillons vom Rost mit mediterraner Tomatencreme

ZUTATEN

800 g Seeteufelfilet
0,1 l Olivenöl
1 KL Zitronenschale, gerieben
3 Knoblauchzehen, gepresst
einige Rosmarinzweige
Salz
Pfeffer, weiß, gemahlen

FÜR DIE TOMATENCREME

4 Tomaten, mittelgroß, geschält, entkernt
1 KL Senf, mittelscharf
Zitronensaft nach Bedarf
Salz
Pfeffer, gemahlen
0,2 l Olivenöl
1 EL Estragonblätter, gehackt

VORBEREITUNG

1. Seeteufelfilets in ca. 2–3 cm dicke Scheiben (Medaillons) schneiden.
2. Öl, Zitronenschale und Knoblauch vermischen, Fisch darin wenden, mit Rosmarin belegen, mit Folie bedeckt einige Stunden kühl beizen.

SO WIRD'S GEMACHT

1. Tomaten klein schneiden, mit Senf, Zitronensaft, Salz und Pfeffer fein mixen.
2. Tropfenweise zimmertemperiertes Öl einfließen lassen, damit die Sauce bindet.
3. Gehackte Estragonblätter unterrühren.
4. Medaillons aus der Marinade heben, abstreifen, beidseitig mit Salz und Pfeffer würzen.
5. Medaillons auf den heißen, leicht geölten Rost legen, beidseitig bräunend grillen.
6. Abschließend auf der zweiten, mäßig erhitzten Zone des Rostes nachziehen lassen. Die Medaillons sollen innen noch glasig sein.
7. Anrichten, Tomatencreme dazu reichen.

TIPP

Auf diese Weise grillen Sie Koteletts von allen großen Rundfischen (zum Beispiel Lachs, Zander oder Branzino).

Fische pochieren

Darauf kommt's an
- Pochieren Sie Fische im Ganzen oder Fischfilets in einem würzigem Sud bei etwa 80 °C. Die Gardauer richtet sich nach Gewicht und Größe der Fische.
- Wenn Sie Fische im Ganzen pochieren, würzen Sie den Sud sehr stark, da die Haut die Würzung absorbiert.
- Pochierte Fische können Sie sowohl kalt – als Vorspeise oder Teil eines Buffets – wie auch warm servieren.

Sud zum Pochieren von Fischen (Court-Bouillon)

ZUTATEN

1 Zwiebel
300 g Wurzelwerk (Möhren, Sellerieknolle)
15 Pfefferkörner, weiß
2 Lorbeerblätter
Petersilien- oder Dillstängel
etwas Lauch
2 l Wasser
⅛ l Weißweinessig
2 EL Salz

VORBEREITUNG

1. Zwiebel schälen, Wurzelwerk waschen, schälen, in Scheiben oder Streifen schneiden.
2. Pfefferkörner in ein Stück Leinen binden oder in ein Gewürzei füllen. Lorbeerblätter, Kräuterstängel und Lauch zu einem Kräutersträußchen binden.

SO WIRD'S GEMACHT

Alle Zutaten mit kaltem Wasser aufgießen, Essig und Salz hinzufügen und aufkochen; 15 Minuten ziehen lassen.

Pochiertes Lachsfilet mit aufgeschlagener Olivensauce

ZUTATEN

800 g Lachsfilet, Mittelstück, ohne Haut
1 l Fischsud (Court-Bouillon)

FÜR DIE SAUCE

1 Tomate, geschält, entkernt
8 Oliven, entkernt
⅛ l Olivenöl
2 Eigelb
2 EL Fischsud
Salz
Zitronensaft
⅛ l Olivenöl
2 EL Pinienkerne, geröstet

VORBEREITUNG

1. Lachsfilet in 4 gleichmäßige Stücke schneiden.
2. Tomate und Oliven in kleine Würfel schneiden.
3. Olivenöl auf ca. 40 °C temperieren.

SO WIRD'S GEMACHT

1. Sud auf ca. 80 °C erhitzen, Filets einlegen und je nach Dicke ca. 8–12 Minuten ziehen lassen. Der Kern soll saftig bleiben.
2. Zwischenzeitlich Eigelb, Fischsud, Salz und Zitronensaft in einer Rührschüssel über nicht zu heißem Wasserdampf schaumig schlagen.
3. Olivenöl mit dünnem Strahl unter ständigem Rühren hinzufügen.
4. Rühren bis die Sauce warm ist und an Konsistenz gewinnt.
5. Oliven, Tomatenwürfel und Pinienkerne in die Sauce rühren.
6. Lachs aus dem Sud heben, abtropfen lassen, auf warmen Tellern anrichten, mit Sauce überziehen.

Pochierte Steinbuttfilets mit Wurzelstreifen

ZUTATEN

100 g Wurzelwerk (Möhren und Sellerieknolle)
½ Zwiebel
Petersilien- oder Dillstängel
1 Lorbeerblatt
etwas Lauch
600 g Steinbuttfilets
0,2 l Wasser
5 cl Weißwein
etwas Weißweinessig oder Zitronensaft
Salz
Pfeffer, weiß, gemahlen
20 g Butter zum Schwenken der Wurzelstreifen
1 EL Petersilie, gehackt

VORBEREITUNG

1. Wurzelgemüse und Zwiebel in feine Streifen schneiden.
2. Kräuterstängel, Lorbeerblatt und Lauch zu einem Kräutersträußchen binden.
3. Steinbuttfilets enthäuten und teilen.

SO WIRD'S GEMACHT

1. Wasser, Wein und Essig (Zitronensaft) in einer Pfanne oder Kasserolle aufkochen. Wurzelstreifen und Kräutersträußchen hinzufügen, 2 Minuten kochen, auf 80 °C abkühlen.

2. Steinbuttfilets mit Salz und Pfeffer würzen, in den Sud legen. Mit Alufolie bedecken, 6–8 Minuten bei 80 °C ziehen lassen.

3. Filets auf vorgewärmten Tellern anrichten, warm stellen.

4. Kräutersträußchen entfernen, die Wurzelstreifen abgießen, in geschmolzener Butter schwenken, auf die Filets verteilen, mit Petersilie bestreuen.

ANRICHTEN

Kochen Sie den Sud reduzierend und rühren Sie abschließend kalte Butterstücke ein, bis eine Bindung entsteht. Übergießen Sie damit die Steinbuttfilets.

Forelle blau

ZUTATEN

4 Forellen, ausgenommen,
  zu je 250–350 g
3 l Wasser
0,3 l Weißwein- oder Apfelessig
reichlich Salz

VORBEREITUNG

Forellen innen vorsichtig kalt waschen, Blutreste am Rückgrat entfernen.

SO WIRD'S GEMACHT

Wasser, Essig und Salz in einer Fischwanne fast zum Siedepunkt erhitzen, Forellen vorsichtig nebeneinander einlegen, bei etwa 80 °C ziehen lassen.
Gardauer: je nach Größe ca. 8–13 Minuten

TIPP

Bei schlachtfrischen Forellen werden beim Pochieren kräftige Risse in Haut und Filet sichtbar.

Fische dämpfen

Darauf kommt's an
- Verwenden Sie einen Dämpfer aus Edelstahl, stapelbare Bambuskörbchen mit Dämpfuntersatz oder ein elektrisches Dämpfgerät.
- Nützen Sie das Dampfgaren im »Eintopfverfahren«. So können Sie Fisch und Beilagen im selben Geschirr in einem Arbeitsgang garen.

Gedämpftes Lachsfilet mit zartem Gemüse

ZUTATEN

2 Fenchelknollen, mittelgroß, ohne Strunk und Stängel
100 g Möhren, geschält
das Weiße von einer halben Lauchstange
Salz
Pfeffer
600 g Lachsfilet
Fenchelgrün

VORBEREITUNG

Fenchel, Möhren und Lauch waschen, in Scheiben schneiden.

SO WIRD'S GEMACHT

1. Etwas Wasser in den Dämpfuntersatz füllen.
2. Gemüse mit Salz und Pfeffer würzen, in den Siebeinsatz füllen, zugedeckt 10 Minuten dämpfen.
3. Lachs in 4 Stücke schneiden, beidseitig mit Salz und Pfeffer würzen. Auf das vorgedämpfte Gemüse legen, mit Fenchelgrün belegen, zugedeckt 5–8 Minuten dämpfen.

Fische dünsten

Darauf kommt's an
- Dünsten Sie zugedeckt auf dem Herd oder bei 180 °C im Backofen.
- Flache Kasserollen oder Pfannen mit Deckel bzw. Schmortöpfe aus Gusseisen eignen sich am besten.
- Verwenden Sie festfleischige, in Stücke geschnittene Filets vom Seeteufel, Wolfsbarsch, Zander, Karpfen, Aal usw.
- Der Sud kann als Grundlage für eine gehaltvolle Sauce verwendet werden.

Zandergulasch

ZUTATEN

800 g Zanderfilet mit Haut, geschuppt
150 g Zwiebeln
1 Paprikaschote, rot
½ Paprikaschote, grün
50 g Speck, durchzogen
1 Knoblauchzehe
2 EL Olivenöl
1 KL Paprikapulver, edelsüß
1/16 l Weißwein
½ l Wasser oder Fischfond
Salz
Pfeffer, weiß, gemahlen
1/16 l Schlagsahne
Saft einer halben Zitrone

VORBEREITUNG

1. Zanderfilet in ca. 3 cm breite Streifen schneiden.
2. Zwiebeln schälen, feinwürfelig schneiden.
3. Paprikaschoten halbieren, entkernen, nach Farbe gesondert in Würfel schneiden.
4. Speck in kleine Würfel schneiden, Knoblauch pressen.

SO WIRD'S GEMACHT

1. Öl erhitzen, Zwiebeln hellbraun rösten, rote Paprikawürfel hinzufügen, kurz rösten.

2. Mit Paprikapulver bestreuen, durchrühren, sofort mit Weißwein ablöschen.

3. Wasser (Fischfond) zugießen, mit Salz, Pfeffer und Knoblauch würzen, aufkochen. Schlagsahne hinzufügen, 20 Minuten kochen, mixen.

4. Speckwürfel knusprig rösten, überschüssiges Fett abgießen. Speck und grüne Paprikawürfel in die Sauce geben, einmal aufkochen.

ANRICHTEN

Servieren Sie als Beilage Kartoffeln, Knöpfle oder Spätzle.

TIPP

Auf dieselbe Weise kochen Sie Hecht- oder Karpfengulasch.

5. Zander salzen, pfeffern, mit Zitronensaft beträufeln, im Gulaschansatz ohne zu kochen garen; nicht rühren, nur schwenken.
Gardauer: Gulaschansatz ca. 20 Minuten, Fisch ca. 4–5 Minuten

Fische in Folie garen

Darauf kommt's an
- Hüllen Sie ganze Fische oder Fischfilets in gebutterte Alufolie, fixieren Sie die Enden durch Zusammendrehen.
- Sie können Fische in Folie im Backofen, auf dem Rost oder auch in heißem Wasser zubereiten – in jedem Fall ist die Foliengarung von Fischen ein Paradebeispiel für eine schnelle, eigenaromabewahrende, geschirrsparende Garmethode.

Seezungenroulade in Alufolie gegart

ZUTATEN

12 Seezungenfilets
Butter zum Bestreichen der Folie
Salz
Pfeffer, weiß, gemahlen
360 g Fischfarce vom Lachs

SO WIRD'S GEMACHT

1. Ein reichlich großes Stück Alufolie mit Butter bestreichen, mit Salz und Pfeffer bestreuen.

2. Seezungenfilets mit der ehemaligen Hautseite nach oben nebeneinander auflegen, mit Farce gleichmäßig bestreichen.

3. Mit der Folie einrollen, die Enden fest zusammendrehen, damit eine straffe Rolle entsteht.

4. Im auf 180 °C vorgeheizten Backofen ca. 15 Minuten garen, kurz warm ruhen lassen. Folie entfernen, in Scheiben schneiden, mit flüssiger Butter bestreichen.

Fische in Öl ausbacken

Darauf kommt's an

- Um Fische in Öl auszubacken, haben Sie drei verschiedene Möglichkeiten: Sie können sie in Backteig frittieren, wie ein Wiener Schnitzel panieren oder – wie es in mediterranen Ländern üblich ist – in Mehl wenden und nature ausbacken.
- Zum Frittieren in Backteig verwenden Sie Filets von Seezunge, Scholle, Zander etc.
- Zum Backen nach Wiener Art eignen sich Karpfen, Kabeljau, Goldbarsch, Dorsch, Hecht und Scholle.
- Zum nature Frittieren verwenden Sie Kleinfische wie Sardinen, Sardellen, Tintenfisch (Sepia) und Kalmar.

Fischfilet in Weinteig

ZUTATEN

600 g Fischfilet
etwas Zitronensaft
Salz
Pflanzenöl zum Ausbacken

FÜR DEN TEIG

100 g Mehl
100 g Maisstärke
0,2 l Weißwein
   oder Mineralwasser
Salz
3 Eiweiß

VORBEREITUNG

1. Fischfilet portionieren, beidseitig zart mit Zitronensaft einstreichen und salzen.
2. Mehl, Maisstärke, Weißwein (Mineralwasser) und Salz mit einem Schneebesen glatt verrühren. 30 Minuten kühl ruhen lassen.

SO WIRD'S GEMACHT

1. Eiweiß mit einer Prise Salz zu sämig steifem Schnee schlagen, unter den Teig heben.
2. Reichlich Öl in einer tiefen Pfanne erhitzen, Fischfilets nacheinander einzeln durch den Teig ziehen, abtropfen lassen, vom Körper weg in die Pfanne legen, goldgelb anbacken.
3. Nur einmal wenden, fertig ausbacken, mit einer Backschaufel oder kurzen Winkelpalette aus der Pfanne heben, auf Küchenkrepp abtropfen lassen und abtupfen.

Backdauer: von der Beschaffenheit des Fischfilets abhängig
Backtemperatur: 170–180 °C

TIPPS

- Der Backteig wird im Gegensatz zu herkömmlichen Rezepten ohne Eigelb, jedoch mit Stärkemehl zubereitet. Dadurch wird er beim Ausbacken besonders knusprig.
- Mit diesem Teig lassen sich auch Garnelenschwänze und Gemüse wie Zucchinischeiben, Austernpilze, Karfiol- oder Broccoliröschen etc. frittieren.

Paniertes Karpfenfilet nach Wiener Art

ZUTATEN

1 kg Karpfenfilet, geschuppt
Zitronensaft
Salz
½ l Pflanzenöl zum Frittieren

ZUM PANIEREN

2 Eier
80 g Mehl
200 g Weißbrot, gerieben, oder Paniermehl

SO WIRD'S GEMACHT

1. Fischhaut in kurzen Abständen leicht einschneiden und die Filets in 4 Stücke teilen. Mit Zitronensaft einreiben, beidseitig und auch in den Schnittstellen salzen.
2. Eier verquirlen, Filets in Mehl, Eiern und geriebenem Weißbrot (Paniermehl) panieren, abschütteln.
3. Öl auf ca. 140 °C erhitzen, Filets einlegen, unter einmaligem Wenden ca. 10–13 Minuten knusprig ausbacken.
4. Mit einer Backschaufel aus dem Öl heben, abtropfen lassen und mit Küchenkrepp überschüssiges Fett abtupfen.

TIPP

Panieren Sie erst im letzten Moment und stapeln Sie die Fischstücke nicht übereinander.

VARIATIONEN

Mischen Sie wahlweise fein gehackte Kürbiskerne, Kräuter oder Sesam unter die Panade.

Nature frittierte Sardinen

ZUTATEN

1 kg Sardinen mit Kopf, ausgenommen, frisch oder tiefgekühlt
Salz
etwas Zitronensaft
ca. 200 g Mehl
ca. 0,4 l Pflanzenöl zum Frittieren

VORBEREITUNG

Kopf der Sardinen mit dem Rückgrat abziehen. Kleine Exemplare werden mit Kopf frittiert.

SO WIRD'S GEMACHT

1. Sardinen salzen und mit Zitronensaft marinieren. In Mehl wenden und abschütteln.
2. Sardinen in Etappen in heißem Pflanzenöl schwimmend goldbraun ausbacken.
3. Aus dem Fett heben, abtropfen lassen und mit Küchenkrepp abtupfen.

Backtemperatur: ca. 180 °C
Backdauer: ca. 2–3 Minuten

TIPP

Frittierte Fische können Sie kalt oder warm servieren.

VARIATION

Übergießen Sie heiße frittierte Sardinen mit einer Marinade aus Weinessig, Olivenöl, etwas klarer Brühe, Salz, Pfeffer, zerdrücktem Knoblauch und gehackter Petersilie. Lassen Sie die Sardinen einige Stunden bei Zimmertemperatur marinieren und servieren Sie sie lauwarm.

Meeresfrüchte

Zu den Meeresfrüchten zählen Krusten- und Schalentiere, die zu den edelsten, aber auch zu den teuersten Delikatessen gehören. Die Vielfalt der Bezeichnungen löst oft Irritationen aus, da für ein und denselben Meeresbewohner verschiedene Bezeichnungen verwendet werden.

Krustentiere

Krustentiere kochen
Um Krustentiere zu kochen, verwenden Sie einen Sud aus Wasser und reichlich Salz. Lebende Krustentiere legen Sie mit dem Kopf voran in die kochende Flüssigkeit, lassen sie einmal aufkochen und anschließend bei 90 °C ziehen.
Die Gardauer richtet sich nach der Größe der Tiere, Krebse zum Beispiel müssen ca. 2–3 Minuten ziehen.

Garnelen

Garnelen gelten als die mit Abstand beliebtesten Krustentiere. Ob gegrillt, in Backteig frittiert oder mit exotischen Gewürzen zubereitet, der feine charakteristische Geschmack gepaart mit knackigem Biss gilt als Garant für ein außergewöhnliches Esserlebnis.

Darauf kommt's an

- Garnelen haben keine Scheren, verwertet wird nur der Schwanz.
- Klein sortierte Garnelen eignen sich für Nudelgerichte, Risotti und Fischsuppen.
- Große Exemplare sind ideal zum Braten, Dünsten, Dämpfen, Frittieren und Grillen.
- Garnelenschwänze aus Aqua-Kulturen (Farmen) sind qualitativ sehr gut und billiger als Ware aus »kalten« Gewässern. Diese sind zwar teurer, aber geschmacklich hochwertiger.
- Bevorzugen Sie Riesengarnelen mit Schale. Zum Braten und Grillen ist die Größe am besten, bei der 8–12 Stück 500 g wiegen. Die größten Exemplare werden als »U5« (unter 5 Stück pro 500 g) bezeichnet.
- Tauen Sie tiefgekühlte Garnelenschwänze im Kühlschrank auf.

Unterscheiden Sie
Shrimps: kleine, durchwegs schon gegarte, geschälte Garnelenschwänze, die entweder gefroren, vakuumiert oder in Lake eingelegt in den Handel kommen
Cocktailgarnelenschwänze: gegart, meist bis auf die Schwanzflosse geschält, 28–30 Stück ergeben 500 g; werden mit Dips zum Tunken gereicht oder als Bestandteil von Cocktails und Salaten
Riesengarnelen (King Prawns): werden fast ausschließlich roh und tiefgekühlt, mit oder ohne Schale angeboten

Garnelen vorbereiten

1. Garnelen mit der Schere in Richtung Schwanzflosse aufschneiden.

2. Schale ablösen. (Meist belässt man die letzten Glieder und die Schwanzflosse am Garnelenschwanz).

3. Rücken vorsichtig bis zum darunter liegendem Darm aufschneiden, diesen herausziehen.

Riesengarnelen mit Knoblauch und Chili

ZUTATEN

6 Knoblauchzehen, geschält
1 kg Riesengarnelen, kochfertig
4 EL Olivenöl zum Marinieren
2 EL Olivenöl zum Braten
½ Chilischote
20 g Butter
Salz
Pfeffer, gemahlen
1 EL Petersilie, gehackt

VORBEREITUNG

1. 2 Knoblauchzehen hacken.
2. Vorbereitete Riesengarnelen mit den 2 gehackten Knoblauchzehen und Olivenöl marinieren, mit Frischhaltefolie bedecken, einige Stunden kühl stellen.
3. Die restlichen Knoblauchzehen in feine Scheiben schneiden. Chilischote entkernen, fein hacken.

SO WIRD'S GEMACHT

1. Öl und Butter in einer Pfanne erhitzen, Knoblauch hellbraun rösten und dann durch ein Sieb gießen. Verbleibendes Fett wieder erhitzen.
2. Garnelen salzen und pfeffern, in die Pfanne legen, anbraten, wenden und weiterbraten. Hitze reduzieren, Chili, Knoblauch und Petersilie hinzufügen. Garnelen nochmals wenden.

ANRICHTEN

Mit Baguette oder Olivenbrot servieren.

King Prawns »Sweet & Sour«

ZUTATEN

1 Chilischote
1 Eiweiß
Salz
1 EL Speisestärke
1 EL Weißweinessig
etwas Sojasauce
1 EL Hot Ketchup
Pfeffer, gemahlen
600–800 g Riesengarnelen, geschält, ohne Darm
4 EL Pflanzenöl zum Braten
etwas Ananassaft
1 KL Ingwerwurzel, gerieben
1 EL Koriandergrün, gehackt

VORBEREITUNG

1. Chilischote halbieren, entkernen, fein hacken.
2. Eiweiß mit Salz schaumig schlagen. Speisestärke, Essig, Sojasauce, Ketchup, Salz und Pfeffer einrühren. Garnelenschwänze darin wenden, zugedeckt 4 Stunden kühl marinieren.

SO WIRD'S GEMACHT

1. Garnelen aus der Marinade heben und abstreifen. Öl in Pfanne oder im Wok erhitzen. Garnelen allseitig knusprig braun, innen noch glasig braten. Aus der Pfanne heben, warm stellen.
2. Ananassaft und Marinade in der Pfanne aufkochen, Ingwer, Chilischote und Garnelen hinzufügen. Unter Rühren erhitzen, mit Koriandergrün bestreuen.

Scampi

Scampi sind auch unter dem Namen Kaisergranat oder Langostino bekannt und werden oft mit Garnelen verwechselt. Sie verfügen über einen Schwanz und zwei Scheren, die nicht verwertet werden. Scampi haben von allen Krustentieren das sensibelste Fleisch, das bei hoher Hitzeeinwirkung zerfällt und flockig wird.

Scampi »Royale«

ZUTATEN
FÜR 4–6 PORTIONEN

Butter und Mehl zum Ausstreichen und Ausstäuben der Formen
400 g Scampi, geschält, entdarmt
0,2 l Schlagsahne
5 Eier
4 EL Parmesan, gerieben
Muskatnuss, gerieben
Salz
Pfeffer, weiß, gemahlen

VORBEREITUNG

1. Hitzebeständige Portionsformen mit flüssiger Butter ausstreichen und mit Mehl ausstäuben.
2. Scampi halbieren.

SO WIRD'S GEMACHT

1. Sahne und Eier verquirlen, Parmesan einrühren, würzen, die Scampi untermengen.
2. Masse in die Formen füllen, ins auf 70 °C temperierte Wasserbad stellen, im auf 180 °C vorgeheizten Backofen 15 Minuten backen.

ANRICHTEN

Auf Teller stürzen und mit Tomatenmayonnaise oder Tomatensugo servieren.

Hummer und Langusten

Hummer gelten als die »Könige der Meere«. Luxus pur, wenn man bedenkt, dass von einem Kilo rohem Hummer im gekochten Zustand nur etwa 250 g Gaumenfreude übrig bleiben. Im Gegensatz zu Hummern, Krebsen oder Scampi verfügen Langusten über keine Scheren.

Darauf kommt's an

- Kaufen Sie nur lebende Hummer oder Langusten und bereiten Sie diese möglichst rasch zu.
- Frische erkennen Sie, indem Sie die Tiere in der Körpermitte haltend aufheben. Spreizen sich Schwanz und Scheren kräftig nach oben oder zur Seite, sind die Tiere frisch.
- Europäische Hummer sind von erlesener Qualität. Sie verfügen über einen festen türkisblau-schwarzen Panzer. Hummer von der Ostküste der USA und Kanadas erkennt man am hellen, dünnen Panzer. Sie sind kostengünstig und von guter Qualität.
- Das ideale Hummergewicht bewegt sich zwischen 450 und 600 g.
- Ein Hummer von 500 g benötigt eine Gardauer von 10–12 Minuten.
- Spitzenköche garen Hummer nur ca. 2–5 Minuten, drehen die Scheren ab und garen nochmals 1–2 Minuten. Der ausgelöste Hummer wird anschließend in flüssiger Butter erhitzt.

So zerteilen Sie einen gekochten Hummer

1. Brustpanzer mit einer Hand fixieren, mit der anderen Hand die Scheren mit drehender Bewegung beim ersten Gelenk abtrennen.

2. Hummerschwanz mit drehender Bewegung vom Körper trennen.

3. Panzer auf der Unterseite mit einer Küchenschere an beiden Seiten aufschneiden.

4. Das Hummerfleisch lässt sich leicht aus dem Panzer heben, wenn das Unterteil des Panzers entfernt ist.

Alternative Methode: Hummer der Länge nach zerteilen

1. Hummer mit einer Hand fixieren und der Länge nach mit einem robusten Messer durchschneiden, Beine ablösen und Darm zum Schwanzende hin vorsichtig abziehen.

2. Körper von den Innereien befreien und anschließend kalt waschen.

Auslösen von Scheren und Bizeps

1. Die kleine untere Scherenzange und das Knorpelblatt abziehen.

2. Scheren mit dem Messerrücken aufklopfen, aufbrechen, das Scherenfleisch herauslösen.

Muscheln

Muscheln sind trotz harter Schale Weichtiere. Kulinarisch sind im Besonderen Mies-, Venus- und die teuren, aber grandios schmeckenden Jakobsmuscheln von Bedeutung.

Darauf kommt's an

- Muscheln und Austern, deren Schalen vor der Zubereitung bereits geöffnet sind, sind nicht genussfähig und dürfen nicht verwendet werden.
- Während Miesmuscheln in erster Linie gedämpft genossen werden, ist für Jakobsmuschelfleisch zartes Braten die ideale Zubereitungsart.
- Jakobsmuscheln gelten als Juwel unter den Muscheln und firmieren unter den Namen Coquille St. Jacques, Capesante oder Scallop. Sie werden in der Regel roh, ausgelöst und meist mit Rogensack (Corail) angeboten.

Muscheln reinigen

1. Muscheln mit kaltem Wasser waschen, Sand und Kalkreste abbürsten. Unter fließendem Wasser nachspülen.

2. Haftfäden (Bart) abziehen, Reste mit einem kleinem Messer abschaben.

Miesmuscheln dämpfen (Grundrezept)

ZUTATEN
FÜR 4–6 PORTIONEN

5 EL Olivenöl
100 g Schalotten oder Zwiebeln, klein geschnitten
4 Knoblauchzehen, gehackt
2 kg Miesmuscheln, gesäubert
⅛ l Weißwein, trocken
⅛ l Wasser
Salz
Pfeffer, gemahlen

SO WIRD'S GEMACHT

1. Öl in einem tiefen Topf erhitzen, Schalotten (Zwiebeln) anschwitzen, Knoblauch hinzufügen, mitrösten.

2. Muscheln hinzufügen, kurz rösten, mit Weißwein und Wasser ablöschen, mäßig salzen.

3. Muscheln zugedeckt unter oftmaligem Rütteln ca. 3 Minuten dämpfen bis sie sich öffnen.

4. Sud mit Salz und Pfeffer abschmecken.

ANRICHTEN

Muscheln mit Sud auftragen und mit Baguette oder Ciabattabrot servieren.

Miesmuscheln in Lauch-Weißwein-Sauce

ZUTATEN

2 kg Miesmuscheln, gesäubert
150 g Lauch (nur das Weiße)
50 g Butter
4 EL Weißwein, trocken
0,2 l Muschelsud
⅛ l Schlagsahne
40 g Butter zum Montieren
Salz
Pfeffer, weiß, gemahlen

SO WIRD'S GEMACHT

1. Muscheln dämpfen (siehe Grundrezept oben), Sud durchsieben, Muscheln auslösen.
2. Lauch halbieren, waschen, in Streifen schneiden.
3. Butter in einer flachen Kasserolle schmelzen und Lauch andünsten, mit Weißwein und Muschelsud ablöschen, einige Minuten kochen. Sahne zugießen und kochen, bis die Sauce die gewünschte Konsistenz erhält.
4. Kalte Butterstücke einrühren, würzen, Muschelfleisch in der Sauce erwärmen.

Gebratene Jakobsmuscheln

ZUTATEN

600 g Jakobsmuschelfleisch
Salz
Pfeffer, gemahlen
3 EL Öl oder Butterschmalz
30 g Butter

SO WIRD'S GEMACHT

1. Muschelfleisch mit Küchenkrepp abtupfen und im letzten Moment beidseitig würzen.
2. Öl (Butterschmalz) in einer Teflonpfanne erhitzen, Jakobsmuscheln einlegen, kurz anbraten, wenden, ca. 3 Minuten braten, Hitze reduzieren, Muscheln aus der Pfanne heben. Butter aufschäumen, Muscheln darin wenden. Das Muschelfleisch soll innen glasig erscheinen.

VARIATIONEN

Kombinieren Sie gebratene Jakobsmuscheln mit Kerbel, gerösteten Pinienkernen oder Tomatenwürfeln oder gratinieren Sie sie mit geriebenem Weißbrot bestreut und mit Butterflocken belegt auf Blattspinat.

TIPPS

- Das Muschelfleisch muss weiß, kompakt, der anhängende orangerote Rogensack (Corail) prall erscheinen.
- Werden Jakobsmuscheln zu kalt gebraten, sondern sie Flüssigkeit ab, schrumpfen und werden zäh.

Tintenfische

Tintenfische sind Weichtiere; zu ihnen zählen Sepia, Kalmar und Oktopus, die sich durch Größe, Körperform und die Anzahl der Fangarme (Tentakel) unterscheiden. Alle verfügen über ein Tintensäckchen, dessen schwarzer Inhalt als köstliche Beigabe zur Nudel-, Risotto- oder Saucenerzeugung dient und sehr vorsichtig entfernt werden muss. In gut sortierten Feinkostgeschäften kann man Sepia-Tinte in kleine Säckchen abgefüllt erwerben. Tintenfische eignen sich hervorragend für Meeresfrüchtesalat, Risotti und Nudelgerichte, aber auch zum Dünsten, Frittieren, Grillen und Füllen.

Sepia (Gemeiner Tintenfisch): Verfügen über 8 kurze Mund- und 2 lange Tentakel, einen ovalen Rumpf mit schmalem Flossensaum und sind 20–40 cm groß. Zwerg-Sepia heißen »Seppiolini«; sie sind etwa 5 cm lang und eignen sich vorzüglich für Meeresfrüchtesalat, Pasta oder Risotti. Rumpf und Fangarme werden ungeschnitten zubereitet, ihre Gardauer beträgt ca. 6 Minuten.

Kalmar (Calamaro): Lang gestreckter Rumpf mit rhombenförmiger, beidseitiger Flosse, 8 Mund- und 2 langen Fangarmen; der Rumpf vom frischen Kalmar eignet sich besonders zum Füllen sowie im Ganzen zum Braten oder zum Grillen.

Krake (Oktopus oder Pulpo): Gedrungener Körper, die mengenmäßig dominierenden Fangarme können bei älteren Exemplaren sehr zäh sein. Geschnittene Fangarme eignen sich besonders gut für Meeresfrüchtesalat.

Tintenfische vorbereiten

1. Arme unter den Augen vom Kopf abschneiden.

2. Wenn die Tinte verwendet wird, sackförmigen Rumpf vorsichtig mit Längsschnitt öffnen, durchsichtiges Fischbein herausziehen.

3. Eingeweide entfernen, Tintenbeutel lösen, Tinte mit dem Daumen in ein Gefäß pressen.

4. Kauwerkzeuge aus den Fangarmen herausdrücken und entfernen.

5. Die dünne Haut abziehen, alle verwertbaren Teile mit kaltem Wasser waschen.

Tintenfische kochen

Tintenfische in reichlich Salzwasser mit Pfefferkörnern und Lorbeerblatt kochen. Die Zubereitungsdauer hängt von der Gattung und der Größe ab. Kleine Exemplare benötigen ca. 6 Minuten, große Oktopusarme etwa 90 Minuten.
Große Oktopustentakel sind sehr zäh und sollten vor dem Kochen mit einem Plattiereisen oder Fleischklopfer gemürbt werden.

Gebratener Kalmar

ZUTATEN

800 g Kalmartuben, geputzt
Salz
Pfeffer, gemahlen
1 Knoblauchzehe, gepresst
2 EL Olivenöl zum Braten
40 g Butter
Spritzer Zitronensaft
½ KL Thymian, frisch, gezupft
1 KL Petersilie, gehackt

SO WIRD'S GEMACHT

1. Kalmartuben mit Salz, Pfeffer und Knoblauch würzen.
2. Olivenöl in einer flachen Pfanne erhitzen. Kalmartuben nebeneinander einlegen und auf beiden Seiten braten.
3. Butter hinzufügen, aufschäumen, Zitronensaft, Thymian und Petersilie hinzufügen, schwenken.

Bratdauer: ca. 30 Sekunden auf beiden Seiten

Fleisch

Um Fleisch richtig zuzubereiten, ist es entscheidend, über die wesentlichen Qualitätsmerkmale Bescheid zu wissen. So sollten Kalb- und Schweinefleisch möglichst frisch verarbeitet werden, während Rindfleisch erst bei optimaler Reifung seine Topqualität erreicht. Generell weist Qualitätsfleisch eine zarte Marmorierung auf; die feinen Fettäderchen schmelzen beim Garen und garantieren saftiges Fleisch. Junge Tiere mit kompakter, weißer Fettbehaftung sind zarter und feiner im Geschmack und deshalb grundsätzlich zu bevorzugen.

Pfannengerichte

Darauf kommt's an

- Zum Pfannenbraten eignen sich nur zarte Teilstücke mit kurzer Fleischfaser wie Keulenteile, Filet, Roastbeef, Koteletts und ausgelöste Geflügelbrüste.
- Portionieren Sie Fleisch möglichst selbst, wählen Sie den geeigneten Teil und schneiden Sie gegen die Faser.
- Verwenden Sie hitzebeständige Öle oder Butterschmalz.
- Salzen Sie Fleisch erst im letzten Moment vor der Zubereitung.
- Für Gerichte, bei denen Saucengewinnung gewünscht ist, wählen Sie schwere Pfannen ohne Beschichtung.
- Für Gerichte ohne Sauce eignen sich beschichtete Pfannen.
- Erhitzen Sie das Fett ausreichend, bevor Sie das Fleisch einlegen.
- Legen Sie Fleisch stets vom Körper weg in die Pfanne, damit mindern Sie die Verbrennungsgefahr.
- Braten Sie Fleisch rasant an, wenden Sie es nur einmal und im richtigen Moment, reduzieren Sie danach die Hitze.
- Beachten Sie die exakte Gardauer.
- Beim Fertigbraten gilt die Regel: je dicker das Fleischstück, desto geringer die Hitze; lassen Sie das Fleisch abschließend mit Alufolie bedeckt einige Minuten warm ruhen.
- Erläuterungen zu den wichtigsten Fleischteilen zum Pfannenbraten finden Sie auf den Seiten 52/53.

Kalbfleisch für Schnitzel vorbereiten

Parieren einer Kalbschale:
Haut und Sehnen abtrennen; sie können zusammen mit Fleischabschnitten für Fonds oder Saucen verarbeitet werden.

Schnitzel schneiden
Mit dem Fleischmesser gegen die Faser schneiden. Eine Portion sollte ca. 150 g wiegen.

Schnitzel mit Faltschnitt schneiden
Schmale Fleischteile schneiden Sie mit Faltschnitt: Mit dem ersten Schnitt Fleisch nicht ganz durchtrennen, beim zweiten, danebenzusetzenden Schnitt durchschneiden; so entstehen zwei zusammenhängende Fleischscheiben.

Fleisch plattieren (klopfen)
Schnitzel zwischen zwei Lagen Frischhaltefolie legen, mit angefeuchtetem Plattiereisen zart klopfen.

Alternativ plattieren Sie mit einem Fleischklopfer.

Ränder einschneiden
Damit sich Fleisch beim Garen nicht wölbt, schneiden Sie die Ränder zart ein.

Schnitzel nature (Grundrezept)

ZUTATEN

600 g Kalbs- oder Schweine-
schale, pariert
Salz
Mehl zum Wenden
3 EL Öl oder Butterschmalz

FÜR DIE SAUCE

⅛ l Rinderbrühe, mild,
oder Kalbsfond, dunkel
20–30 g Butter zum Montieren

VORBEREITUNG

1. 4 Schnitzel zu je 150 g schneiden.
2. Schnitzel ca. 4 mm dünn plattieren, an den Rändern leicht einschneiden.

SO WIRD'S GEMACHT

1. Schnitzel beidseitig salzen, mit der plattierten Seite in Mehl wenden, abschütteln, leicht anpressen.

2. Fett in einer Pfanne erhitzen, Schnitzel mit bemehlter Seite nach unten einlegen.

VARIATIONEN FÜR DIE SAUCE

- ca. 2 EL Marsala (Dessertwein)
- Zitronensaft, Salbeiblätter und Zitronenfilets
- gehackter Estragon und gezupfte Kerbelblätter
- Für eine Rahmsauce verrühren Sie 2 EL saure Sahne mit 1 KL Mehl; rühren Sie diese Mischung glatt in die kochende Sauce und vollenden Sie sie mit 2–3 EL Sahne sowie etwas Zitronensaft. Die Rahmsauce können Sie nach Belieben mit Pilzen, Kapern und Kräutern abwandeln.

3. Rasant anbraten, schwenken und wenden. Auf der zweiten Seite braten, aus der Pfanne heben, mit Alufolie bedeckt ca. 3–4 Minuten warm stellen.

4. Fett aus der Pfanne gießen, Brühe (Fond) zugießen, reduzierend kochen bis sich der Bratensatz löst.

5. Schnitzel mit der zuerst gebratenen Seite in die Sauce legen. Nicht aufkochen, mehrmals wenden, damit sich die Sauce aromatisiert.

6. Schnitzel anrichten. Sauce aufkochen, kalte Butterstücke einrühren. Sauce durchsieben.

Schweinekotelett mit Kümmel und Knoblauch

ZUTATEN

4 Koteletts zu je ca. 200 g
Salz
Mehl zum Wenden
3 EL Öl oder Butterschmalz

FÜR DIE SAUCE

2 Knoblauchzehen, gepresst
⅛ l Rinderbrühe, mild,
    oder Kalbsfond, dunkel
½ KL Kümmel
20–30 g Butter zum Montieren

SO WIRD'S GEMACHT

1. Bereiten Sie die Koteletts wie im Grundrezept »Schnitzel nature« beschrieben bis einschließlich Schritt 3 zu (siehe Seite 217).
2. Lassen Sie im Bratenrückstand die Knoblauchzehen anlaufen.
3. Erzeugen Sie Sauce, fügen Sie den Kümmel hinzu und rühren Sie die kalte Butter ein.

Gebratene Lammkoteletts mit mediterranen Kräutern

ZUTATEN

1 kg Lammkotelettstücke, pariert
Salz
Pfeffer
Thymian
Rosmarin, gehackt
Estragon
4 Knoblauchzehen, gepresst
Mehl
3 EL Öl oder Butterschmalz

FÜR DIE SAUCE

⅛ l Rinderbrühe, mild,
    oder Kalbsfond, dunkel
20–30 g Butter zum Montieren

VORBEREITUNG

Schneiden Sie 12 Lammkoteletts. Entfernen Sie das Fett nicht gänzlich, schneiden Sie die Ränder zart ein.

SO WIRD'S GEMACHT

1. Würzen Sie beidseitig mit Salz, Pfeffer, Thymian, Rosmarin, Estragon und Knoblauch.
2. Braten Sie die Koteletts und erzeugen Sie Sauce wie im Grundrezept »Schnitzel nature« beschrieben (siehe Seite 217); die Koteletts sollen innen zartrosa sein.

Rostbraten

ZUTATEN

700–800 g hohes Roastbeef
Salz
Pfeffer, schwarz, gemahlen
Mehl zum Bestäuben
3 EL Öl zum Braten

FÜR DIE SAUCE

0,2 l Rinderbrühe, mild,
    oder Fond, dunkel
20 g Butter zum Montieren

VORBEREITUNG

1. Fleisch in 4 Scheiben schneiden.
2. Ca. 5 mm dünn plattieren und Ränder einschneiden.

SO WIRD'S GEMACHT

1. Rostbraten beidseitig mit Salz und Pfeffer würzen, eine Seite mit Mehl gleichmäßig bestäuben, abschütteln, leicht anpressen.
2. Öl in flacher Pfanne erhitzen, Rostbraten mit der bemehlten Seite nach unten einlegen.
3. Rasant braun anbraten, dann wenden.
4. Kurz auf der zweiten Seite braten, aus der Pfanne heben, mit Alufolie bedecken, ca. 3–4 Minuten warm stellen.
5. Sauce wie im Grundrezept »Schnitzel nature« (siehe Seite 217) beschrieben gewinnen.

TIPP

Traditionell wird diese österreichische Spezialität aus dem saftig durchwachsenen hohen Roastbeef geschnitten. Heute wird jedoch vielfach das fettärmere flache Roastbeef bevorzugt.

Zwiebelrostbraten

ZUTATEN

Siehe »Rostbraten«

FÜR DIE RÖSTZWIEBELN

400 g Zwiebeln, geschält
Mehl zum Bestäuben
reichlich Öl zum Frittieren

VORBEREITUNG

Bereiten Sie nach obigem Rezept einen Rostbraten zu.

SO WIRD'S GEMACHT

1. Zwiebeln in feine Ringe schneiden (am besten mit der Schneidemaschine), in Mehl wenden, abschütteln.
2. Reichlich Öl in einer tiefen Pfanne erhitzen. Zwiebelringe unter ständigem Rühren mit einer Fleischgabel lichtbraun ausbacken. Beachten Sie, dass Zwiebeln noch nachbräunen, nachdem sie aus dem Öl genommen wurden.
3. Zwiebeln aus dem Öl heben, abtropfen lassen.
4. Auf Küchenkrepp locker verteilen, anschließend über den angerichteten Rostbraten geben.

Rostbratenvariationen

Gedünstete Streifen von Paprikaschoten und Zwiebeln

Reichlich gebratene Knoblauchscheiben und Petersilie

Pilzrahmsauce

Kernig gekochte, in Butter geschwenkte Streifen von Wurzelgemüse und Zwiebeln mit saurer Sahne

Schnitzel vom Reh und Hirsch

ZUTATEN

4 Schnitzel zu je 150 g vom Reh oder Hirsch (Keulenteile oder ausgelöster Rücken)
Salz
Pfeffer, gemahlen
Mehl zum Bestäuben
3 EL Öl oder Butterschmalz

FÜR DIE SAUCE

2 EL Rotwein
1/8 l Wildfond oder Rinderbrühe, mild
½ TL Orangenschale, abgerieben
1 KL Preiselbeerkompott
3 Wacholderbeeren, gestoßen
20 g Butter

SO WIRD'S GEMACHT

1. Bereiten Sie die Schnitzel wie im Grundrezept »Schnitzel nature« beschrieben bis einschließlich Punkt 3 zu (siehe Seite 217).
2. Bratfett aus der Pfanne gießen und mit Rotwein ablöschen. Fond (Brühe) zugießen, Orangenschale, Preiselbeerkompott, Wacholderbeeren hinzufügen und reduzierend kochen, bis sich der Bratensatz löst.
3. Sauce aufkochen, kalte Butterstücke einrühren, durch ein feines Sieb über das Fleisch gießen.

ANRICHTEN

Servieren Sie klassische Beilagen wie Kartoffelkroketten, Butternudeln, Rotkohl, gehackte Kastanien, geschälte und entkernte, in Butter glacierte Trauben, Preisel- oder Moosbeeren.

VARIATIONEN FÜR DIE SAUCE

- etwas Gin oder Portwein hinzufügen
- gehackten Waldmeister, Kerbel oder Estragon einrühren
- Rahmsauce, wie im Grundrezept »Schnitzel nature« beschrieben

Gefüllte Schnitzel

ZUTATEN

Siehe Grundrezept »Schnitzel nature« (Seite 217)
Füllung nach Wahl (siehe Seite 224)

SO WIRD'S GEMACHT

1. Plattieren und würzen Sie die Schnitzel.
2. Belegen Sie die Schnitzel mit Füllung und formen Sie sie zu einer Roulade oder Tasche.
3. Verschließen Sie die gefüllten Schnitzel mit Zahnstochern oder Rouladen-Nadeln.
4. Braten Sie die Schnitzel wie im Grundrezept »Schnitzel nature« beschrieben.
5. Es empfiehlt sich, gefüllte Schnitzel nach dem Anbraten noch einige Minuten bei 180 °C im Ofen fertig zu braten.

Die besten Füllungen für Schnitzel
(Mengenangabe jeweils für 1 Schnitzel)

1 Bärlauch- oder 1 blanchiertes Mangoldblatt, 40 g Hühnerfarce,
1 EL geröstete Pilze, 1 EL geröstete Speckwürfel

Je 2 Scheiben Schinken und Butterkäse sowie 4 EL gewürzter Blattspinat

2 Scheiben angebratener Frühstücksspeck und 2 halbierte, entkernte getrocknete Pflaumen

Je 1 Scheibe Rohschinken und Mozzarella, 2 Basilikumblätter zum Belegen; ½ EL Marsala für die Sauce

Geschnetzeltes

ZUTATEN

600 g Filet, pariert
100 g Champignons
 oder Steinpilze
Salz
Mehl zum Bestäuben
3–4 EL Öl oder Butterschmalz
 zum Braten
30 g Butter
½ Zwiebel, fein geschnitten
⅛ l Kalbsfond, dunkel,
 oder Brühe, mild
⅛ l Schlagsahne
etwas Zitronensaft
1 EL Petersilie, gehackt

SO WIRD'S GEMACHT

1. Filet gegen die Faser ca. 3–4 mm gleichmäßig dickblättrig schneiden. Pilze putzen, feinblättrig schneiden.
2. Filetscheiben flach auflegen, würzen, mit Mehl bestäuben. Fett erhitzen, Fleisch flach einlegen.
3. Fleisch zügig anbraten, nicht rühren, wenden, nicht durchbraten. Aus der Pfanne heben, warm stellen.
4. Öl abgießen, Butter im Bratenrückstand schmelzen, Zwiebeln darin anschwitzen, Pilze hinzufügen, mitrösten.
5. Mit Fond (Brühe) aufgießen. Reduzierend einkochen, Sahne beifügen, weiter reduzieren, Zitronensaft dazugeben. Fleisch in die Sauce legen, mit Petersilie bestreuen.

TIPPS

- Erhitzen Sie das Fett zum Anrösten des Fleisches höher als es für Schnitzel notwendig wäre.
- Legen Sie nicht mehr als 2 Portionen auf einmal und gleichmäßig verteilt in die Pfanne.
- Rösten Sie in 2 Etappen oder mit 2 Pfannen.
- Braten Sie das Fleisch nicht durch, es wird sonst trocken und sperrig.

Geflügelbruststreifen mit Wok-Gemüse

ZUTATEN

600 g Hühner- oder Putenbrust, ausgelöst, ohne Haut
100 g Shiitake-Pilze oder Champignons
½ Paprikaschote, grün
½ Paprikaschote, rot
2 Jungzwiebeln
3 EL Öl (Erdnuss- oder Pflanzenöl)
Salz
Pfeffer, gemahlen
80 g Sojasprossen
2 Knoblauchzehen, geschält, in Scheibchen geschnitten
10 g Ingwerwurzel, geschält, fein gerieben
3–4 EL Rinderbrühe oder Reiswein (Mirin)
1 TL Sojasauce
1 Chilischote, fein gehackt
1 KL Stärkemehl
2 EL Koriander, gezupft

TIPPS

- Damit der Wok seine Eigenschaften voll entfalten kann, ist eine schnelle Hitzeentwicklung notwendig.
- Beträufeln Sie das Wok-Gericht mit etwas zimmertemperiertem Sesamöl.

VARIATIONEN

- Verwenden Sie statt Geflügelbrust Rinder-, Kalbs- und Schweinefiletstreifen oder rohe, ausgelöste Riesengarnelen.
- Variieren Sie das Gemüse mit Broccoliröschen, Erbsenschoten, Maiskölbchen, grünem Spargel, Austernpilzen oder Pak-Choi.

VORBEREITUNG

1. Brustfleisch in ca. 7 mm dicke gleichmäßige Streifen schneiden.
2. Pilze putzen, blättrig schneiden. Paprikaschoten entkernen, in feine Streifen schneiden.
3. Jungzwiebelgrün in 2 cm breite Ringe schneiden, das Weiße fein hacken.

SO WIRD'S GEMACHT

1. Öl stark erhitzen, Fleisch salzen, pfeffern, unter ständigem Rühren rasant anbraten, nicht durchbraten. Aus dem Wok heben, warm stellen.

2. Im verbleibenden Öl weiße Jungzwiebeln, Pilze, Paprikaschoten und Sojasprossen unter Rühren knackig rösten.

3. Knoblauch und Ingwer beifügen, kurz rösten.

4. Mit Suppe (Reiswein) aufgießen, mit Sojasauce und Chili würzen, aufkochen, das Jungzwiebelgrün hinzufügen.

5. Stärkemehl mit wenig kaltem Wasser verrühren, das Gemüse damit unter Rühren glasig binden.

6. Geflügelstreifen unterrühren, erhitzen, mit Korianderblättern bestreuen.

Steaks (Rindersteaks)

Darauf kommt's an

- Wählen Sie gut gereiftes Steakfleisch mit braunrotem Farbton und zarter Marmorierung.
- Parieren Sie das Filet gründlich, schneiden Sie die Silberhaut ab. Bei Roastbeefsteaks belassen Sie die Fettränder. Falls gewünscht, schneiden Sie das Fett vor dem Servieren ab.
- Schneiden Sie Filetsteaks mindestens 2 cm dick, Roastbeefsteaks schneiden Sie etwas dünner.
- Drücken Sie das Fleisch bei Bedarf leicht mit dem Handballen auseinander.
- Salzen Sie immer im letzten Moment.
- Verwenden Sie schwere Pfannen aus Edelstahl, Gusseisen oder eine Grillpfanne mit Rillen.
- Braten Sie beidseitig mit hoher Anfangstemperatur an und reduzieren dann die Hitze; eventuell bei 170 °C im Ofen fertigbraten.
- Lassen Sie Steaks abschließend einige Minuten warm ruhen.
- Wenn Sie kein Bratenthermometer verwenden, können Sie die gewünschte Garstufe mit Daumendruck ertasten.
- Erläuterungen zu den verschiedenen Fleischteilen für Steaks finden Sie auf den Seiten 52/53.

Die 5 Garstufen für ein Steak von 200 g

- **Rare** oder **blau**
  Fleisch wird rasant angebraten, hat eine dünne braune Kruste, ist innen noch roh und kaum warm. Steak fühlt sich auf Druck schwammig an. Bratdauer pro Seite: ca. 1½ Minuten.
- **Englisch** oder **medium rare**
  Steak ist innen rosa, im Kern noch leicht blutig und hat eine braune Kruste. Steak fühlt sich auf Druck gummiartig an. Bratdauer pro Seite: ca. 2½ Minuten.
- **Halb englisch** (halb durch) oder **medium**
  Dies ist die bevorzugte Garungsstufe: Steak weist innen einen leicht rosa Kern und außen eine kräftig braune Kruste auf. Steak fühlt sich elastisch an, mit deutlichem Widerstand. Bratdauer pro Seite: ca. 3–3½ Minuten.
- **Auf den Punkt gebraten** oder **à point**
  Fleisch ist saftig, fast durchgebraten, mit einem leicht zartrosa Kern. Bratdauer pro Seite: ca. 4 Minuten.
- **Durchgebraten** oder **well done**
  Nach dem beidseitigen Anbraten wird das Steak langsam gleichmäßig durchgebraten (am besten im Backofen bei ca. 150 °C). Bratdauer pro Seite: ca. 4½–5 Minuten.

Filetsteak (Grundrezept)

ZUTATEN

ca. 800 g Rinderfilet, Mittelstück
Salz
Pfeffer, schwarz, gemahlen oder geschrotet
4 EL Öl

VORBEREITUNG

1. Dünne Haut abziehen.

2. Die Silberhaut dünn abschneiden.

3. Seitliche Kette und Fett abtrennen.

4. Filet in 4 Teile à 180 g schneiden.

SO WIRD'S GEMACHT

1. Steaks im letzten Moment beidseitig würzen.

2. Öl erhitzen, Steaks in die Pfanne legen, rasant anbraten.

3. Wenn Fleischsaft an der Oberfläche austritt, wenden.

4. Hitze reduzieren, Steaks auf den gewünschten Garungsgrad braten, einige Minuten warm ruhen lassen.

Pfeffersteak

ZUTATEN

Siehe Grundrezept »Filetsteak«
(siehe Seite 229)

FÜR DIE PFEFFERSAUCE

2 cl Weinbrand oder Cognac
⅛ l Rinderbrühe
   oder Fond, dunkel
¹⁄₁₆ l Schlagsahne
2 El Schlagsahne,
   halb geschlagen
2 EL Pfeffer, grün

VORBEREITUNG

Braten Sie die Steaks nach dem Grundrezept »Filetsteak«. Während das Fleisch ruht, bereiten Sie die Sauce zu.

SO WIRD'S GEMACHT

1. Überschüssiges Fett aus der Pfanne gießen, Bratenrückstand mit Weinbrand (Cognac) ablöschen.

2. Mit Rinderbrühe (dunklem Fond) aufgießen, aufkochen.

3. Flüssige Schlagsahne beifügen.

4. Sauce reduzierend zu molliger Konsistenz einkochen, halbgeschlagene Sahne und grünen Pfeffer einrühren.

Überbackene Steaks mit Mozzarella-Kruste

Vermischen Sie 150 g fein gewürfelten Mozzarella, 40 g fein geschnittene Trockentomaten und 1 EL geröstete Pinienkerne mit gehacktem Rosmarin, Thymian, Salz und gemahlenem Pfeffer.
Häufen Sie die Mischung auf nach dem Grundrezept (Seite 229) gebratene Steaks, streuen Sie etwas geriebenes Weißbrot oder Paniermehl darüber und überbacken Sie die Steaks bei extremer Oberhitze im Backofen, bis der Käse geschmolzen ist und sich eine braune Kruste gebildet hat.

Schweinemedaillons mit Tomatenwürfeln und Basilikum

ZUTATEN

600–800 g Schweinefilet, Mittelstück, pariert
2 Tomaten, geschält, entkernt
Salz
Pfeffer, schwarz, gemahlen
4 EL Öl
20 g Butter
2 EL Weißwein oder Wermut
2 EL Basilikumstreifen

VORBEREITUNG

1. Filet gegen den Faserlauf in 12 Medaillons schneiden, leicht flach drücken.
2. Tomaten in Würfel schneiden.

SO WIRD'S GEMACHT

1. Medaillons im letzten Moment beidseitig würzen.
2. Öl in Pfanne erhitzen, Medaillons einlegen, rasant anbraten, wenden, weiterbraten. Hitze reduzieren, zartrosa braten, warm ruhen lassen.
3. Butter in einer kleinen Pfanne erhitzen, Tomatenwürfel hinzufügen, würzen, schwenkend erhitzen. Mit Weißwein (Wermut) ablöschen, aufkochen, mit Basilikum vollenden.
4. Tomatenwürfel auf die Medaillons häufen.

ANRICHTEN

Servieren Sie als Beilage gebratene Polentascheiben.

Rehrückenmedaillons mit Gin und Karamelläpfeln

ZUTATEN

600–800 g Rehrückenfilet, pariert
2 Äpfel
etwas Zitronensaft
Salz
Pfeffer, schwarz, gemahlen
Wacholderbeeren, fein geschrotet
3 EL Öl
2 cl Gin
⅛ l Sahne
etwas Wildfond, dunkel, oder Brühe, mild
20 g Butter
1 EL Kristallzucker

VORBEREITUNG

1. Filet gegen den Faserlauf in 12 Medaillons schneiden, leicht flach drücken.
2. Äpfel schälen, entkernen, in Spalten schneiden, mit Zitronensaft marinieren.

SO WIRD'S GEMACHT

1. Medaillons im letzten Moment beidseitig mit Salz, Pfeffer und Wacholder würzen.
2. Öl in einer Pfanne erhitzen, Medaillons in die Pfanne legen, rasant anbraten, wenden, an der zweiten Seite bräunend braten.
3. Hitze reduzieren, Medaillons zartrosa braten, aus der Pfanne heben, einige Minuten warm ruhen lassen.
4. Fett aus der Pfanne abgießen, diese erhitzen, Gin einfließen lassen, mit Sahne und Fond (Brühe) ablöschen, reduzierend kochen bis eine sämige Sauce entsteht, durchsieben.
5. In der Zwischenzeit Butter in einer Pfanne erhitzen, die Apfelspalten einschichten, mit Kristallzucker bestreuen, beidseitig karamellisierend braten.
6. Medaillons anrichten, mit Sauce begießen, Apfelstücke dazugeben.

ANRICHTEN

Als Beilage hamonieren Rosenkohl, Spritzkartoffeln und Moos- oder Preiselbeeren.

Grillen im Freien

Fleischstücke über der Glut in freier Natur zu garen, ist die ursprünglichste und einfachste Art des Bratens. Bevorzugen Sie einen Holzkohlengrill mit Haube. Gas-Lavastein-Grillgeräte sind eine bedienungsfreundliche Variante.

Darauf kommt's an

- Um Holzkohlenfeuer zu entfachen, schichten Sie zunächst Holzspäne und darüber Holzkohle locker auf.
- Entfachen Sie das Feuer ungefähr 30 Minuten vor dem Grillen.
- Die Glut ist ideal, wenn sie mit weißer Asche bedeckt ist.
- Schaffen Sie zwei Hitzezonen. Eine heißere zum scharf Angrillen und eine zweite mit weniger Glut zum dosierten Grillen und Ruhen.
- Bevor Sie den Grill erhitzen, streichen Sie den Rost mit wenig Öl ein.
- Kleine Fleisch- oder Gemüsestücke stecken Sie auf Metallspieße.
- Schneiden Sie allzu ergiebige Fettränder von den Fleischstücken ab.
- Versehen Sie Fleisch- und Fischstücke nur mit einem zarten Ölfilm, denn tropfendes Fett entfacht Feuer und Rauch.
- Um das Fleisch zu aromatisieren und es mürb und saftig werden zu lassen, verwenden Sie Marinaden.

Das ideale Fleisch zum Grillen

Verwenden Sie zarte Teilstücke mit kurzer Fleischfaser oder Hackfleisch und Würste:
- für Steaks: Rinderfilet, flaches Roastbeef
- für Rib-eye-Steaks: hohes Roastbeef
- für Medaillons oder Koteletts: Schweine- oder Lammkotelettstücke
- Geflügelbrüste oder Keulen
- Kalbsleberfilet oder Kalbsnierenscheiben
- Bereiten Sie Hackfleisch nach dem Grundrezept (siehe Seite 296) zu, formen Sie es zu Bratlingen.
- Der Grill-Klassiker Cevapcici bereichert das Sortiment ebenso wie Rostbratwürste und andere bratfähige Würste.
- Orientieren Sie sich an der Zubereitung von pfannengebratenen Steaks, Koteletts, Fischen und Krustentieren in den jeweiligen Kapiteln.

Das richtige Gemüse zum Grillen

Geeignet sind:
- Auberginen- oder Zucchinischeiben, Tomaten im Ganzen, Maiskolben und Paprikaschoten
- in Alufolie gewickelte Kartoffeln

Die besten Marinaden zum Grillen

Biermarinade für Schweinefleisch

ZUTATEN

¼ l Schwarzbier
4 EL Öl
1 EL Senf
1 EL Kümmel, ganz
1 Zwiebel
2 Lorbeerblätter
6 Wacholderbeeren, angepresst

SO WIRD'S GEMACHT

Alle Zutaten verrühren.

Asiatische Marinade für Barbarieentenbrust und Schweinefleisch

ZUTATEN

0,2 l Kokosmilch
50 g Zitronengras, grob geschnitten
1 MS Sambal Oelek
1 EL Koriander, gehackt
2 EL Zitronensaft
etwas Sesamöl

SO WIRD'S GEMACHT

Alle Zutaten verrühren.

Marinade für Steaks und Lammkoteletts

ZUTATEN

Saft und geriebene Schale einer halben Zitrone
1 EL Petersilie, gehackt
1 Zwiebel, in Scheiben geschnitten
2 Knoblauchzehen, geschnitten
Thymian
Rosmarin

NACH BEDARF

1 TL Pfefferkörner, geschrotet
Olivenöl

SO WIRD'S GEMACHT

Alle Zutaten verrühren.

Grillen unter der Haube

Durch die indirekte Hitzeeinwirkung bieten Kugelgrills mit Deckel eine raffinierte Methode, große Fleischstücke zuzubereiten, indem sie die Funktion eines Backofens übernehmen.

Darauf kommt's an

- Für diese Zubereitungsart sind besonders Haxen, Enten, Puten, Hühner, Spanferkelteile, Rücken (Kotelettstück) und Nacken (Kamm) geeignet.
- Auf den Boden des Grillgerätes stellen Sie eine Auffangtasse für Fett und Fleischsaft. Zur indirekten Hitzesteuerung platzieren Sie links und rechts neben die Tasse die Grillkohle in den Glutkörben.
- Die Hitze regulieren Sie über den Zulufthebel und die Abluftöffnungen am Deckel: Mit vermehrter Zuluft steigern Sie die Hitze.

Spanferkelrücken vom Grill

ZUTATEN
FÜR 6 PORTIONEN

⅛ l Öl
Pfeffer, schwarz, gemahlen
1 Zwiebel, in Ringe geschnitten
2 Knoblauchzehen, gepresst
1 KL Kümmel, ganz
ca. 2 kg Spanferkelrücken

ZUM BESTREICHEN

¼ l Bier, dunkel
Salz
3 EL Zucker, braun

VORBEREITUNG

1. Öl, Pfeffer, Zwiebelringe, Knoblauch und Kümmel zu einer Marinade verrühren.
2. Spanferkelrücken in Ölmarinade einlegen, mit Frischhaltefolie bedecken, 12 Stunden beizen.
3. Kugelgrill vorbereiten (siehe oben).

SO WIRD'S GEMACHT

1. Spanferkelrücken aus der Marinade heben, mit Küchenkrepp abtupfen.
2. Metallspieß durch das Rückgrat ziehen, damit sich der Rücken nicht wölbt.
3. Salzen, auf leicht geöltem Rost über die Glut legen, an beiden Seiten grillen.
4. Das Fleisch mit der Schwarte nach oben über der Alutasse platzieren, Grill zudecken, die Hitze auf 150 °C regulieren.
5. Spanferkel öfters mit Marinade bestreichen.
6. Nach ca. 1 Stunde die Zuluftklappe etwas öffnen, die Temperatur auf ca. 170 °C erhöhen.
7. Bier, Salz und Zucker verrühren, den Rücken damit alle 10 Minuten bestreichen.
8. 1½–2 Stunden grillen, bis die Kerntemperatur 80 °C beträgt, anschließend 10 Minuten warm ruhen lassen.

Pute vom Grill

ZUTATEN
FÜR 8 PORTIONEN

1/16 l Öl
1 KL Paprikapulver
einige Rosmarinzweige, gezupft
Pfeffer, weiß, gemahlen
1 Pute im Ganzen, ca. 5 kg
Salz

VORBEREITUNG

1. Öl, Paprikapulver, Rosmarin und Pfeffer zu einer Marinade verrühren.
2. Pute mit Marinade bestreichen, in Frischhaltefolie hüllen, im Kühlschrank ca. 4 Stunden beizen.
3. Kugelgrill vorbereiten (siehe Seite 237).

SO WIRD'S GEMACHT

1. Pute innen und außen salzen, mit Küchengarn binden (siehe Seite 268).
2. Auf den leicht geölten Rost über die Alutasse legen, den Deckel schließen.
3. Mit der Zuluftklappe die Temperatur auf 130–150 °C regulieren.
4. In Abständen von ca. 30 Minuten mit der Ölmarinade bestreichen, zugedeckt ca. 4 Stunden grillen.

VARIATION

Füllen Sie die Pute mit einer Masse von 6 Brötchen (siehe »Gefülltes Brathuhn«, Seite 271). Fügen Sie der Füllung 150 g geschälte Kastanien und zwei klein gewürfelte Äpfel bei.

ANRICHTEN

Wer sein Barbecue perfekt abrunden will, stelle eine Reihe von harmonisch zu Grillgerichten abgestimmten Beilagen zur Selbstbedienung bereit. Folienkartoffeln, Kennern unter der Bezeichnung »Idahoe sour baked potatoes« ein Begriff, Blatt- und Gemüsesalate, gegrillte Zucchini- oder Auberginenscheiben, Gemüsespießchen oder Ratatouille gelten als Standard. Wer etwas Besonderes bieten will, reiche einen »Cole Slaw« nach amerikanischem Vorbild.

Cole Slaw

ZUTATEN

400 g Weißkohl
120 g Möhren, groß, geschält
etwas Zitronensaft
200 g Mayonnaisesauce
2 EL saure Sahne
Salz
Pfeffer, weiß, gemahlen

VORBEREITUNG

1. Welke Außenblätter vom Kohlkopf ablösen, diesen halbieren, den Strunk ausschneiden.
2. Den Kohl fein hobeln oder schneiden.
3. Möhren schälen, in sehr feine Scheiben schneiden oder raspeln.

SO WIRD'S GEMACHT

1. Den Kohl salzen, Zitronensaft hinzufügen, mit den Händen mürbend kneten.
2. Möhren mit dem Kohl vermischen.
3. Mayonnaisesauce und saure Sahne unterrühren, würzen.
4. Einige Stunden kühl marinieren.

Wienerisch Ausgebackenes

Was wäre Wien ohne sein weltberühmtes Schnitzel. Jeder gelernte Österreicher betrachtet in knusprig-goldgelber Panade Ausgebackenes, sei es Fleisch, Geflügel, Gemüse oder Fisch, als unverzichtbares Lebenselixier.

Darauf kommt's an

- Panieren Sie immer im letzten Moment.
- Legen Sie Paniertes niemals übereinander.
- Verwenden Sie eine tiefe Pfanne oder eine flache Kasserolle.
- Wählen Sie geschmacksneutrale Fette mit hoher Temperaturbelastbarkeit.
- Erhitzen Sie das Fett auf Temperaturen zwischen 160 und 180 °C.
- Reduzieren Sie – vor allem bei dicken Fleischstücken (Backhuhn) – die Temperatur nach dem Anbacken.
- Rütteln Sie die Pfanne während des Ausbackens, damit die Panade wellenartig souffliert.
- Heben Sie Ausgebackenes vorsichtig aus der Pfanne.
- Legen Sie das Ausgebackene auf Küchenkrepp und tupfen Sie die Oberseite ab.

So panieren Sie fachgerecht

1. Eier mit einer Gabel verquirlen (nicht mixen). Frittiergut in Mehl wenden, abschütteln.

2. Frittiergut beidseitig durch die Eier ziehen, leicht abstreifen.

3. In geriebenem trockenem Weißbrot (Paniermehl) wenden, mit der Hand leicht anpressen, abschütteln.

Wiener Schnitzel

ZUTATEN

600 g Kalbsschale, ohne Deckel, pariert
Salz
reichlich Öl oder Butterschmalz zum Ausbacken

FÜR DIE PANADE

ca. 100 g Mehl
2 Eier
ca. 150 g Weißbrot, trocken, gerieben, oder Paniermehl

VORBEREITUNG

1. 4 Schnitzel zu je 150 g gegen die Faser schneiden (siehe Seite 216).
2. Gleichmäßig zwischen Frischhaltefolie ca. 4–6 mm dünn plattieren. Ränder zart einschneiden, beidseitig salzen.
3. In Mehl, verquirltem Ei und Brotbröseln (Paniermehl) panieren (siehe Seite 240).

SO WIRD'S GEMACHT

1. Reichlich Fett (ca. 2–3 cm hoch) in einer tiefen Pfanne oder flachen Kasserolle erhitzen. Schnitzel vom Körper weg einlegen.

2. Während des Ausbackens Pfanne rütteln, damit die Panade soufliert.

3. Nur einmal wenden, fertig ausbacken, vorsichtig aus der Pfanne heben. Auf Küchenkrepp abtropfen und abtupfen.
Backdauer: je nach Stärke ca. 2 Minuten
Backtemperatur: 170–180 °C

ANRICHTEN

Servieren Sie als klassische Beilage Kartoffelsalat. Auch grüner oder Eisbergsalat, Gurken- oder Tomatensalat passen hervorragend.

TIPPS

- Das originale Wiener Schnitzel wird aus Kalbfleisch zubereitet. Aus Kosten- oder geschmacklichen Gründen wird jedoch oft Schweinefleisch bevorzugt.
- Auf dieselbe Weise bereiten Sie ausgebackene Schweinekoteletts, Schweinenacken, Kasseler Kotelett oder Putenschnitzel zu.
- Wie dick oder dünn, wie hell oder dunkel ein Schnitzel sein soll, ist letztlich Ihre ganz persönliche Entscheidung.

Backhuhn

ZUTATEN

2 Hühner, ausgenommen,
 zu je 1,2–1,4 kg
Salz
reichlich Öl oder Butterschmalz
 zum Ausbacken

FÜR DIE PANADE

Ca. 100 g Mehl
2 Eier
ca. 150 g Weißbrot, trocken,
 gerieben, oder Paniermehl

VORBEREITUNG

1. Hühner waschen, trocknen, vierteln, Rückgrat und Hals wegschneiden. Haut nach Belieben belassen oder entfernen.
2. Innenseite der Keulen zum Knochen einschneiden.
3. Hühnerteile kräftig salzen.
4. In Mehl, verquirltem Ei und geriebenem Brot (Paniermehl) panieren (siehe Seite 240).

SO WIRD'S GEMACHT

1. Reichlich Fett (ca. 3–4 cm tief) in einer tiefen Pfanne oder flachen Kasserolle erhitzen, Hühnerstücke vom Körper weg einlegen.
2. Während des Ausbackens Pfanne leicht rütteln.
3. Nach etwa 6 Minuten wenden, weitere 6 Minuten fertig ausbacken und vorsichtig aus der Pfanne heben.
4. Auf Küchenkrepp abtropfen und abtupfen.

Backdauer: ca. 12 Minuten
Backtemperatur: 140–150 °C

ANRICHTEN

wie Wiener Schnitzel (siehe links)

Geflügelroulade mit Gänseleberfülle

ZUTATEN

4 Hühnerbrüste,
 ohne Haut und Knochen
Salz
ca. 100 g Mehl
2 Eier
ca. 150 g Weißbrot, trocken,
 gerieben, oder Paniermehl
reichlich Öl oder Butterschmalz
 zum Ausbacken

FÜR DIE FÜLLUNG

160 g Gänseleber, Güteklasse 3b
Salz
Pfeffer, weiß
100 g Geflügelfarce
3–4 EL Petersilie, gehackt

SO WIRD'S GEMACHT

1. Hühnerbrüste mittels Faltschnitt aufklappen, zwischen Frischhaltefolie zart plattieren, beidseitig salzen. Gänseleber in 4 Scheiben schneiden, salzen und pfeffern.
2. Innenseite der Brüste mit Farce bestreichen, Petersilie darauf verteilen, mit Leber belegen, zu einer Rolle formen.
3. In Mehl, verquirltem Ei und geriebenem Weißbrot (Paniermehl) panieren (siehe Seite 240).
4. Fett auf 140 °C erhitzen, Roulade langsam unter Wenden 12–15 Minuten ausbacken. Aus der Pfanne heben, mit Küchenkrepp abtupfen.
5. Vorsichtig in fingerdicke Scheiben schneiden.

ANRICHTEN

Mit zarten Blattsalaten auftragen.

Kochfleisch

Gekochtes Rindfleisch hatte in Wien bereits zu Zeiten der Monarchie große Bedeutung. Die durch das Kochen entstandene kräftige Brühe sowie die Vielfalt der unterschiedlichen Teilstücke zeichnen diese typisch wienerische Zubereitungsart aus. Dabei ist das Kochen von Fleisch selbstverständlich nicht nur auf Rindfleisch beschränkt: Suppenhuhn, Kasseler, Eisbein, Lammschulter oder Kalbskopf sind bewährte und beliebte Alternativen.

Darauf kommt's an

- Wählen Sie Fleisch von jüngeren Tieren, am besten schmecken Kalbinnen mit reichlich weißer Fetteindeckung.
- Fleischteile junger Rinder sind kleiner und von heller Farbe.
- Schneiden Sie abdeckendes Fett und die Häute nicht ab. Das Fleisch laugt sonst beim Kochen aus und wird trocken. Falls Fett unerwünscht ist, trennen Sie es nach der Garung ab.
- Legen Sie Fleisch stets in kochendes Wasser, salzen Sie zum Schluss, kochen Sie schwach wallend.
- Lauch und Wurzelwerk fügen Sie ca. 25 Minuten vor dem voraussichtlichen Garende hinzu.
- Bringen Sie das geschnittene Fleisch mit Markknochen und Wurzelgemüse in der Brühe zu Tisch, so bleibt es heiß und saftig.
- Rindfleischreste verarbeiten Sie zu Rindfleischsalat, Sülze oder Fleischknödeln.
- Erläuterungen zu den wichtigsten Teilstücken zum Kochen finden Sie auf den Seiten 52/53.

Beilagensaucen zu gekochtem Rindfleisch

Apfelmeerrettich
300 g geschälte Äpfel mit einer Reibe fein schaben und sofort mit 2–3 EL Zitronensaft vermengen. 15 g geriebenen Meerrettich, 1 KL Zucker, etwas Salz und 1 EL neutrales Öl einrühren.

Meerrettichsauce mit Weißbrot
2 Brötchen vom Vortag in dünne Scheiben schneiden, mit ³/₈ l heißer Rinderbrühe in einer Kasserolle zum Kochen bringen. Einige Minuten breiartig verkochen, mit einem Schneebesen verrühren, ca. 15 g geriebenen Meerrettich einrühren, salzen, heiß servieren.

Meerrettichsauce mit Essig
¹/₈ l Rinderbrühe mit 1 EL geriebenem Weißbrot, 1 EL Apfelessig, 1 EL neutralem Öl und ca. 10 g geriebenem Meerrettich verrühren, salzen, kalt servieren.

Tafelspitz (Grundrezept)

ZUTATEN
FÜR 6–8 PORTIONEN

1 Zwiebel, mit Schale, halbiert
ca. 2 kg Tafelspitz (siehe Seite 52)
ca. 3,5 l Wasser
10–15 Pfefferkörner, schwarz
250 g Wurzelwerk, geschält (Möhre, Sellerie und Petersilienwurzel zu gleichen Teilen)
½ Lauchstange, halbiert, gewaschen
Brühe, gekörnt, bei Bedarf
Salz
Schnittlauch, geschnitten, zum Bestreuen

VORBEREITUNG

1. Zwiebel samt Schale in einer mit Alufolie ausgelegten Pfanne ohne Fett an den Schnittflächen sehr dunkel bräunen.
2. Fleisch kurz lauwarm waschen, abtropfen lassen.

SO WIRD'S GEMACHT

1. Wasser aufkochen, Fleisch einlegen, schwach wallend kochen lassen.

2. Aufsteigenden Schaum ständig abschöpfen, Pfefferkörner und Zwiebel hinzufügen.

3. Ca. 25 Minuten vor dem voraussichtlichen Garende Wurzelwerk, Lauch und falls gewünscht gekörnte Brühe beifügen.

4. Gekochtes Fleisch aus der Brühe heben, in fingerdicke Scheiben schneiden, anrichten und mit Salz und Schnittlauch bestreuen. Brühe durchsieben, mit Salz abschmecken.
Kochdauer: ca. 3–3 ½ Stunden

TIPPS

Wurzelwerk in Scheiben, Lauch in Stücke schneiden und gemeinsam mit dem geschnittenen Fleisch in der Brühe servieren. Zuerst entnehmen Sie bei Tisch die Brühe, als zweiten Gang das Fleisch.

ANRICHTEN

Zu gekochtem Rindfleisch passen am besten klassische Beilagen: Schnittlauchsauce, Meerrettichsaucen, Röstkartoffel, Cremespinat, Dillbohnen, Römischer Salat mit Erbsen, Kohl nach Wiener Art, Dillkürbis oder Kohlrabigemüse.

Rindfleisch kochen

Das Grundrezept »Tafelspitz« gilt für alle Teilstücke, nur die Gardauer variiert. Die meisten anderen Stücke sind in ca. 2½ Stunden weich. Überprüfen Sie den Garfortschritt nach ca. 2 Stunden in kürzeren Abständen. Bei Unsicherheit gibt Ihnen das Abschneiden einer Kostprobe Gewissheit.

Kasseler kochen

Teilstücke von geräucherter Schweineschulter und -bauch, Rippenstück und Nacken (Kamm) kochen Sie schwach wallend. Salz oder andere Gewürze sind nicht erforderlich. Wurzelwerk kann, muss aber nicht hinzugefügt werden.
Die Kochdauer beträgt pro Kilo ca. 1 Stunde.

Zunge kochen

Verwenden Sie Zunge vom Rind, Kalb oder Schwein, wobei zwischen grün, also naturbelassen, und gepökelt oder geräuchert zu unterscheiden ist. Während man naturbelassene Zungen wie Rindfleisch mit Wurzelwerk und Gewürzen kocht, werden Pökel- oder Räucherzungen beim Kochen wie Kasseler behandelt. Nach dem Kochen in kaltem Wasser abschrecken, die Haut abziehen.

Suppenhuhn

ZUTATEN
FÜR 2 PORTIONEN

1 Junghuhn, ca. 1,4 kg, oder 4 Hühnerkeulen
200 g Möhren
¼ Lauchstange
ca. 8 Pfefferkörner
einige Petersilienstängel
Salz
Hühnerbrühe, gekörnt, bei Bedarf
80 g Suppennudeln

VORBEREITUNG

1. Huhn lauwarm waschen.
2. Wurzelgemüse schälen, Lauch halbieren, gründlich waschen.

SO WIRD'S GEMACHT

1. Huhn (Keulen) in passendem Topf mit Wasser bedecken, aufkochen. Aufsteigenden Schaum abschöpfen, Pfefferkörner hinzufügen.
2. Ca. 25 Minuten vor dem voraussichtlichen Garende Lauch, Wurzelwerk und Petersilienstängel dazugeben, leicht salzen, auf Wunsch gekörnte Hühnerbrühe hinzufügen.
3. Suppennudeln in kochendem Salzwasser kernig kochen, abgießen, mit kaltem Wasser abspülen.
4. Gekochtes Huhn aus der Brühe heben, diese durchsieben.
5. Huhn halbieren, Keulen abtrennen, die Haut von Brust und Keulen abziehen. Das Brustfleisch von Brustbein und Rippen lösen, Keulen halbieren.
6. Möhren und Lauch in kleine Stücke schneiden, mit den Hühnerteilen und Suppennudeln in der Suppe nochmals erhitzen.

Kochdauer: ca. 50 Minuten (Keulen ca. 35 Minuten)

Die großen Braten

Wenn Sie Gäste bewirten, ist der perfekt zubereitete Braten nicht nur ein Höhepunkt kulinarischer Gastlichkeit, er erlaubt es darüber hinaus auch dem kochenden Gastgeber, seine Anwesenheit in der Küche auf ein Minimum zu reduzieren. Ob Rinder-, Kalbs-, Schweine- oder Wildbraten – alle lassen sich gut vorbereiten.

Darauf kommt's an

- Schützen Sie Braten vor dem Austrocknen, indem Sie genügend Fett am Fleisch belassen.
- Salzen Sie kräftig und erst im letzten Moment.
- Verwenden Sie eine Bratenpfanne oder ein tiefes Backblech.
- Wählen Sie geschmacksneutrales Pflanzenöl oder Butterschmalz. Für Schweinefleisch können Sie Schweineschmalz, für Gans Gänseschmalz, für Lammfleisch Olivenöl verwenden.
- Braten Sie im Backofen bei statischer Hitze, dann trocknet die Bratenoberfläche nicht aus.
- Während der letzten 10 Minuten schalten Sie zur besseren Bräunung Umluft zu. Die Temperatur erhöhen Sie je nach Fleischart auf 220–230 °C.
- Übergießen Sie den Braten häufig mit dem sich bildenden Bratenrückstand aus Fleischsaft und aromatischem Fett.
- Bei Bedarf gießen Sie Wasser unter den Braten.
- Bei zu starker Bräunung bedecken Sie den Braten mit Alufolie.
- Die angegebenen Bratzeiten und Temperaturen sind Orientierungshilfen. Entscheidend ist die Kerntemperatur.
- Den fertigen Braten lassen Sie ca. 20 Minuten bei 60 °C im Backofen ruhen. Dadurch verteilen sich die Säfte im Inneren des Bratens, der Flüssigkeitsverlust beim Tranchieren wird reduziert, der Braten wird saftig und mürb.

So ermitteln Sie die Kerntemperatur:

Stechen Sie ein Bratthermometer bis in die Mitte des Bratens.
Die Garstufen
52 °C leicht blutig (medium rare)
55–60 °C zartrosa (medium); ideal für Rinderfilet, Roastbeef, Lamm, Reh- oder Hirschrücken
65–68 °C auf den Punkt gebraten, also gerade durch und saftig; geeignet für Kalbs- und Schweinefilet sowie Kalbsrückenfilet
80–85 °C durchgebraten; geeignet für Schweinebraten, Nierenstück (Sattelstück) und Hausgeflügel

Braten vorbereiten

Braten spicken mit Spicknadel
Verwenden Sie ungeräucherten Speck, bei Räucherspeck kann eine Rotfärbung auftreten. Schneiden Sie den ungekühlten Speck in 3–4 mm dicke Streifen und fixieren Sie diese im vorgesehenen Teil der Spicknadel. Stechen Sie die Spicknadel längs des Faserlaufes oder stark abgeschrägt (Rehrücken) durch das Fleisch und ziehen Sie die Speckstreifen vorsichtig nach.

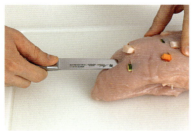

Spicken mit Wurzelgemüse und Speck
Mit einer schlanken Messerklinge das Fleisch in Faserrichtung einstechen. Gemüsestifte und kalte Speckstreifen in die Löcher schieben.

Braten in Speckscheiben
Um ein Austrocknen von Braten zu verhindern, hüllen Sie mageres Fleisch (vor allem Wildgeflügelbrüste) in lange, dünne Speckscheiben und fixieren diese mit Küchengarn. In der letzten Bratphase entfernen Sie den Speck und bräunen den Braten bei ca. 230 °C Umluft.

Braten in Schweinenetz hüllen
Hüllen Sie Hackbraten oder ein mit Farce bestrichenes Filet vom Rind, Kalb oder Schwein in ein Schweinenetz, das die Farce fixiert und den Braten saftig hält.
1. Schweinenetz für ca. ½ Stunde in kaltes Wasser legen, danach gut ausdrücken.
2. Schweinenetz ausbreiten, den Braten darin einhüllen.

Braten binden
1. Ausgelösten Nierenbraten, Schulter, Lammkeule usw. zunächst zu einer gleichmäßig dicken Rolle formen.
2. Das Fleisch entweder rundum mit Küchengarn straff umwickeln und Anfang und Ende verknoten oder nach jeder Umwicklung verknoten.

Roastbeef

ZUTATEN
FÜR 6–8 PORTIONEN
2–2,3 kg Roastbeef
Salz
Pfeffer, schwarz, gemahlen
1 EL Senf, mittelscharf
4 EL Öl

FÜR DIE SAUCE
ca. ¼ l Wasser
 oder Rinderbrühe, mild
40 g Butter

VORBEREITUNG

1. Fleisch an der Unterseite sorgfältig mit einem dünnen Messer parieren bis Haut und Sehnen abgelöst sind, den seitlichen Strang (Kette) abtrennen. Fettschicht an der Oberseite auf ein verträgliches Maß zuparieren.

2. Darunter liegende Sehnen in kurzen Abständen einschneiden.

SO WIRD'S GEMACHT

1. Fleisch kräftig salzen und pfeffern. Auf der parierten Seite mit Senf einstreichen.
2. Öl in Bratenpfanne erhitzen, Fleisch mit Fettseite nach unten einlegen, an allen Seiten scharf anbraten.
3. Fleisch in den auf 200 °C vorgeheizten Backofen schieben; nach ca. 10 Minuten auf 90 °C reduzieren.
4. Regelmäßig mit Bratenfett übergießen, nach 90 Minuten Kerntemperatur kontinuierlich überprüfen.
5. Bei einer Kerntemperatur von 55 °C Roastbeef aus der Pfanne heben, ca. 20 Minuten bei 60 °C ruhen lassen.

Bratdauer: ca. 90–100 Minuten, plus 20 Minuten ruhen bei 60 °C

SAUCENGEWINNUNG

1. Überschüssiges Fett abgießen, Bratenrückstand mit Wasser (Brühe) ablöschen, reduzierend kochen und durchsieben.
2. Sauce aufkochen, durchsieben, zügig kalte Butterstücke einrühren, nicht mehr kochen.

TIPP

Wer Fett meiden will, schneidet dieses erst nach (nicht vor) dem Bratvorgang ab.

Rosa gebratenes Rinderfilet
600–800 g Rinderfilet wie Roastbeef zubereiten.
Bratdauer: ca. 30 Minuten, plus 15 Minuten ruhen bei 60 °C

Gerollter Kalbsnierenbraten

ZUTATEN
FÜR 6 PORTIONEN

1 Kalbsniere
Salz
Pfeffer, weiß, gemahlen
1½–2 kg Kalbsnierenbraten, ausgelöst
anteilige Knochen, walnussgroß gehackt
Öl

FÜR DIE SAUCE

1–2 KL Mehl
0,4 l Wasser

VORBEREITUNG

1. Übermäßiges Fett von der Niere abschneiden, der Länge nach vierteln, salzen und pfeffern.
2. Fleisch beidseitig salzen. Nierenstücke entlang der Innenseite des Bratens anordnen.
3. Braten straff einrollen, mit Küchengarn binden.

SO WIRD'S GEMACHT

1. Knochen in Bratenpfanne verteilen, Braten mit Öl bestreichen, mit der Außenseite nach unten auf die Knochen legen und in den auf 220 °C vorgeheizten Ofen schieben.
2. Wenn die Oberfläche leicht verkrustet ist, Temperatur auf 180 °C reduzieren.
3. Fleisch wenden, unter ständigem Begießen braten, bei Bedarf etwas Wasser zugießen.
4. Nach ca. 1½ Stunden mit Bratthermometer Kerntemperatur messen, sie sollte 80–85 °C betragen.
5. Fleisch aus der Pfanne heben und bei 60 °C ca. 15 Minuten ruhen lassen.

SAUCENGEWINNUNG

Braten aus der Pfanne heben, warm stellen, überschüssiges Fett abgießen, mit Mehl bestäuben, verrühren, rösten, Wasser zugießen, reduzierend auf ca. ¼ l kochen, durchsieben, aufkochen.

TIPPS

- Mit gleicher Brattechnik können Sie Kalbsnuss, Kalbsunterschale, Hüfte, Kalbskotelett und Nierenbraten im Ganzen (mit Knochen) zubereiten. Bratdauer ist je nach Größe 1½–2 Stunden.
- Wenn Sie kein Thermometer haben, stechen Sie den Braten an der dicksten Stelle mit einem dünnen Metallspieß bis zur Mitte an. Tritt klarer Saft aus, ist der Braten fertig.

Gefüllte Kalbsbrust

ZUTATEN
FÜR CA. 10 PORTIONEN

ca. 3 kg Kalbsbrust
anteilige Kalbsbrustknochen,
   klein gehackt
Salz
3 EL Öl zum Bestreichen
   der Bratenpfanne

FÜR DIE FÜLLUNG

150 g Zwiebeln, geschält
100 g Butter
1 EL Petersilie, gehackt
400 g Brötchenwürfel, frisch
ca. ¼ l Milch
6 Eier
Salz
Muskatnuss, gerieben
Weißbrot, trocken, gerieben,
   oder Paniermehl nach Bedarf

FÜR DIE SAUCE

1–2 KL Mehl
0,6 l Wasser
40 g Butter

VORBEREITUNG

1. Häute an den Rippen einritzen, diese an den Gelenken durchtrennen, herausbrechen.

2. Kalbsbrust an der dünnen Seite der Sehne entlang mit einem dünnen, kurzen Messer einschneiden. Mit den Fingerspitzen Brust bis zum Brustende vorsichtig taschenförmig öffnen (untergreifen).

SO WIRD'S GEMACHT

1. Zwiebeln klein schneiden, in heißer Butter glasig anschwitzen, Petersilie hinzufügen, mit Brötchenwürfeln vermischen.
2. Milch mit Eiern und Gewürzen verquirlen, mit Brötchenwürfeln vermischen, 15 Minuten einweichen lassen.
3. Brust mit einem Löffel nach und nach füllen.
4. Die Öffnung mit einer Dressiernadel und Küchengarn zunähen, außen salzen.
5. Bratenpfanne mit Öl ausstreichen, Knochen in der Pfanne gleichmäßig verteilen. Kalbsbrust mit der schönen Seite nach oben einlegen, mit Öl übergießen, verstreichen.
6. Fleisch im auf 200 °C vorgeheizten Ofen anbraten, nach 15 Minuten Temperatur auf 150 °C reduzieren, ständig mit dem austretenden Fett übergießen.
7. Bei Bedarf etwas Wasser eingießen, bei zu starker Bräunung mit bebutterter Alufolie abdecken.
8. Nach ca. 3 Stunden Kalbsbrust aus der Pfanne heben, bei 60 °C ruhen lassen.

SAUCENGEWINNUNG

wie bei Kalbsnierenbraten (siehe Seite 253)

Variationen für Kalbsbrust-Füllung

Mischen Sie je nach Wunsch verschiedene Zutaten gewürzt und kalt unter die Basisfülle.

Spinat-Käse-Füllung
200 g blanchierter, gehackter Blattspinat und 100 g gewürfelter Edamer

Gemüsefüllung
150 g kleinwürfelig geschnittenes blanchiertes Gemüse

Champignon-Erbsen-Füllung
100 g gebratene Champignons, 100 g blanchierte Erbsen

Kümmelbraten (Gebratene Schweinebrust)

**ZUTATEN
FÜR 6 PORTIONEN**

Salz
1 EL Kümmel, ganz
1,5–2 kg Schweinebauch, ausgelöst, mit Schwarte (Schweinebrust)
3 EL Öl oder Schweineschmalz
200 g Schweineknochen, walnussgroß gehackt
4–6 Knoblauchzehen, gepresst
Kochwasser vom Schröpfen zum Aufgießen

VORBEREITUNG (SCHRÖPFEN)

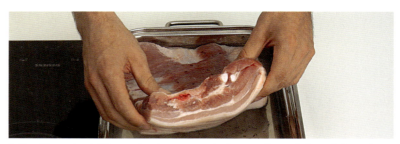

1. Zweifingerhoch Wasser in eine passende Bratenpfanne füllen, Salz und reichlich ungemahlenen Kümmel hinzufügen, aufkochen. Fleisch mit der Schwarte nach unten einlegen, ca. 15 Minuten kochen.

2. Fleisch aus dem Wasser heben, in Abständen von ca. 1 ½ cm die Schwarte nicht zu tief einschneiden. Kochwasser zum Untergießen des Bratens aufheben.

SO WIRD'S GEMACHT

1. Backofen auf 220 °C ohne Umluft vorheizen.
2. Bratenpfanne mit Öl (Schmalz) ausstreichen, Knochen darauf verteilen. Fleisch mit Salz, Kümmel und Knoblauch einreiben, mit der Schwarte nach unten auf die Knochen legen, ca. 15 Minuten im Backofen anbraten, wenden.
3. Temperatur auf 180 °C reduzieren, etwas Wasser zugießen. Fleisch mit ausgetretenem Bratenfett öfters begießen.
4. Nach ca. 90 Minuten Fleisch aus der Pfanne heben, abschließend bei 60 °C ca. 20 Minuten ruhen lassen.
5. Überschüssiges Fett abgießen, Bratenrückstand mit Wasser aufgießen, auf ca. ¼ l reduzierend kochen, durchsieben.

Gebratener Schweinenacken

ZUTATEN
FÜR 6 PORTIONEN

1,5–2 kg Schweinenacken, ausgelöst
Salz
1 EL Kümmel, ganz
4–6 Knoblauchzehen, gepresst
4 EL Öl oder Schweineschmalz
200 g Schweineknochen, walnussgroß gehackt

SO WIRD'S GEMACHT

1. Backofen auf 220 °C ohne Umluft vorheizen. Fleisch mit Salz, Kümmel und Knoblauch würzen, mit Öl (Schmalz) einstreichen.

2. Bratenpfanne mit Öl (Schmalz) ausstreichen, Knochen und anschließend Fleisch einlegen, in den Backofen schieben, 15 Minuten anbraten, wenden.

3. Temperatur auf 170 °C reduzieren, etwas Wasser zugießen.

4. Fleisch oft mit ausgetretenem Bratenfett begießen, bei Bedarf Wasser zugießen. Nach ca. 2 Stunden Kerntemperatur überprüfen. Bei einer Kerntemperatur von 80 °C Fleisch aus dem Bräter heben, bei 60 °C 20 Minuten ruhen lassen.

Ausgelöstes Schweinekotelett in Kümmelmürbteig

ZUTATEN

240 g Butter
3 Knoblauchzehen
500 g Mehl
ca. 4 EL Kümmel, ganz
2 Eier
Salz
5 cl Wasser
2 EL Öl zum Anbraten
1,2 kg Schweinekotelett, ausgelöst
Mehl zum Bestäuben
2 Eigelb zum Bestreichen

VORBEREITUNG:

1. Kalte Butter in ca. 2 cm große Würfel schneiden oder mit einer groben Reibe zerkleinern.
2. Knoblauch schälen, pressen.
3. Backofen vorheizen.

SO WIRD'S GEMACHT

1. Mehl, Butter, 2 EL Kümmel, Eier, Salz und Wasser rasch und kühl zu einem Teig verkneten, mit Frischhaltefolie abdecken, mindestens 30 Minuten kühl ruhen lassen.
2. Öl in passender Pfanne oder Bräter erhitzen, das Fleisch rundum salzen, mit Kümmel und Knoblauch einreiben, an allen Seiten rasant anbraten, aus der Pfanne heben, erkalten lassen, mit Küchenkrepp abtupfen.
3. Arbeitsfläche und Teig leicht mit Mehl bestäuben, mit einem Nudelholz ca. 4 mm dick der Größe des Fleisches angepasst rechteckig ausrollen, Teigränder mit Eigelb bestreichen.
4. Das Fleisch mit der schönen Oberseite nach unten auf den Teig legen, straff mit dem Teig umhüllen, Teig an das Fleisch pressen.
5. Mit der Teignaht nach unten auf ein mit Backtrennpapier belegtes Backblech legen, mit Eigelb bestreichen, mit restlichem Kümmel bestreuen.
6. Im auf 200 °C vorgeheizten Backofen auf mittlerer Höhe 20 Minuten hellbraun anbacken, Backofentür öffnen, um die Hitze zu reduzieren und bei 120 °C ca. 50 Minuten fertig backen. Abschließend ca. 20 Minuten warm ruhen lassen. Zwischendurch mit dem Bratenthermometer die Kerntemperatur messen (sollte ca. 78–80 °C betragen).
7. Aus dem Backofen nehmen, weitere 10 Minuten ruhen lassen, tranchieren.

ANRICHTEN

Als Beilage reichen Sie Sauerkraut oder warmen Weißkohlsalat.

Schweinekotelett mit Chilipflaumen

ZUTATEN

800 g Schweinekotelett, ausgelöst
10 Scheiben Frühstücksspeck
Cayennepfeffer
Senf, scharf
2 Chilischoten, entkernt, gehackt
10 Dörrpflaumen, entkernt
2 EL Öl
Salz

FÜR DIE SAUCE

0,2 l Wasser
20 g Butter zum Montieren

VORBEREITUNG

1. Speckscheiben kurz anbraten, erkalten lassen.
2. Speck mit Cayennepfeffer einreiben, dünn mit Senf bestreichen, mit Chili bestreuen.
3. Jeweils eine Speckscheibe mit einer Pflaume belegen, straff einrollen und tiefkühlen, bis sie steif gefroren sind.
4. Fleisch in der Mitte in Längsrichtung mit einem dünnen Messer fast durchstechen, so dass eine nicht zu große, taschenförmige Öffnung entsteht.

SO WIRD'S GEMACHT

1. Gefrorene Speckrollen nacheinander in die Fleischöffnung schieben.
2. Öl in Bratenpfanne erhitzen, Fleisch mit Salz und Cayennepfeffer würzen, an allen Seiten anbraten.
3. Im auf 220 °C vorgeheizten Backofen ohne Umluft 10 Minuten braten, Hitze auf 160 °C reduzieren, 40 Minuten unter oftmaligem Begießen fertig braten, bei Bedarf Wasser zugießen.
4. Fleisch aus der Pfanne heben, 10 Minuten bei 60 °C ruhen lassen.

SAUCENGEWINNUNG

Bratrückstand mit Wasser aufgießen, reduzierend kochen, kalte Butterstücke einrühren, durchsieben.

VARIATION

Aromatisieren Sie die Sauce mit etwas Calvados.

Gebratenes Jungschweinekotelett

Wenn Sie besonders zarten Schweinebraten schätzen, braten Sie Jungschweinekotelett mit Schwarte und Fettrand. Bestellen Sie dafür bei Ihrem Metzger rechtzeitig ein Jungschweinekotelettstück mit Schwarte. Für die Zutaten, das vorbereitende »Schröpfen« der Schwarte und die Zubereitung orientieren Sie sich am Beispiel Kümmelbraten (siehe Seite 256).

Gebratener Lammrücken

ZUTATEN

2 Stück Lammrücken
 zu je 400–500 g
Salz
Pfeffer, schwarz, gemahlen
Thymian, gezupft
4 Knoblauchzehen, gepresst
3 EL Olivenöl

FÜR DIE SAUCE

0,2 l Wasser oder Lammfond

VORBEREITUNG

1. Häute und Sehnenteile ablösen. Rückgrat aushacken, den oberen Teil der Rippenknochen frei legen, blank schaben.
2. Backofen auf 220 °C ohne Umluft vorheizen.

SO WIRD'S GEMACHT

1. Fleisch mit Salz, Pfeffer, Thymian und Knoblauch würzen.
2. Öl in Bratenpfanne auf dem Herd erhitzen, Fleisch von allen Seiten anbraten.
3. Fleisch in den Ofen schieben, nach 10 Minuten die Temperatur auf 140 °C reduzieren.
4. Wenn die Kerntemperatur 58 °C beträgt, Fleisch aus der Pfanne nehmen und bei 60 °C ca. 10 Minuten ruhen lassen.

SAUCENGEWINNUNG

Bratenrückstand mit Wasser (Fond) aufgießen, auf ca. $1/8$ l reduzierend kochen, durchsieben.

Lammrücken mit Tomaten-Oliven-Kruste

ZUTATEN

Siehe »Gebratener Lammrücken«

FÜR DIE KRUSTE

50 g Butter
1 Eigelb
60 g Weißbrot, gerieben
60 g Tomaten, getrocknet, gehackt
50 g Oliven, schwarz, entkernt
3 Knoblauchzehen, gepresst
Thymian, gezupft
1 EL Petersilie, gehackt
Salz
Pfeffer, schwarz, gemahlen
1 EL Senf

VORBEREITUNG

Bereiten Sie einen Lammrücken nach obigem Rezept zu.

SO WIRD'S GEMACHT

1. Butter und Eigelb schaumig rühren. Bis auf den Senf alle Zutaten und Gewürze einrühren.
2. Grillschlange im Backofen vorheizen.
3. Oberseite des Fleisches mit Senf bestreichen, Krustenmasse gleichmäßig darauf verteilen, anpressen.
4. Unter der Grillschlange überbacken.

263

Lammkeule mit provenzalischen Kräutern

ZUTATEN
FÜR CA. 6 PORTIONEN
1 Lammkeule, ca. 2 kg
Salz
Pfeffer, schwarz, gemahlen
Thymian, gezupft
4 EL Olivenöl
6–8 Knoblauchzehen
einige Rosmarinzweige
0,4 l Wasser

FÜR DIE SAUCE
Siehe »Gerollter Kalbsnierenbraten« (Seite 253)

VORBEREITUNG
1. Keule bis auf den Stelzenknochen hohl auslösen oder vom Metzger vorbereiten lassen.
2. Backofen auf 220 °C Hitze ohne Umluft vorheizen.

SO WIRD'S GEMACHT
1. Keule kräftig mit Salz, Pfeffer und Thymian einreiben.
2. Bratenpfanne mit Öl ausstreichen, Keule einlegen, mit Öl begießen. Ungeschälte, leicht angedrückte Knoblauchzehen und Rosmarinzweige hinzufügen.
3. 15 Minuten im Ofen anbraten, Temperatur auf 160 °C reduzieren, Fleisch laufend mit ausgetretenem Fett begießen, bei Bedarf Wasser zugießen.
4. Keule ca. 2 Stunden braten bis die Kerntemperatur 75 °C beträgt, aus der Pfanne heben, 20 Minuten bei 60 °C ruhen lassen.

SAUCENGEWINNUNG
wie bei Kalbsnierenbraten

TIPP
Man kann Lammkeule auch wie ein Roastbeef rosa braten, die Kerntemperatur beträgt in diesem Fall 58–60 °C.

Lammschulter mit Oliven und Schalotten

ZUTATEN
1 kg Lammschulter, ausgelöst
200 g Schalotten
200 g Möhren, jung
400 g Kartoffeln, klein, speckig
4 Tomaten
150 g Frühstücksspeck
Salz
Pfeffer, schwarz, gemahlen
4 EL Olivenöl
6 Knoblauchzehen, mit Schale, angedrückt
1 Thymian- und 1 Rosmarinsträußchen
150 g Oliven, schwarz

VORBEREITUNG
1. Lammschulter mit Küchengarn straff binden.
2. Schalotten und Möhren schälen, Kartoffeln schälen, halbieren, in kaltes Wasser legen.
3. Tomaten den Stielansatz ausschneiden, vierteln und entkernen.
4. Speck in Würfel schneiden.

SO WIRD'S GEMACHT
1. Lammschulter kräftig mit Salz und Pfeffer einreiben.
2. Öl in einer Bratenpfanne erhitzen, die Schulter einlegen, anbraten, Knoblauch, Thymian- und Rosmarinsträußchen hinzufügen, in den auf 200 °C Ober-/Unterhitze vorgeheizten Backofen schieben.
3. Braten häufig übergießen, bei Bedarf etwas Wasser zugießen.
4. Braten wenden, nach ca. 60 Minuten Speck hinzufügen, anbraten, Kartoffeln und Schalotten hinzufügen, salzen, durchmischen, unter ständigem Zugießen von Wasser gemeinsam fertig garen.
5. Nach 80 Minuten Oliven und Tomaten dazugeben, bei Bedarf noch etwas Wasser zur Saucenbildung zugießen.

Gebratener Rehrücken

ZUTATEN
FÜR 8 PORTIONEN

1 Rehrücken, ca. 2 ½ kg
Salz
Pfeffer, schwarz, gemahlen
4 EL Öl

FÜR DIE SAUCE

ca. 0,4 l Wasser, Rinderbrühe, mild, oder Wildfond
etwas Orangensaft
1 EL Preiselbeerkompott

VORBEREITUNG

1. Mit Filetmesser Silberhaut dünn ablösen.

2. Die Filets an der Unterseite der Karkasse herausschneiden.

3. Um einer Verkrümmung des Rückens beim Braten vorzubeugen, einen dünnen Metallspieß in den Rückenmarkkanal schieben.

SO WIRD'S GEMACHT

1. Backofen auf 220 °C ohne Umluft vorheizen, Rehrücken mit Salz und Pfeffer würzen.
2. Öl in Bratenpfanne erhitzen, Rehrücken mit Fleischseite nach unten einlegen, auf dem Herd leicht anbraten, wenden.
3. Rehrücken in den Ofen schieben, 10 Minuten anbraten, danach Temperatur auf 100 °C reduzieren und ca. 20 Minuten braten; die Kerntemperatur soll 55 °C betragen.
4. Rücken aus der Pfanne heben, 20 Minuten bei 60 °C ruhen lassen.
5. Überschüssiges Fett abgießen, Bratenrückstand kurz rösten, mit Flüssigkeit aufgießen.
6. Orangensaft, Preiselbeerkompott und ausgetretenen Fleischsaft des ruhenden Rehrückens hinzufügen, reduzierend auf ca. ¼ l kochen, durchsieben.

VARIATION

Spicken Sie den Rehrücken mit ca. 150 g ungeräuchertem Speck (siehe Seite 250).

Haus- und Wildgeflügel

Zum Braten eignen sich Stubenküken, Brathuhn, Masthuhn (Poularde), Ente, Barbarieente, Gans, Pute, Wachtel, Rebhuhn, Taube, Wildente, Perlhuhn und Fasan.

Darauf kommt's an

- Wählen Sie junge Tiere mit biegsamem Brustbein.
- Bei der Bearbeitung von rohem Hausgeflügel ist Hygiene oberstes Gebot (Salmonellengefahr). Verwenden Sie ein gesondertes Kunststoffbrett, Einweghandtücher und Küchenkrepp.
- Waschen Sie verwendetes Besteck und Geschirr möglichst heiß. Ideal ist die Verwendung von Desinfektionsmitteln.
- Um Austrocknen zu verhindern, belassen Sie die Haut am Geflügel.
- Fasane können Sie spicken oder mit Speck umwickeln, Rebhühner hüllen Sie in Speckplatten ein (siehe Seite 250).
- Bis auf wenige Ausnahmen (Fasan, Rebhuhn und Taube) soll Geflügel immer durchgebraten sein. Die Kerntemperatur muss mindestens 80 °C betragen.
- Zur Zubereitung von Wildgeflügel verwenden Sie nur Tiere mit unverletzten Brüsten (Achtung bei Schrotbeschuss!).

Geflügel binden

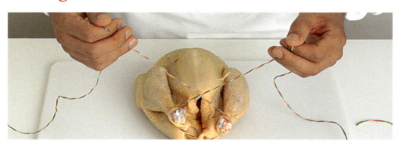

1. Küchengarn unter den Bürzel legen, über die Schenkelenden kreuzen.

2. Garn an den Außenseiten der Keulen entlang zu den Flügeln ziehen.

3. Geflügel wenden, unter den Flügelgelenken eine Schlaufe legen.

4. Garn straff verknoten.

Huhn auslösen

1. Haut zwischen Brust und Keule einschneiden.

2. Kugelgelenk aus der Gelenkpfanne heben, knapp am Hüftknochen entlang die Keulen abtrennen. Flügel am unteren Knochengelenk abschneiden.

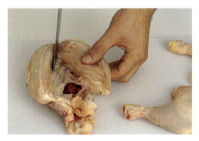

3. Entlang des Brustbeines einschneiden, Brustfleisch an beiden Seiten abtrennen.

4. Keulen durch das Gelenk in Ober- und Unterkeule teilen.

5. Oberkeule entweder ganz belassen oder den Knochen freilegen oder auslösen.

Brathuhn

ZUTATEN
FÜR 2 PORTIONEN

1 Brathuhn, ca. 1,4 kg, bratfertig
Salz
2 EL Öl

FÜR DIE SAUCE

Bei Bedarf ½ KL Mehl
⅛ l Wasser

VORBEREITUNG

1. Huhn waschen und trockentupfen.
2. Huhn binden.
3. Backofen auf 220 °C ohne Umluft vorheizen.

SO WIRD'S GEMACHT

1. Bratenpfanne mit Öl ausstreichen.
2. Huhn innen und außen salzen, auf den Rücken legen, im Ofen braten.
3. Huhn während des Bratens öfter mit dem austretenden Fett übergießen.
4. Nach ca. 45 Minuten die Temperatur auf 230 °C erhöhen, Umluft zuschalten, 10 Minuten fertig braten.
5. Huhn aus der Pfanne heben, warm stellen.
6. Überschüssiges Fett aus der Pfanne gießen. Bratenrückstand eventuell mit Mehl bestäuben, kurz rösten und mit Wasser auffüllen, reduzierend kochen, durchsieben.

Gefülltes Brathuhn

ZUTATEN
FÜR 2 PORTIONEN

1 Brathuhn, ca. 1,4 kg, bratfertig
Salz
3 EL Öl oder Butterschmalz zum Braten

FÜR DIE FÜLLUNG

30 g Butter
1 EL Zwiebeln, fein geschnitten
Hühnerleber und Herz, klein geschnitten
Salz
Pfeffer, weiß, gemahlen
2 Brötchen, entrindet, vom Vortag, würfelig geschnitten
$1/16$ l Milch
1 Ei
Majoran
1 EL Petersilie, gehackt

SO WIRD'S GEMACHT

1. Butter erhitzen, Zwiebeln hell anrösten, Innereien salzen, pfeffern, mitrösten, mit den Brötchenwürfeln vermischen.

2. Milch mit Ei verrühren, über die Brötchenwürfel gießen und mit Salz, Majoran und Petersilie würzen. 15 Minuten ziehen lassen.

3. Huhn innen und außen salzen, die Brötchenmasse prall in die Brusthöhle füllen.

4. Brustöffnung mit einer Dressiernadel und Küchengarn zunähen.

5. Öl erhitzen, Huhn an den Brustseiten auf dem Herd anbraten.

6. In den auf 220 °C ohne Umluft vorgeheizten Ofen schieben, nach 10 Minuten Hitze auf 180 °C reduzieren, 70 Minuten unter öfterem Begießen braten. Abschließend bei 240 °C mit Umluft 10 Minuten bräunen.

SAUCENGEWINNUNG

wie bei Brathuhn (siehe Seite 269)

Gebratene Gans

ZUTATEN

1 Mastgans, ca. 4 kg, bratfertig
Salz
Majoran, verrieben
3–4 Äpfel, ungeschält

FÜR DIE SAUCE

Bei Bedarf 1 KL Mehl
¼ l Wasser

VORBEREITUNG

1. Federkiele entfernen, Gans waschen, abtupfen, innen und außen salzen, innen zusätzlich mit Majoran einreiben, Äpfel in den Brustraum geben.
2. Backofen auf 160 °C vorheizen.

SO WIRD'S GEMACHT

1. In eine Bratenpfanne fingerhoch Wasser einfüllen, die Gans mit der Brust nach unten einlegen. Ca. 40 Minuten dämpfen. Bei Bedarf Wasser zugießen, wenden. Während des Bratens ständig übergießen.
2. Bei ausreichender Bräunung Temperatur auf 150 °C reduzieren. Mit einer Gabel die Haut zwischen Keulen und Brust mehrmals anstechen, damit Fett abfließen kann.
3. Nach ca. 3½ bis maximal 4 Stunden aus der Pfanne heben, warm stellen. Die Keulen abtrennen, beim Gelenk teilen. Brust von den Rippen ablösen, halbieren. Bratäpfel mitservieren.
4. Überschüssiges Fett aus der Pfanne gießen. Bratenrückstand eventuell mit Mehl bestäuben, kurz rösten und mit Wasser auffüllen, reduzierend kochen, durchsieben.

ANRICHTEN

Als Beilagen passen Rot- und Grünkohl, warmer Weißkrautsalat, Servietten-, Semmel- oder Kartoffelknödel.

TIPP

Das Gelingen eines Gänsebratens ist in erster Linie von der Grundqualität abhängig. Tiefkühlware weist gute Qualität auf, doch der Mehrpreis für frische Frühmastgänse, die knapp vor Martini auf den Markt kommen, lohnt sich.

Gebratene Pute
Zubereitung wie Brathuhn (siehe Seite 269)
Bratdauer: pro kg ca. 50 Minuten
Brattemperatur: ca. 140–150 °C ohne Umluft; während der letzten 10 Minuten Temperatur auf 240 °C erhöhen, Umluft zuschalten

Gebratene Ente

ZUTATEN
FÜR 2–3 PORTIONEN

1 Ente, ca. 2–2 ½ kg, bratfertig
Salz
Majoran
2 Äpfel, ungeschält
2–3 EL Öl

FÜR DIE SAUCE

Eventuell ½ KL Mehl
⅛ l Wasser

VORBEREITUNG

1. Federkiele entfernen, Ente waschen, abtupfen, innen und außen salzen, innen zusätzlich mit Majoran einreiben, Äpfel in den Brustraum füllen.
2. Backofen auf 220 °C ohne Umluft vorheizen.

SO WIRD'S GEMACHT

1. Ente in eine Bratenpfanne legen, mit Öl übergießen, mehrmals wenden, auf den Rücken legen.
2. Bei beginnender Bräunung Temperatur auf 180 °C reduzieren, Ente während des Bratens in kurzen Abständen mit austretendem Fett übergießen.
3. Nach ca. 80–90 Minuten Temperatur auf 230 °C erhöhen, Umluft zuschalten, ca. 10 Minuten fertig braten.
4. Ente aus der Pfanne heben, warm stellen.
5. Die Keulen abtrennen, beim Gelenk teilen. Brust von den Rippen ablösen, halbieren. Bratäpfel mitservieren.

SAUCENGEWINNUNG

wie bei Brathuhn (siehe Seite 269)

TIPP

Stechen Sie während des Bratens die Haut zwischen Keulen und Brust mehrmals mit einer Gabel an, damit Fett abfließen kann.

Gebratener Fasan

ZUTATEN
FÜR 2 PORTIONEN

1 Fasan, einjährig
Salz
Pfeffer, schwarz, gemahlen
2 EL Öl

FÜR DIE SAUCE

Eventuell ½ KL Mehl
⅛ l Wasser

VORBEREITUNG

Fasan spicken oder enthäutet in Speck hüllen (siehe Seite 250).

SO WIRD'S GEMACHT

Fasan salzen und pfeffern, wie Brathuhn braten (siehe Seite 269).
Bratzeit: ca. 30 Minuten bei 230 °C ohne Umluft

TIPP

Begehrt sind die fleischigen Brüste. Die Keulen sind trocken, zäh und mit kräftigen Sehnen durchwachsen.

Gebratene Rebhühner

Rebhühner werden wie Fasane gebraten. Die Gardauer beträgt ca. 25 Minuten.

Dünsten und Schmoren

Das Wesentliche dieser Garmethode ist die geringe Flüssigkeitszugabe: Das Fleisch darf nicht mit Flüssigkeit bedeckt sein. Im zugedeckten Schmortopf soll Dampf entstehen, in dem die aus der Flüssigkeit ragenden Stücke garen. Ob Rind, Wild, Lamm, Kalb oder Geflügel, ob im Ganzen, als Schnitzel, als Roulade oder Ragout, die Technik bleibt immer ähnlich.

Darauf kommt's an

- Verwenden Sie zum Dünsten und Schmoren einen Schmortopf oder eine Kasserolle mit Deckel.
- Zum Schmoren braten Sie das Fleisch bei starker Hitze kräftig braun an.
- Rösten Sie bei Rind, Wild und Lamm das Wurzelgemüse (Mirepoix) dunkel, bei Kalb, Geflügel und Kaninchen hingegen hell an.
- Bedecken Sie Fleisch nicht zur Gänze mit Flüssigkeit, die Sauce wird dann gehaltvoller.
- Schmoren Sie auch angebratene Parüren mit.
- Binden Sie die Sauce mit Stärkemehl, mit Mehl oder einer Kombination aus beidem.
- Wünschen Sie eine mollige, cremige Sauce, fügen Sie saure Sahne, Crème fraîche oder Sahne bei.
- Erläuterungen zu den wichtigsten zum Dünsten geeigneten Fleischteilen finden Sie auf den Seiten 52/53.

Geeignetes Fleisch zum Dünsten und Schmoren

Rind
Für Rinderbraten: Hüfte und Hüftdeckel (Tafelspitz), Ober- und Unterschale, Rolle, Kugel (Nuss), Bürgermeisterstück (Pastorenstück)
Für Rouladen und Schnitzel: Ober- und Unterschale, Kugel (Nuss), Rolle
Für Rostbraten: hohes, eventuell auch flaches Roastbeef
Für Ragoutgerichte: Wade, Beinfleisch, Ochsenschwanz

Kalb
Für Ragouts: ausgelöste Kalbshaxe, Kniekehlenfleisch, Schulter und ausgelöster Hals
Für Kalbsvögerl: ausgelöste Kalbshaxe

Lamm und Wild
Schulter, Keule im Ganzen oder Teilstücke

Rinderschmorbraten (Grundrezept)

ZUTATEN
FÜR 6 PORTIONEN

200 g Möhren und Sellerieknolle
  zu gleichen Teilen
100 g Zwiebeln
1,6 kg Rinderschmorbraten
  (Hüftdeckel)
Salz
Pfeffer, schwarz, gemahlen
5 EL Öl zum Anbraten
1 EL Tomatenmark
¼ l Rotwein
1,2 l Wasser, Rinderbrühe oder
  Fond, dunkel, zum Aufgießen
1 Kräutersträußchen aus:
60 g Lauch
1 Lorbeerblatt
Thymian
10 Pfefferkörner

FÜR DIE SAUCE

⅛ l Rotwein
2 KL Stärkemehl
  oder 30 g Mehl

VORBEREITUNG

1. Wurzelwerk und Zwiebeln schälen, getrennt in 2 cm große Würfel schneiden.
2. Fleisch mit Salz und Pfeffer würzen.

SO WIRD'S GEMACHT

1. Öl in Schmortopf oder Kasserolle erhitzen, Fleisch rundum braun anbraten, anschließend aus der Kasserolle heben.

2. Wurzelwerk im Bratenrückstand braun rösten. Zwiebeln hinzufügen, weiterrösten.

3. Tomatenmark einrühren, dunkel rösten.

4. Mit Rotwein ablöschen, mit Flüssigkeit aufgießen, aufkochen.

5. Fleisch in die kochende Sauce geben, aufkochen. Zugedeckt im Backofen bei 180 °C unter Wenden weich schmoren. Bei Bedarf Flüssigkeit zugießen. Nach ca. 2 Stunden Kräutersträußchen und Pfefferkörner beifügen.

6. Nach einer weiteren halben Stunde Braten aus dem Saft heben, warm stellen. Fett von der Sauce abschöpfen, Sauce durchsieben. Rotwein mit Stärke (Mehl) verrühren, in die kochende Sauce einrühren, aufkochen.

VARIATION

Binden Sie zur Abwechslung die Sauce mit dem mitgeschmorten Wurzelgemüse. Dazu entfernen Sie Pfefferkörner und Kräutersträußchen und mixen die Sauce mit dem Wurzelgemüse und den Zwiebeln.

So variieren Sie die Sauce

Rahmsauce
0,2 l saure Sahne mit 20 g Mehl verrühren, in die kochende Sauce einrühren, aufkochen, etwas Sahne einrühren.

Kapernsauce
Der Rahmsauce 2 EL gehackte Kapern, etwas geriebene Zitronenschale und 1 EL gehackte Petersilie beifügen.

Kräuterrahmsauce
Kurz vor dem Anrichten 1–2 EL gehackte Kräuter (Estragon, Kerbel, Petersilie) unter die Sauce mischen.

Pilzrahmsauce
200 g in Butter geröstete Pilze und 1 EL gehackte Petersilie hinzufügen.

Pfefferrahmsauce
2–3 EL grüne Pfefferkörner und etwas Sahne unter die Rahmsauce mischen, einmal aufkochen, mit Cognac oder Weinbrand vollenden.

Wurzelrahmsauce
150 g feine Streifen von geschälten Möhren und Sellerie in Salzwasser knackig kochen, durchsieben, unter die Rahmsauce mischen.

Gespickter Rinderbraten

ZUTATEN

Siehe Grundrezept
»Rinderschmorbraten« (Seite 276)

ZUM SPICKEN

100 g Speck, ungeräuchert
150 g Möhren
60 g Essiggürkchen

SO WIRD'S GEMACHT

1. Speck und Möhren in ca. ½–1 cm dicke Streifen schneiden. Essiggürkchen der Länge nach halbieren. Rindfleisch mit einem Wetzstahl (Streicher) in Abständen von 3 cm in Faserrichtung durchbohren.
2. Speck- und Gemüsestreifen und Gürkchen in die Öffnungen stecken.
3. Gespickten Braten nach Grundrezept »Rinderschmorbraten« zubereiten.

Geschmorter Rostbraten

ZUTATEN

800 g hohes Roastbeef oder Rinderschnitzelfleisch (Hüfte oder Oberschale)
Salz
Pfeffer, schwarz, gemahlen
2 KL Senf, mittelscharf
5 EL Öl
100 g Zwiebeln, fein geschnitten
1 KL Mehl
0,5 l Wasser
   oder Rinderbrühe, mild

VORBEREITUNG

1. 4 Stück Rostbraten quer zur Faser schneiden.
2. Gleichmäßig zwischen einer Frischhaltefolie ca. 5 mm dünn plattieren, Ränder einschneiden.

SO WIRD'S GEMACHT

1. Rostbraten beidseitig würzen, auf einer Seite mit Senf bestreichen.
2. Öl in flacher Kasserolle erhitzen, Fleisch mit der mit Senf bestrichenen Seite nach oben einlegen, rasant anbraten, wenden, kurz auf der zweiten Seite braten, aus der Kasserolle heben.
3. Im verbleibenden Bratfett Zwiebeln anschwitzen, Mehl einrühren, rösten. Flüssigkeit zugießen, verrühren und kochen, bis sich der Bratensatz löst.
4. Das Fleisch in die Sauce legen, zugedeckt im heißen Backofen bei 180 °C ca. 1½ Stunden schmoren. Bei Bedarf Flüssigkeit zugießen.

ANRICHTEN

Als Beilage eignen sich Nudeln, Kartoffelkroketten, Schupfnudeln oder Kartoffelpüree.

VARIATIONEN

- Binden Sie die Sauce mit $1/8$ l saurer Sahne und 20 g Mehl.
- Variieren Sie die Sauce mit gehackten Kräutern, Senf, Rotwein, Kapern, gebratenen Pilzen, mitgeschmorten Wurzelstreifen, grünem Pfeffer, Schalotten oder gehackten Essiggurken.

TIPP

Geschmorte Rinderschnitzel werden auf dieselbe Weise zubereitet.

Sauerbraten (Rheinischer)

ZUTATEN
FÜR 6 PORTIONEN

1,6 kg Dicker Bug, Mittelbug oder Schulterfilet
Salz
Pfeffer, schwarz, gemahlen
5 EL Öl zum Anbraten
1 EL Tomatenmark
⅛ l Rotwein

FÜR DIE BEIZE

1 Zwiebel
200 g Möhren, Sellerie und Petersilienwurzel zu gleichen Teilen
¼ l Weinessig
1 TL Salz
0,8 l Wasser
2 Lorbeerblätter
4 Gewürznelken
10 Pimentkörner
8 Wacholderbeeren
10 Pfefferkörner

FÜR DIE SAUCE

½ l Fleischbrühe, mild, oder Gemüsebrühe
3–4 EL Preiselbeerkompott
80 g Lebkuchen oder Pumpernickel, zerkleinert
0,3 l Rotwein
2 EL Stärkemehl
80 g Rosinen

VORBEREITUNG

1. Für die Beize Zwiebel und Wurzelgemüse schälen und in grobe Würfel schneiden.
2. Alle Zutaten der Beize gemeinsam aufkochen, dann abkühlen lassen.
3. Fleisch in passendes Gefäß legen, mit Beize bedecken oder mit der Beize in einen Plastikbeutel füllen und verschließen; 5 Tage im Kühlschrank beizen.

SO WIRD'S GEMACHT

1. Fleisch aus der Beize heben, abtropfen. Mit Küchenkrepp abtupfen, rundum salzen und pfeffern. Öl im Schmortopf erhitzen, allseitig kräftig anbraten.

2. Tomatenmark einrühren, rösten, mit ⅛ l Rotwein ablöschen. Mit der Hälfte der Beize aufgießen, Zwiebeln und Wurzelgemüse hinzufügen, Brühe zugießen.

3. Aufkochen, zugedeckt im 180 °C heißen Ofen weich schmoren, öfters wenden. Nach 1½ Stunden Preiselbeeren und Lebkuchen (Pumpernickel) hinzufügen, weitere 30 Minuten schmoren. Fleisch aus der Sauce heben, warm stellen.

4. Restlichen Rotwein mit Stärke verrühren, in die kochende Sauce einrühren.

5. 5 Minuten kochen, durchsieben oder passieren.

6. Rosinen beifügen, 3 Minuten kochen. Anschließend Fleisch tranchieren und mit Sauce übergießen.

ANRICHTEN

Mit Kartoffel- oder Semmelknödeln, Apfelmus, Nudeln, Spätzle oder Rotkohl servieren.

Rinderrouladen

ZUTATEN

4 Rinderroulade (Oberschale)
100 g Zwiebeln
Salz
Pfeffer, schwarz, gemahlen
Senf, mittelscharf,
   zum Bestreichen
4 EL Öl zum Anbraten
Mehl zum Bestäuben
1 EL Tomatenmark
¾ l Wasser oder Rinderbrühe
10 Pfefferkörner
1 Lorbeerblatt

FÜR DIE FÜLLUNG

100 g Möhren, geschält
80 g Räucherspeck
50 g Essiggurken

FÜR DIE SAUCE

0,2 l saure Sahne
1 EL Senf, mittelscharf
20 g Mehl

VORBEREITUNG

1. Fleisch zwischen Frischhaltefolie plattieren.

2. Möhren, Speck und Essiggurken in ca. 4 mm dicke Streifen schneiden.

3. Zwiebeln schälen, in grobe Würfel schneiden.

SO WIRD'S GEMACHT

1. Fleisch salzen, pfeffern, mit Senf bestreichen.

2. Mit Speck-, Gurken- und Wurzelstreifen belegen.

3. Einrollen und fixieren.

4. Öl erhitzen, Fleisch rundum anbraten, aus dem Topf heben. Zwiebeln im Öl rösten, Mehl einrühren, braun rösten. Tomatenmark hinzufügen, rösten, mit Flüssigkeit aufgießen.

5. Rouladen in die kochende Sauce legen.

6. Gewürze dazugeben, zugedeckt im heißen Ofen bei 180 °C ca. 1½ Stunden weich schmoren.

7. Rouladen aus der Sauce heben, Zahnstocher, Bindfaden etc. entfernen, warm stellen.

8. Saure Sahne, Senf und Mehl verrühren, in die kochende Sauce rühren.

9. Sauce aufkochen, Rouladen einlegen, ziehen lassen.

TIPPS

- Das klassische Rouladenfleisch ist Oberschale ohne Deckel. Die etwas gröbere Unterschale und die zarte Rose können ebenfalls verwendet werden.
- Schneiden Sie das Fleisch gegen den Faserlauf möglichst dünn und großflächig.

VARIATIONEN

Variationsideen für die Füllung finden Sie auf Seite 284.

So variieren Sie Rinderrouladen

Rouladenfleisch mit 8 Scheiben Rohschinken und Salbeiblättern belegen.

Rouladenfleisch mit 200 g Hackfleisch bestreichen, mit Speck-, Gurken- und Wurzelstreifen belegen.

Rouladenfleisch mit 200 g Sauerkraut und je 80 g Streifen von rotem Paprika und Speck belegen.

200 g geröstete Pilze und 1 EL gehackte Petersilie unter 150 g Hühnerfarce mischen.

Reh- oder Hirschragout

ZUTATEN

1,2 kg Reh- oder Hirschschulter, ausgelöst
150 g Wurzelwerk (Möhren und Sellerie)
10 Pfefferkörner
5 Wacholderbeeren, angedrückt
1 Thymiansträußchen
1 Lorbeerblatt
5 EL Öl
⅛ l Rotwein
0,8 l Wasser oder Brühe
2 EL Preiselbeerkompott
etwas Orangenschale, gerieben
1–2 KL Stärkemehl

VORBEREITUNG

1. Fleisch in ca. 3 cm große Würfel schneiden, salzen und pfeffern.
2. Wurzelwerk schälen, in 1 cm große Würfel schneiden.
3. Pfefferkörner, Wacholderbeeren, Thymian und Lorbeerblatt in ein Leinenstück binden oder in ein Gewürzei geben.

SO WIRD'S GEMACHT

1. Öl in flacher Kasserolle stark erhitzen, Fleisch an allen Seiten braun anbraten. Dabei nicht zu oft wenden, damit das Öl nicht abkühlt.

2. Mit ¹⁄₁₆ l Rotwein ablöschen.

3. Wasser (Brühe) zugießen.

4. Preiselbeeren, Orangenschale und Gewürzsäckchen (Gewürzei) hinzufügen, aufkochen. Fleisch zugedeckt im auf 180 °C vorgeheizten Ofen schmoren.

GARDAUER

Reh: ca. 80 Minuten
Hirsch: ca. 90–120 Minuten

VARIATION

Für eine Rahmsauce fügen Sie ¹⁄₁₆ l saure Sahne, Crème fraîche und etwas Sahne bei.

ANRICHTEN

Mit dem Geschmack von Wildgerichten harmonieren besonders Wacholderbeeren, Preiselbeeren, Orangensaft und -zesten.

5. 20 Minuten vor Garende Wurzelwerk hinzufügen, mit dem Fleisch kernig garen. Gewürzsäckchen entfernen.

6. Restlichen Rotwein mit Stärke verrühren, in die kochende Sauce einrühren.

Geschmorte Rehkeule
Für 6 Portionen benötigen Sie 1,6 kg ausgelöste Rehkeule. Zubereitung wie Rehragout. Schmoren Sie 2½–3 Stunden zugedeckt bei ca. 180 °C.

Hirschkeule oder -schulter
Wird zubereitet wie Rehragout und -keule. Die Schmorzeit erhöht sich um ca. 30 Minuten gegenüber der Rehkeule.

Hasenläufe
Zubereitung wie Rehragout; im Ganzen schmoren und falls gewünscht spicken. Vorder- und Hinterläufe erfordern unterschiedlich lange Gardauer (ca. 2–2½ Stunden).

Kalbsvögerl

ZUTATEN

1 kg Kalbshaxe, ausgelöst
Salz
Pfeffer, weiß, gemahlen
Mehl zum Wenden
4 EL Öl
½ l Wasser oder Rinderbrühe

FÜR DIE SAUCE

1–2 KL Stärkemehl
20 g Butter zum Montieren

VORBEREITUNG

Fleisch parieren, Deckhäute dabei nicht abziehen; entlang der Muskelstränge in längliche Stücke trennen.

SO WIRD'S GEMACHT

1. Fleisch würzen, in Mehl wenden, anpressen und abschütteln.

2. Öl in flacher Kasserolle erhitzen, Fleisch rundum braun anbraten.

3. Fleisch mit Wasser (Brühe) aufgießen.

4. Zugedeckt im vorgeheizten Backofen bei 180 °C ca. 1½ Stunden schmoren, bei Bedarf Flüssigkeit ergänzen.

5. Fleisch aus dem Topf heben, warm stellen.

6. Stärke mit kaltem Wasser verrühren, in die kochende Sauce einrühren.

7. Aufkochen, kalte Butterstücke einrühren.

8. Sauce durchsieben, Fleisch einlegen, wenden und erhitzen.

VARIATION

Ergänzen Sie die Sauce mit geschnittenen, gebratenen Champignon- oder anderen Pilzscheiben.

Kalbsrahmvögerl

Orientieren Sie sich an der Zubereitung von Kalbsvögerln, fügen Sie $1/16$ l saure Sahne, Crème fraîche und etwas Sahne bei, die Sie mit 1 KL Mehl anrühren und aufkochen.

Gulasch

ZUTATEN

1 kg Wade
700 g Zwiebeln
2 Knoblauchzehen
5 EL Öl oder Schweineschmalz
2 EL Paprikapulver, edelsüß
1 EL Essigwasser (Apfel- oder Weißweinessig)
ca. 1 l Wasser oder Rinderbrühe, mild, zum Aufgießen
1 EL Tomatenmark
Salz
1 KL Kümmel, gemahlen
etwas Zitronenschale
1 KL Majoran
1 EL Mehl

VORBEREITUNG

1. Fleisch mit der Faser in 4–5 cm breite Streifen, anschließend in daumenbreite Scheiben schneiden.

2. Zwiebeln schälen, fein schneiden. Knoblauch schälen, hacken.

SO WIRD'S GEMACHT

1. Fett erhitzen, Zwiebeln unter ständigem Rühren braun rösten.

2. Topf kurz zur Seite stellen, Paprikapulver einrühren, sofort mit etwas Essigwasser ablöschen.

3. Wasser (Rinderbrühe) zugießen, 20 Minuten schmoren.

4. Zwiebeln mixen oder passieren.

5. Fleisch und Tomatenmark in den etwas abgekühlten Gulaschansatz geben, mäßig salzen.

6. Kümmel, Knoblauch, Zitronenschale und Majoran einrühren.

7. Zugedeckt auf dem Herd oder im Backofen bei 180 °C 2–2½ Stunden dünsten. Bei Bedarf Wasser zugießen, öfters umrühren.

8. Mehl und etwas kaltes Wasser glattrühren. Mehl-Wasser-Gemisch zügig mit einem Kochlöffel in das kochende Gulasch einrühren. Weitere 5 Minuten dünsten.

TIPPS

- Verwenden Sie zum Schneiden der Zwiebeln ein scharfes Messer. Hackmaschinen quetschen die Zwiebeln. Austretende Flüssigkeit verhindert eine optimale Röstung und außerdem werden dadurch Bitterstoffe frei.
- Rühren Sie das Paprikapulver rasch in die gebräunten Zwiebeln ein, so entfaltet es sein volles Aroma. Löschen Sie sofort mit etwas Essigwasser ab, sonst besteht die Gefahr des Bitterwerdens.
- Das klassische Fleisch für Rindergulasch ist Wadenfleisch, ein stark durchwachsenes Teilstück, das dem Gulasch seine charakteristische Struktur verleiht. Als Alternative bietet sich Kniekehlenfleisch an, ein wunderbar saftiges Fleisch mit weniger Flechsenanteil. Wer mageres, flachsen- und sehnenfreies Fleisch bevorzugt, verwende Schulterteile.

VARIATIONEN

- Für Ochsenschwanzgulasch brauchen Sie wegen des Knochenanteils für 4 Portionen 2 kg Fleisch. Verwenden Sie dicke fleischige Teile, die man bei den Gelenken durchschneidet. Orientieren Sie sich bei der Zubereitung am Rindergulasch. Die Gardauer beträgt ca. 3–3½ Stunden.
- Wer es »hot« mag, füge scharfen Paprika oder gehackte Chilischoten bei.
- Verleihen Sie Gulasch einen speziellen Touch, indem Sie rote Paprikaschoten mitdünsten.

Kalbsgulasch

ZUTATEN

1 kg Kalbshaxe, ausgelöst, oder Kalbsschulter, ausgelöst
200 g Zwiebeln
4 EL Öl
1 EL Paprikapulver, edelsüß
Salz
¾–1 l Wasser oder Rinderbrühe, mild
etwas Zitronensaft und -schale
⅛ l saure Sahne
1–2 EL Mehl

VORBEREITUNG

Fleisch in 3–4 cm große Würfel schneiden. Zwiebeln schälen, kleinwürfelig schneiden.

SO WIRD'S GEMACHT

1. Öl erhitzen, Zwiebeln hellbraun rösten, Paprikapulver hinzufügen, umrühren, sofort mit kaltem Wasser ablöschen.
2. Kalbfleisch einrühren, andünsten, salzen.
3. Mit Wasser (Brühe) aufgießen, Zitronenschale und -saft beifügen.
4. Fleisch zugedeckt auf dem Herd oder im Ofen bei 180 °C ca. 1½ Stunden kernig weich dünsten. Fleisch aus der Sauce heben.
5. Saure Sahne und Mehl mit einem Schneebesen verrühren und zügig in die kochende Sauce rühren.
6. 5 Minuten kochen, würzen, mixen oder passieren. Fleisch in die Sauce geben, nochmals erwärmen.

Paprikahuhn

ZUTATEN

2 Hühner, ausgenommen,
 à ca. 1,4 kg
220 g Zwiebeln
etwas Zitronenschale,
 nur das Gelbe
Salz
6 EL Öl
2 EL Paprikapulver, edelsüß
ca. 0,7 l Wasser oder
 Hühnerbrühe, mild
1 KL Tomatenmark
0,2 l saure Sahne
⅛ l Schlagsahne
40 g Mehl
etwas Zitronensaft

VORBEREITUNG

1. Hühner waschen, halbieren, Keulen abtrennen.
2. Rückgrat und Hals abschneiden, eventuell für Fond verwenden.
3. Zwiebeln schälen, kleinwürfelig schneiden.
4. Zitronenschale fein hacken oder reiben.

SO WIRD'S GEMACHT

1. Hühnerteile an allen Seiten salzen.
2. Öl in flacher Kasserolle erhitzen, Hühnerteile fast farblos anbraten, zur Weiterverarbeitung aus der Kasserolle heben.
3. Im verbleibenden Öl die Zwiebeln hellbraun rösten, Paprikapulver hinzufügen, schnell umrühren, sofort mit ca. ½ l Wasser (Fond) ablöschen, leicht salzen.
4. Tomatenmark und Zitronenschale einrühren, aufkochen.
5. Hühnerteile hinzufügen, zugedeckt auf dem Herd oder im auf 180 °C vorgeheizten Backofen kernig weich schmoren, dabei bei Bedarf Flüssigkeit ergänzen.
6. Hühnerteile aus der Kasserolle heben. Saure Sahne, Schlagsahne und Mehl mit einem Schneebesen glatt verrühren, zügig in die kochende Flüssigkeit rühren.
7. Einige Minuten kochen, mit Salz und Zitronensaft würzen, mixen (passieren). Hühnerteile wieder in die Sauce geben, nochmals gemeinsam erwärmen.

Gardauer: ca. 45–50 Minuten

TIPPS

- Wenn Sie die Haut nicht mitessen wollen, ziehen Sie diese im gedünsteten Zustand ab.
- Wenn Sie kernig saftiges Hühnerfleisch bevorzugen, verwenden Sie an Stelle ganzer Hühner 8 Hühnerkeulen inklusive Oberkeule. Die Gardauer reduziert sich dann auf ca. 35 Minuten.

ANRICHTEN

Als Beilage bieten sich Knöpfle an.

Hackfleisch

Aus Hackfleisch lassen sich kostengünstig köstliche Gerichte zubereiten. Oberstes Gebot dabei ist frisch durchgedrehtes Fleisch: Meiden Sie wenn möglich fertiges Hackfleisch.

Darauf kommt's an

- Kühlen Sie den Aufsatz des Fleischwolfs vor dem Durchdrehen 30 Minuten im Kühlschrank.
- Schneiden Sie das Fleisch in längliche Streifen und kühlen Sie es.
- Geben Sie nicht zu viel Fleisch auf einmal in die Maschine und verwenden Sie den Stößel zum Nachstoßen.
- Arbeiten Sie in folgender Reihenfolge: Fleisch, erkaltete geröstete Zwiebeln und Knoblauch, anschließend eingeweichte, ausgedrückte Brötchen oder Weißbrotstücke.
- Vermischen Sie die Zutaten mit der Hand oder mit einem Küchenspachtel und nicht mit Rührmaschinen. So wird Hackfleisch locker und saftig.

Hackfleisch (Grundmasse)

ZUTATEN

2 Brötchen
50 g Zwiebeln, fein geschnitten
2 Knoblauchzehen, gepresst
500 g Fleisch, durchgedreht
   (zu gleichen Teilen Rinder-
   und Schweineschulter
    oder -nacken bzw. -bauch)
3 EL Öl
1 Ei
Salz
Pfeffer, schwarz, gemahlen
reichlich Majoran
ca. 3 EL Weißbrot, trocken,
   gerieben, oder Paniermehl
1 EL Petersilie, gehackt

SO WIRD'S GEMACHT

1. Brötchen in Wasser einweichen, ausdrücken, mixen oder passieren.

2. Zwiebeln in heißem Öl hell anrösten, Knoblauch hinzufügen, erkalten lassen.

3. Alle Zutaten verkneten, würzen.

Frikadellen (Buletten, Fleischpflanzerl)

ZUTATEN

Grundmasse Hackfleisch
Weißbrot, trocken, gerieben, oder Paniermehl
4 EL Öl

SO WIRD'S GEMACHT

1. Hackfleisch mit nassen Handflächen zu gleich großen Kugeln formen, flach drücken.
2. In Weißbrotbröseln (Paniermehl) wenden, leicht anpressen.
3. Öl in flacher Pfanne erhitzen.
4. Fleisch einlegen, braun anbraten, wenden, langsam fertig braten.
Bratzeit: ca. 8 Minuten

VARIATIONEN

- Mischen Sie 1 KL edelsüßes Paprikapulver, 2 EL in kleine Würfel geschnittene Paprikaschoten und 60 g geröstete Speckwürfel unter die Grundmasse.
- Mischen Sie 100 g in 1 cm große Würfel geschnittenen Edamer unter die Grundmasse.

Butterschnitzel

ZUTATEN

500 g Kalbsschulter, mager, ohne Flechsen
1 Brötchen oder 2 Scheiben Weißbrot
etwas Milch oder Wasser zum Einweichen
1 Ei
0,1 l Schlagsahne
1 KL Petersilie, gehackt
Salz
Muskatnuss, gerieben
3 EL Butterschmalz

FÜR DIE SAUCE

20 g Butter zum Montieren
0,1 l Kalbsfond, dunkel, mild, Rinderbrühe, mild, oder Wasser

VORBEREITUNG

1. Fleisch in Stücke schneiden und durchdrehen oder durchgedreht kaufen.
2. Brötchen (Weißbrot) in etwas Milch (Wasser) einweichen, leicht abpressen, mit dem Fleisch durchdrehen oder mit dem Mixstab pürieren.

SO WIRD'S GEMACHT

1. Durchgedrehtes Fleisch mit Brötchen (Weißbrot), Ei, Sahne, Petersilie, Salz und Muskatnuss vermischen.
2. 4 flache ovale Bratlinge formen.
3. Butterschmalz in einer Pfanne erhitzen, Butterschnitzel einlegen, langsam bräunend braten, mit einer Palette wenden, langsam fertig braten, aus der Pfanne heben, warm stellen.

SAUCENGEWINNUNG

Bratrückstand mit Kalbsfond (Brühe, Wasser) ablöschen, reduzierend einkochen, kalte Butterstücke mit dem Saucenbesen einrühren. Sauce durchsieben und über die Butterschnitzel gießen.
Bratzeit: ca. 8 Minuten

ANRICHTEN

Zu dieser österreichischen Spezialität werden als klassische Beilagen Kartoffelpüree, Erbsen oder Möhren gereicht.

Gefüllter Hackbraten

ZUTATEN
FÜR 4–6 PORTIONEN

Schweinenetz zum Umhüllen
Grundmasse Hackfleisch,
 siehe Seite 296
3–4 Eier, hart gekocht, geschält
3–4 Essiggürkchen
2 EL Öl

FÜR DIE SAUCE

½ KL Mehl
⅛ l Wasser oder Rinderbrühe

VORBEREITUNG

Schweinenetz in kaltem Wasser einweichen, abspülen, ausdrücken, mit Küchenkrepp trocknen.

SO WIRD'S GEMACHT

1. Hackfleisch länglich formen und dann der Länge nach mit der Handkante eine breite Vertiefung einkerben.

2. Eier an den Enden abkappen. Eier und Gürkchen in die Vertiefung legen.

3. Öffnung mit Hackfleisch verschließen, mit befeuchteten Handflächen verstreichen.

4. Schweinenetz auf der Arbeitsfläche ausbreiten, Hackfleisch drauflegen, mit Netz umhüllen.

SAUCENGEWINNUNG

Überschüssiges Fett abgießen, Bratenrückstand mit Mehl stäuben, kurz rösten, mit Wasser (Rinderbrühe) aufgießen, reduzierend kochen.

5. Backofen auf 210 °C vorheizen. Bratenpfanne mit Öl ausstreichen, Braten einlegen, kontinuierlich mit austretendem Fett begießen.
Bratdauer: ca. 45 Minuten

Innereien

Innereien haben aufgrund veränderter Ernährungsgewohnheiten zunehmend an Bedeutung verloren. Doch richtig zubereitet sind manche Innereien wahre Delikatessen.

Darauf kommt's an

- Entscheidend ist immer die Grundqualität. Ist diese nicht ausreichend, kann auch bei größter Sorgfalt kein hochwertiges Ergebnis erzielt werden.
- Für exklusive Speisen ist Leber von Gans, Ente, Kalb, Lamm, Kitz und Reh besonders geeignet.
- Leber und Nieren salzen Sie im letzten Moment vor dem Braten.
- Bei zu langer Garung und durch Braten oder Ausbacken in zu kaltem oder zu heißem Fett kommt es bei Leber und Nieren zu Fehlentwicklungen was Geschmack und Zartheit betrifft.
- Kalbsleber wird für viele typische Lebergerichte bevorzugt. Schweineleber ist eine preisgünstige Alternative, sie ist jedoch nicht so zart und reicht auch im Geschmack nicht an Kalbsleber heran.
- Rinderleber eignet sich für Suppeneinlagen (Nockerl, Klößchen usw.).

Innereien vorbereiten

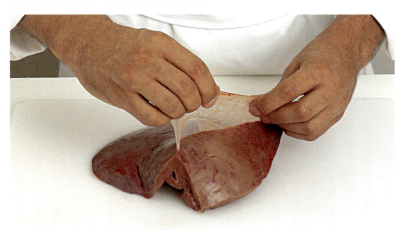

Kalbsleber

Haut an der spitzen (flachen) Seite mit einem Messer einritzen, dann mit den Fingern abziehen.

Gänseleber

Gänseleber ist äußerst wärmeempfindlich und wird deshalb bei der Bearbeitung mit einem Tuch angefasst.

1. Leberlappen auseinander brechen, Hauptstränge freilegen.

2. Diese mit einen kleinem Messer entfernen.

3. Haut mit einem Gemüsemesser abziehen.

4. Zum Braten in nicht zu dünne Scheiben schneiden.

Schweinenieren

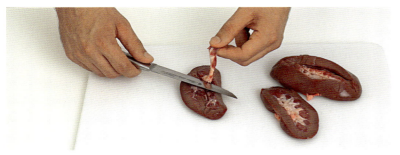

Nieren der Länge nach halbieren, Hauptstrang ausschneiden, danach gründlich waschen und in feine Scheiben schneiden.

Kalbsnieren

1. Fettschicht fast ganz abschneiden.

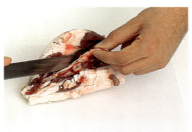

2. An der Unterseite der Länge nach aufschneiden, inneren Strang ausschneiden.

Gebratene Gänseleber

ZUTATEN
FÜR 2 PORTIONEN

210 g Gänseleber
Salz
Pfeffer, weiß, gemahlen
Mehl zum Wenden
1 EL Gänseschmalz
    oder Pflanzenöl

FÜR DIE SAUCE

4 EL Wasser, Brühe
    oder Fond, dunkel
Spritzer Madeira
eventuell etwas Trüffelsaft
1 KL Butter zum Montieren

VORBEREITUNG

Leber von Häuten und Strängen befreien (siehe Seite 301) und in ca. 10 mm dicke Scheiben schneiden.

SO WIRD'S GEMACHT

1. Gänseleber beidseitig würzen, in Mehl wenden, abschütteln, leicht anpressen.
2. Fett in Pfanne erhitzen, Leber einlegen, beidseitig nicht ganz durch-, sondern auf den Punkt braten, aus der Pfanne heben, warm ruhen lassen.

SAUCENGEWINNUNG

Überschüssiges Fett aus der Pfanne gießen, Flüssigkeit zugießen, reduzierend kochen. Madeira (und eventuell Trüffelsaft) beifügen, aufkochen, zügig kalte Butterstücke einrühren, durchsieben und heiß über die Leber gießen.

ANRICHTEN

- lauwarm auf marinierten edlen Blattsalaten
- als Zwischen- oder Hauptgericht mit Madeira- oder Trüffelsauce
- kombiniert mit Kalbs-, Rinder- oder Rehmedaillons
- mit gerösteten Pinienkernen und Trüffelscheiben oder karamellisierten Apfelspalten
- auf Kartoffelpüree (mit Trüffelöl aromatisiert)

TIPP

Gänseleber zu braten ist wegen der teilweise beschränkten Bratfähigkeit relativ schwierig. Als fast risikolos erweist sich Qualitätsstufe 3b. In jedem Fall ist das Braten einer Probe empfehlenswert. Nicht bratfähige Leber verarbeiten Sie zu Gänseleberterrine.

Gebratene Kalbsleber

ZUTATEN
FÜR 2 PORTIONEN

320 g Kalbsleber, küchenfertig
3 EL Öl oder Butterschmalz
Salz
Pfeffer, schwarz, gemahlen

FÜR DIE SAUCE

40 g Butter
60 g Zwiebeln, fein geschnitten
Mehl zum Bestäuben
⅛ l Rinderbrühe oder Fond, dunkel
Majoran, verrieben
Spritzer Essig
20 g Butter zum Montieren

VORBEREITUNG

Leber in messerrückendicke, 3–4 cm große Scheiben schneiden.

SO WIRD'S GEMACHT

1. Öl (Butterschmalz) in unbeschichteter Pfanne erhitzen. Leber mit Salz und Pfeffer würzen.

2. In heißem Fett anrösten, nicht durchbraten.

3. Aus der Pfanne heben, warm stellen.

4. Butter im Bratenrückstand erhitzen.

5. Zwiebeln dazugeben, goldgelb rösten, Mehl einrühren.

6. Mit Rinderbrühe (Fond) aufgießen, reduzierend zu sämiger Konsistenz kochen.

7. Majoran und Essig hinzufügen. Kalte Butterstücke zügig in die Sauce einrühren.

8. Leber in die Sauce legen, kurz ziehen lassen, wenden, nicht mehr aufkochen.

Glacierte Leberfilets

ZUTATEN
FÜR 2 PORTIONEN

320 g Kalbsleberfilets,
   ca. 5 mm dick, vom hohen
   Teil der Leber
Salz
Pfeffer, schwarz, gemahlen
Mehl
2 EL Öl oder Butterschmalz

FÜR DIE SAUCE

ca. 4–6 EL Rinderbrühe
   oder Fond, dunkel
20 g Butter

SO WIRD'S GEMACHT

1. Leber beidseitig mit Salz und Pfeffer würzen. Eine Seite in Mehl wenden, abschütteln, leicht anpressen.
2. Fett in unbeschichteter Pfanne erhitzen.
3. Leberfilets an der bemehlten Seite anbraten, wenden, nicht ganz durchbraten. Aus der Pfanne heben, warm stellen.
4. Überschüssiges Fett abgießen, mit Brühe (Fond) aufgießen, reduzierend kochen, zügig kalte Butterstücke einrühren.
5. Leber mehrmals in der Sauce wenden.

TIPP

Leber nicht durchgaren, sie soll innen zartrosa sein.

Panierte Leber
Leber schneiden und würzen wie glacierte Leberfilets; panieren und anschließend wie Wiener Schnitzel ausbacken (siehe Seite 242).

Geröstete Schweinsnierndln
Nieren der Länge nach halbieren, Strang ausschneiden. Waschen, abtrocknen, dünnblättrig schneiden. Wie gebratene Leber zubereiten (siehe Seite 303).

Kalbsnierenscheiben mit Calvadossauce und grünem Pfeffer

ZUTATEN
FÜR 2–3 PORTIONEN

2 Kalbsnieren
2 EL Öl oder Butterschmalz
Salz
Pfeffer, schwarz, gemahlen

FÜR DIE SAUCE

50 g Zwiebeln, würfelig
   geschnitten
Calvados zum Ablöschen
ca. 4–6 EL Rinderbrühe
   oder Fond, dunkel
20 g Butter
1 EL Pfeffer, grün

VORBEREITUNG

1. Fett bis auf ca. 5 mm gleichmäßig abschneiden.
2. An der Unterseite der Länge nach aufschneiden, Strang ausschneiden. Nieren in ca. 6 mm dicke Scheiben schneiden.

SO WIRD'S GEMACHT

1. Fett in unbeschichteter Pfanne erhitzen. Nierenscheiben mit Salz und Pfeffer würzen, rasant anbraten, wenden, nicht durchbraten. Aus der Pfanne heben, warm stellen.
2. Etwas Fett aus der Pfanne gießen, Zwiebeln kurz anrösten, mit Calvados ablöschen. Brühe (Fond) zugießen, reduzierend kochen.
3. Kalte Butterstücke zügig einrühren, grünen Pfeffer hinzufügen.
4. Nierenscheiben anrichten, mit Sauce übergießen.

TIPP

Nieren werden bei zu langer Garung zäh und sollten nach dem Braten oder Rösten innen noch zartrosa sein.

Kalbsbeuschel

ZUTATEN

ca. 1 kg Kalbslunge
½ Kalbsherz
ca. 2 l Wasser
150 g Möhren und Sellerie,
  zu gleichen Teilen
½ Zwiebel
2 Lorbeerblätter
10 Pfefferkörner, angedrückt
Thymian
Salz

FÜR DIE SAUCE

4 EL Öl
30 g Mehl
40 g Zwiebeln
1 EL Petersilie, gehackt
etwas Sardellenpaste
2 Knoblauchzehen, gepresst
etwas Zitronenschale, gerieben
60 g Cornichons
20 g Kapern
3 EL saure Sahne
Majoran
etwas Senf, mittelscharf
Apfel- oder Weinessig
Salz
Pfeffer, weiß

VORBEREITUNG

Luft- und Speiseröhre von der Lunge abschneiden; Lunge für 2 Stunden in kaltes Wasser legen. Wasser öfters wechseln. Lunge mit der Messerspitze mehrmals einstechen.

SO WIRD'S GEMACHT

1. Lunge und Herz mit kaltem Wasser bedecken. Wurzelwerk, Zwiebelhälfte, Lorbeer, Pfefferkörner, Thymian, Essig und Salz hinzufügen.

2. Einen kleineren Deckel verkehrt auf das Beuschel legen, mit einem mit Wasser befüllten Gefäß beschweren. Schwach wallend 30 Minuten kochen, Lunge wenden, kernig weich kochen.

3. Gekochte Lunge aus dem Sud heben, in kaltem Wasser abschrecken. Das Herz weitere 15 Minuten kochen, ebenfalls in Wasser abkühlen.

4. Sud durchsieben und reduzierend kochen. Aufheben für die Saucenzubereitung.

5. Lunge und Herz in eine Schüssel legen, mit passendem Teller oder Frischhaltefolie abdecken, mit einem Gewicht beschweren, mehrere Stunden kühlen.

6. Lunge und Herz mit kleinem Messer von Haut und Fettablagerungen befreien.

7. In dünne Blätter und dann in feine Streifen schneiden.

8. Öl erhitzen, Mehl einrühren.

9. Mehl dunkelbraun rösten, anschließend Cornichons, Zwiebeln, Petersilie, Sardellenpaste, Knoblauch, Zitronenschale und Kapern hinzufügen.

10. Kurz rösten, mit 0,6 l Sud aufgießen.

11. Glattrühren, 15 Minuten zu einer molligen Sauce kochen, bei Bedarf Sud zugießen. Beuschelstreifen hinzufügen.

12. Saure Sahne, Majoran und Senf hinzufügen, mit Essig, Salz und Pfeffer abschmecken.

TIPP

Durch Verdünnen eines Beuschels mit Beuschelsud und Sahne erhalten Sie eine hervorragende Suppe. Als Einlage servieren Sie kleine Semmelknödel.

Weißweinbeuschel (moderne, leichte Variante)

ZUTATEN

ca. 1 kg Kalbslunge
½ Kalbsherz

ZUM MARINIEREN

Balsamicoessig
Senf
Weißwein (am besten
   Grünen Veltliner)

FÜR DIE SAUCE

1 Möhre
½ Knollensellerie
½ Zwiebel, gehackt
2 El Butter
20 g Kapern
60 g Cornichons, gehackt
Weißwein zum Ablöschen
¼ Beuschelsud
0,2 l Sahne
Balsamicoessig
   zum Abschmecken

SO WIRD'S GEMACHT

1. Lunge und Herz wie für Kalbsbeuschel kochen (siehe Seite 306/307), schneiden, mit Balsamicoessig, Senf und etwas Weißwein marinieren.
2. Möhre und Knollensellerie schälen, in feinste Streifen schneiden.
3. Gehackte Zwiebeln in Butter anschwitzen. Kapern und Cornichons hinzufügen, mit etwas Wein ablöschen.
4. Beuschelsud und Sahne dazugeben und solange kochen, bis eine sämige Konsistenz entsteht; anschließend mixen.
5. Beuschel- und Gemüsestreifen hinzufügen, ca. 10 Minuten cremig kochen. Mit Balsamicoessig säuerlich pikant abschmecken.

Kalbsbries mit Kräutersauce

ZUTATEN

400 g Kalbsbries,
   pariert, blanchiert
Salz
Pfeffer, weiß, gemahlen
etwas Mehl
10 g Butter
2 EL Olivenöl

FÜR DIE SAUCE

⅛ l Wasser, Rinderbrühe oder
   Kalbsfond, dunkel
1 KL Estragonblätter, gehackt
30 g Butter zum Montieren
Kerbelblätter, gezupft

SO WIRD'S GEMACHT

1. Bries in 10 mm dicke Scheiben schneiden oder in kleine Stücke (Röschen) teilen. Mit Salz und Pfeffer würzen und mit einem Hauch Mehl bestäuben.
2. Butter und Olivenöl in einer Pfanne aufschäumen lassen, Bries darin langsam auf beiden Seiten hellbraun braten und aus der Pfanne heben.
3. Überschüssiges Fett abgießen und mit Flüssigkeit aufgießen.
4. Reduzierend, fast sirupartig einkochen; Estragon hinzufügen.
5. Kurz vor dem Anrichten eiskalte Butterflocken zügig einrühren.
6. Bries anrichten, mit Sauce überziehen und mit Kerbelblättern belegen.

Bratdauer: ca. 8 Minuten

Kutteln in Estragon-Weißwein-Creme

ZUTATEN
FÜR 4–6 PORTIONEN

1 kg Kalbskutteln, pariert
1 Lorbeerblatt
10 Pfefferkörner, angedrückt
etwas Thymian
Salz
½ Zwiebel
150 g Wurzelwerk
   (Möhren und Sellerie)

FÜR DIE ESTRAGONCREME

⅛ l Weißwein
3 EL Wermut
50 g Zwiebeln (Schalotten), fein geschnitten
0,3 l Schlagsahne, flüssig
2 Tomaten, geschält, entkernt, gewürfelt
2 KL Estragonblätter, gehackt
etwas Zitronensaft
Salz
Pfeffer, weiß, gemahlen
Prise Zucker
0,1 l Schlagsahne, geschlagen

SO WIRD'S GEMACHT

1. Kutteln gut kalt waschen. Lorbeerblatt, Pfefferkörner und Thymian in ein Leinentuch binden oder in ein Gewürzei füllen.
2. Kutteln mit reichlich leicht gesalzenem Wasser bedecken, aufkochen und abgießen. Vorgang wiederholen und Gewürzsäckchen hinzufügen. Wasser immer wieder abgießen und durch frisches ersetzen.
3. Nach 2½ Stunden Zwiebeln und Wurzelwerk dazugeben.
4. Kutteln ca. 3–3½ Stunden kernig weich kochen.
5. Erkaltete Kutteln in feine Streifen schneiden.
6. Wein, Wermut und Zwiebeln (Schalotten) aufkochen und flüssige Sahne hinzufügen.
7. Reduzierend zu sämiger Konsistenz kochen, Kutteln untermengen und kurz weiterkochen.
8. Tomaten und Estragon hinzufügen und mit Zitronensaft, Salz, Pfeffer und einer Prise Zucker pikant würzen. Nochmals aufkochen und geschlagene Sahne unterrühren.

Gardauer: ca. 3–4 Stunden

ANRICHTEN

Als Beilagen harmonisieren Serviettenknödel.

VARIATION

Bestreuen Sie das fertige Gericht mit Parmesan und servieren Sie dazu mit Rosmarin parfümierte cremige Polenta.

TIPP

Kutteln (Rindermagen) sind in Deutschland kaum bekannt, werden jedoch zum Beispiel in Frankreich und Italien gern gegessen. Dieses Rezept ist eine typisch österreichische Variante.

Gemüse

Gemüse bringt Abwechslung und Farbe in den Speiseplan und ist von hohem gesundheitlichen Wert. Ihren Speisezettel sollte vorrangig frisches Gemüse bereichern, auch wenn die Tiefkühlindustrie reichhaltige Angebote und wesentliche Arbeitserleichterungen bietet.

Darauf kommt's an

- Achten Sie beim Einkauf auf unvergilbte Blätter, saftige Stielansätze und knackige, kompakte Konsistenz.
- Zerteilen Sie Gemüse stets in gleich große Stücke, um eine gleichmäßige Garung zu erreichen.
- Kochen Sie Gemüse stets knackig, um die Nährstoffe zu bewahren.
- Salzen Sie das Kochwasser, um die frische natürliche Farbe zu erhalten.
- Blanchieren Sie Blattgemüse wie Spinat, Mangold oder Römischen Salat kurz in kochendem Salzwasser und schrecken es anschließend sofort in kaltem Wasser ab.
- Setzen Sie gekochtes Gemüse beim Abfrischen nicht direkt dem Wasserstrahl aus.
- Gestalten Sie Ihren Gemüsespeiseplan abwechslungsreich, Zubereitungsvarianten wie zum Beispiel Aufläufe, Gratins oder Lasagne aus den unterschiedlichsten Gemüsesorten sind eine schmackhafte Alternative zur Fleischküche.
- Aromatisieren Sie Gemüse mit geschmolzener oder gebräunter Butter.

Artischocken

EINKAUF

Achten Sie auf knackige Stiele mit frischen Schnittstellen und festen, saftigen, geschlossenen Hüllblättern.

VERWENDUNG

Kleine, junge Artischocken (Baby-Artischocken bzw. Carciofini)
- dünn geschnitten entweder roh für Salate oder gebraten für Pasta- und Risottogerichte
- im Ganzen gekocht und zerteilt für Salate, als Beilage oder als Pizzabelag

Große, im Ganzen gekochte Artischocken
- kalt oder warm als Vorspeise
- Blätter ablösen, fleischigen, unteren Teil in Mayonnaisesauce, Vinaigrette oder Sauce Hollandaise tauchen und zwischen den Zähnen abstreifen

Artischockenböden

Werden gekocht und entweder kalt mit Mousse von Räucherfischen, Avocado oder Gänseleber oder warm mit feinen Ragouts gefüllt.

KLEINE ARTISCHOCKEN VORBEREITEN

1. Stiel auf etwa 5 cm kürzen, großzügig schälen.

2. Oberes Drittel abschneiden.

3. Äußere Blätter entfernen, Blattspitzen mit Küchenschere kürzen.

GROSSE ARTISCHOCKEN VORBEREITEN

1. Stiel mit einer Drehbewegung abbrechen. Dabei werden die Fasern aus dem Boden gezogen.

2. Boden an der Unterseite glatt zuschneiden, mit Zitronensaft einreiben.

3. Harte Außenblätter entfernen.

4. Artischocke an der Oberseite ca. 3 cm abschneiden, die Spitzen der übrigen Blätter mit der Schere kürzen.

5. Artischocke nach jedem Arbeitsgang mit Zitronensaft einreiben. Die Schnittflächen mit einer Zitronenscheibe belegen, mit Küchengarn kreuzweise festbinden.

Artischockenböden vorbereiten

1. Stiel mit einer Drehbewegung abtrennen.
2. Ca. zwei Drittel der Artischocke an der Oberseite abschneiden.
3. Außenblätter rund um den Boden abschneiden. Boden mit kleinem Messer zuparieren.
4. Fasriges »Heu« in der Mitte der Frucht mit einem kleinem Löffel entfernen, den Boden mit Zitronensaft einreiben.

ARTISCHOCKEN KOCHEN

1. Reichlich Wasser mit Zitronensaft, Salz, 1 Prise Zucker und 3–4 EL Olivenöl zum Kochen bringen.
2. Artischocken im Sud mit einem Teller beschwert schwach wallend kochen.
Kochdauer: ganze Artischocken je nach Größe ca. 15–20 Minuten, Artischockenböden je nach Größe ca. 8–12 Minuten

Auberginen

EINKAUF

Achten Sie auf glatte, glänzende Haut und kompakte Frucht.

VERWENDUNG

- zum Braten und Grillen
- zum Ausbacken nach Wiener Art
- als Gratin in Verbindung mit Zucchini und Paprikaschoten
- als Bestandteil von Mischgemüse (Ratatouille)
- Auberginenhälften mit Hackfleisch füllen und im Backofen garen

VORBEREITUNG

Zum Braten und Grillen
Stielansatz abschneiden, ungeschält in ca. 7–10 mm dicke Scheiben schneiden.

Für Gemüseaufläufe
In ca. 7–10 mm dicke Scheiben schneiden und beidseitig salzen. Ca. 20 Minuten ruhen lassen und mit Küchenkrepp abtrocknen. So werden der Frucht Wasser und Bitterstoffe entzogen.

Für Gemüsemischungen
Stielansatz abschneiden, ungeschält in grobe, gleichmäßige Würfel schneiden.

Zum Füllen
1. Mittelgroße Exemplare der Länge nach halbieren, die untere Rundung abkappen.
2. Auf der Schnittfläche kreuzförmig einschneiden, in einer Pfanne oder im Backofen im heißen Öl braten, bis man das Fruchtfleisch mit einem Löffel herausheben kann. Dieses fein hacken und der Füllung hinzufügen.

Gedünstete Auberginen mit Feta

ZUTATEN

500 g Auberginen
4 Tomaten
1 Zwiebel, mittelgroß
200 g Feta
5 EL Olivenöl
Salz
Pfeffer, gemahlen
Oregano
1 Rosmarinzweig
3 Knoblauchzehen, gepresst
1/16 l Weißwein
etwas Brühe oder Tomatensaft zum Aufgießen
Basilikum, gehackt, zum Bestreuen

VORBEREITUNG

1. Auberginen waschen, Stielansatz abschneiden und in grobe Würfel schneiden.
2. Tomaten schälen, entkernen, in Sechstel schneiden.
3. Zwiebel schälen, in grobe Würfel schneiden.
4. Feta in 2 cm große Würfel schneiden.

SO WIRD'S GEMACHT

1. Öl in einer Kasserolle erhitzen, Zwiebeln kurz anrösten und Auberginen hinzufügen. Mit Salz, Pfeffer und Oregano würzen, Rosmarin und Knoblauch dazugeben.
2. Mit Weißwein begießen, zugedeckt dünsten, etwas Brühe (Tomatensaft) zugießen.
3. Nach etwa 8 Minuten Tomaten und Feta hinzufügen, würzen, 3 Minuten dünsten, mit Basilikum bestreuen.

Blumenkohl

EINKAUF

Achten Sie auf kompakte, weiße Röschen ohne Verfärbungen und auf knackige Blätter.

VERWENDUNG

- zerteilt gekocht für Mischgemüse, Salat, Cremesuppen und Blumenkohlpüree
- im Ganzen gekocht mit Butter und Paniermehl, mit Käsesauce gratiniert oder mit Sauce Hollandaise komplettiert
- gekochte Röschen paniert oder in Backteig getaucht zum Frittieren

VORBEREITUNG

1. Unteres Ende abschneiden, Blätter abtrennen.
2. Entweder Kopf im Ganzen belassen und 30 Minuten in kaltes Salzwasser legen oder Röschen abtrennen, kalt waschen.

Blumenkohl kochen

Blumenkohl im Ganzen oder abgetrennte Röschen in Salzwasser zart wallend kernig kochen.
Kochdauer: Blumenkohl im Ganzen ca. 12 Minuten, Röschen ca. 4 Minuten

Bohnen

EINKAUF

Achten Sie auf feste, knackige Konsistenz ohne Verfärbungen.
Die verschiedenen Bohnenarten unterscheiden sich in Größe und Geschmack. Zu den gängigsten Sorten zählen Buschbohnen, feine Prinzessbohnen, große breite Bohnen, gelbe Wachsbohnen und extrazarte Keniabohnen.

VERWENDUNG

- für Beilagensalate oder als Bestandteil von Salatkombinationen, zum Beispiel Salat Nicoise
- in gebräunter Butter geschwenkt als Beilage zu gegrilltem Fleisch oder großen Braten

VORBEREITUNG

1. Enden mit einem Gemüsemesser abschneiden, allfällig vorhandene Fäden an der Naht abziehen.

2. Je nach Verwendungszweck ganz belassen oder in beliebig große Stücke schneiden.

BOHNEN KOCHEN

1. Reichlich Salzwasser zum Kochen bringen, Schoten schwach wallend einige Minuten kernig kochen.

2. Abgießen, sofort in eiskaltem Wasser abschrecken und je nach Verwendungszweck weiterverarbeiten.
Kochdauer: von der Bohnensorte abhängig

Dillbohnen

ZUTATEN

20 g Butter
20 g Mehl
0,2 l Brühe, mild
¼ l saure Sahne
1 kg Bohnen, geputzt, in Rauten geschnitten, gekocht
1 EL Dillspitzen, gehackt
Salz
Pfeffer, gemahlen, schwarz
Apfel- oder Weinessig

SO WIRD'S GEMACHT

1. Butter in flacher Kasserolle schmelzen, Mehl einrühren, hell rösten.
2. Mit heißer Brühe aufgießen, verrühren, einige Minuten kochen.
3. Saure Sahne einrühren, gekochte Bohnen untermengen, kurz aufkochen.
4. Dill einrühren, mit Salz, Pfeffer und Essig würzen.

ANRICHTEN

Servieren Sie Dillbohnen als Beilage zu gekochtem Rindfleisch, Hackfleisch und Würsten.

Bohneneintopf

Zubereitung wie Dillbohnen. Mischen Sie 1 KL Paprikapulver, 400 g in Scheiben geschnittene Fleischwurst und 250 g gekochte, geschnittene Kartoffeln darunter. Alles zusammen ca. 4 Minuten kochen, bei Bedarf die Konsistenz mit saurer Sahne oder Brühe regulieren.

Broccoli

EINKAUF

Achten Sie auf kompakte Stiele und feste dunkelgrüne Röschen.

VERWENDUNG

- mariniert mit Vinaigrette als Salat
- für Schaumsuppe
- als Beilage zu Fisch, Fleisch und Geflügel
- als Gratin oder Flan

VORBEREITUNG **BROCCOLI KOCHEN**

Blätter entfernen, Röschen vom Strunk abschneiden, kalt waschen.

1. Reichlich Salzwasser zum Kochen bringen. Broccoliröschen schwach wallend einige Minuten kernig weich kochen.

2. Sofort in eiskaltem Wasser abschrecken, abgießen.

Broccoliflan

ZUTATEN

Butter, geschmolzen, zum
   Ausstreichen der Formen
250 g Broccoli, gekocht
6 cl Sahne
2 Eier
Salz
Pfeffer, gemahlen
Muskatnuss, gerieben

VORBEREITUNG

Gekühlte Auflaufformen mit geschmolzener Butter ausstreichen, kühlen und den Vorgang wiederholen.

SO WIRD'S GEMACHT

1. Broccoli mit Sahne, Eiern und Gewürzen fein mixen.
2. Masse in Formen füllen und zugedeckt im Wasserbad auf dem Herd oder im Ofen pochieren.

Wassertemperatur: 90 °C
Gardauer: ca. 20 Minuten

TIPP

Blumenkohlflan wird auf dieselbe Weise zubereitet.

ANRICHTEN

Gestürzten Flan als Beilage zu Pfannengerichten oder als Gemüsevorspeise mit Tomatensauce servieren.

Chicorée

EINKAUF

Achten Sie auf saftige, feste, weiß-gelbe Blätter und eine kompakte Struktur. Je mehr Chicorée sich grün verfärbt, desto bitterer wird er.

VERWENDUNG

- in erster Linie als Salat
- gebraten oder gedünstet als harmonische, extravagante Beigabe zu Geflügel, Kalb, Lamm, Rind, Fisch und Meeresfrüchten
- klassisch als Gratin in Kombination mit Schinken und Orangen

Vorbereitung zum Dünsten

Kopf der Länge nach halbieren, Strunk keilförmig ausschneiden, waschen, trocknen.

Vorbereitung für Salat oder zum Braten

1–1½ cm vom unteren Ende abschneiden, vergilbte oder verfärbte Außenblätter entfernen. Mit einem spitzen Messer den Strunk kegelförmig ausschneiden. Blätter ablösen, waschen, abtropfen.

Gebratener Chicorée

ZUTATEN

3 EL Butter oder Olivenöl
1 EL Kristallzucker
Blätter von 3 Stück Chicorée
2 EL Weiß- oder Portwein
Salz
Pfeffer, weiß, gemahlen
Spritzer Weißwein-, Apfel- oder Himbeeressig

SO WIRD'S GEMACHT

1. Butter (Olivenöl) in einer Pfanne erhitzen, Zucker hell bräunen, Chicoréeblätter darin schwenken.
2. Mit Wein ablöschen, ca. 3 Minuten garen, mit Salz, Pfeffer und einem Spritzer Essig würzen.

Gardauer: ca. 3 Minuten

Gedünsteter Chicorée

ZUTATEN

2 EL Butter oder Olivenöl
2 EL Zwiebeln, gehackt
4 Stück Chicorée
Salz
Pfeffer, rosé, ganz
ca. ¼ l Gemüsebrühe
 oder Brühe, mild
Saft von einer halben Orange
1 KL Orangenzeste,
 kurz überkocht
1 KL Honig
Petersilie oder Koriander,
 gehackt, zum Bestreuen

SO WIRD'S GEMACHT

1. Butter (Olivenöl) in flacher Kasserolle erhitzen, Zwiebeln kurz darin rösten. Chicorée putzen, halbieren, mit der Schnittfläche nach unten darauf legen, würzen.
2. Brühe, Orangensaft, -zeste und Honig verrühren, über den Chicorée gießen.
3. Aufkochen, zugedeckt auf dem Herd oder im Backofen dünsten. Mit Petersilie (Koriander) bestreuen.

Backofentemperatur: ca. 200 °C
Gardauer: ca. 8 Minuten

Erbsen

EINKAUF

Kaufen Sie knackige und gut gefüllte Erbsenschoten.
Verwenden Sie als Alternative bereits ausgelöste Tiefkühlerbsen.

VERWENDUNG

- kochen, dämpfen oder dünsten
- Beilage zu Pfannengerichten und großen Braten (im Stück oder als Püree)
- Bestandteil von Gemüsesalat, Risotti, Risipisi, Bratenfülle usw.

VORBEREITUNG

1. Schoten zwischen Daumen und Zeigefinger unter leichtem Druck an der Naht öffnen.
2. Mit dem Daumen Erbsen von der Schote lösen.

Gedünstete Erbsen mit Schalotten und Schinken

ZUTATEN

500 g Erbsen, frisch oder tiefgekühlt
60 g Schalotten
60 g Kochschinken
1 kleiner Bund Petersilie
30 g Butter
1 EL Kristallzucker
5 cl Weißwein
Salz

VORBEREITUNG

1. Frische Erbsen auslösen.
2. Schalotten schälen, klein schneiden.
3. Schinken in kleine Würfel schneiden.
4. Petersilblätter zupfen, fein hacken.

SO WIRD'S GEMACHT

1. Wasser in einer Kasserolle aufkochen, salzen.
2. Erbsen darin sehr kernig kochen, durchsieben, in kaltem Wasser abschrecken.
3. Butter in einer flachen Kasserolle schmelzen, Schalotten farblos anschwitzen.
4. Zucker hinzufügen, kurz anschwitzen, mit Weißwein ablöschen, unter Rühren auflösen und einige Minuten dünsten, bei Bedarf etwas Wasser zugießen.
5. Schinkenwürfel, Erbsen und Petersilie hinzufügen, erhitzend dünsten, bis die Flüssigkeit verdampft ist. Mit Salz abschmecken.

ANRICHTEN

Geeignet als Beigabe zu Pfannengerichten von Kalb und Rind, zu Kalbsbraten, Rinderfilet und Brathuhn.

Buttererbsen

ZUTATEN

Salz
400 g Erbsen, ausgelöst, frisch oder tiefgekühlt
2 EL Butter
1 EL Puderzucker
Petersilie, gehackt

SO WIRD'S GEMACHT

1. Salzwasser aufkochen, Erbsen darin kernig kochen, abgießen, mit kaltem Wasser abschrecken.
2. Butter in einer Kasserolle erhitzen, Erbsen hinzufügen, schwingend erhitzen, mit Puderzucker, Salz und Petersilie vollenden.

Kochdauer: je nach Größe ca. 4–6 Minuten

VARIATION

Gießen Sie Sahne zu und kochen die Mischung, bis eine cremige Konsistenz entsteht.

Erbsenschoten

EINKAUF

Wählen Sie kleine, gleichmäßige und knackige Schoten.

VERWENDUNG

zu Fisch, Fleisch und Geflügelbrust

VOR- UND ZUBEREITUNG

1. Spitzen abschneiden, gegebenenfalls Fäden an der Naht abziehen.
2. Wie Erbsen kernig kochen, abgießen, abschrecken, in geschmolzener Butter schwenken. Mit Salz und wenig Zucker würzen.

Kochdauer: ca. 2–3 Minuten

Erbsenschoten mit Sojasprossen im Wok gegart

ZUTATEN

400 g Erbsenschoten, klein
100 g Austernpilze oder Champignons, geputzt
2 EL Erdnuss- oder Pflanzenöl
150 g Sojasprossen
etwas Sojasauce
1 KL Honig
1 EL Koriandergrün, grob gehackt
1 EL Sesamöl
Salz

VORBEREITUNG

1. Erbsenschoten putzen.
2. Austernpilze in breite Streifen schneiden.

SO WIRD'S GEMACHT

1. Öl im Wok oder einer tiefen Pfanne stark erhitzen.
2. Erbsen, Sojakeime und Pilze dazugeben, forciert knackig rösten.
3. Mit etwas Sojasauce ablöschen, Honig hinzufügen, durchschwingen, Koriander einmischen.
4. Mit Sesamöl und Salz abschließend würzen.

ANRICHTEN

Passt ausgezeichnet zu im Wok gerösteten Garnelen, Hühner- oder Entenbruststreifen oder Filetstreifen von Kalb, Schwein oder Rind.

Fenchel

EINKAUF
Wählen Sie kleine, gleichmäßige, feste, saftige Exemplare ohne Verfärbungen, mit sattgrünem Fenchelkraut und frischen Schnittstellen an den Stielansätzen.

VERWENDUNG
- fein geschnitten als Rohkost
- gekocht oder gedünstet mit Vinaigrette mariniert als lauwarme Vorspeise
- für Püreesuppe
- gedünstet als Beilage zu Lammkeule, -rücken oder -koteletts, zu Rindersteaks, Roastbeef, Schweinefilets und zu Meeresfischen

VORBEREITUNG

1. Fenchelgrün abzupfen und hacken. Verfärbte und holzige Außenblätter entfernen.

2. Von den Außenblättern holzige Fäden abziehen oder mit dem Sparschäler schälen.

3. Mit einem Kugelausstecher von unten Strunk aus der Knolle aushöhlen oder Knolle halbieren und Strunk keilförmig herausschneiden.

4. Knolle beliebig vierteln oder in kleinere Stücke schneiden.

Gedünsteter Fenchel

ZUTATEN

60 g Möhren, geschält,
  in Stücke geschnitten
2 EL Zwiebeln, fein geschnitten
400 g Fenchel, halbiert oder
  geviertelt
ca. ½ l Gemüsefond
  oder Brühe, mild
Salz
Pfeffer, gemahlen
4 EL Olivenöl
Fenchelgrün, gehackt,
  zum Bestreuen

SO WIRD'S GEMACHT

1. Boden einer Kasserolle oder feuerfesten Form mit Möhren und Zwiebeln ausstreuen. Fenchelstücke darauf verteilen.
2. Mit Gemüsefond (Brühe) übergießen, mäßig würzen.
3. Aufkochen, zugedeckt auf dem Herd oder im Backofen dünsten.
4. Mit Olivenöl beträufeln, mit Fenchelgrün bestreuen.

Backofentemperatur: 200 °C
Gardauer: ca. 15 Minuten

VARIATION

Belegen Sie gegarte Fenchelknollen mit Mozzarellascheiben und bestreuen Sie diese mit geriebenem Parmesan. Abschließend bei extremer Oberhitze überbacken.

Kohl

EINKAUF

Achten Sie auf feste Krautköpfe mit knackigen Außenblättern.

Grünkohl

VERWENDUNG

- klassisch mit Kasseler, Würsten (Pinkel, Bregenwurst) und Salzkartoffeln
- als Beilage zu Gänsebraten
- blanchiert für Salat

Rotkohl

VERWENDUNG

- als Rohkost
- gedünstet als Beilage zu Enten- oder Gänsebraten und zu gebratenen oder geschmorten Wildgerichten

Gedünsteter Rotkohl

ZUTATEN

1 Kopf Rotkohl, 800 g, gewaschen
Salz
⅛ l Orangensaft
etwas Zitronensaft
4 EL Öl
80 g Zwiebeln, fein geschnitten
1 EL Kristallzucker
0,2 l Rotwein
Wasser oder Brühe, mild, zum Aufgießen
150 g Äpfel, geschält, entkernt, gerieben
1 EL Preiselbeerkompott
1 Prise Zimt, gemahlen
1 KL Stärkemehl

VORBEREITUNG

1. Äußere Blätter entfernen, Kopf halbieren, Strunk ausschneiden.
2. Rotkohl hobeln bzw. in sehr feine Streifen schneiden. Mit Salz, Orangen- und Zitronensaft vermengen, einige Stunden marinieren.

SO WIRD'S GEMACHT

1. Öl erhitzen, Zwiebeln farblos rösten, Zucker einrühren.
2. Mit Wein ablöschen.
3. Rotkohl einrühren.
4. Mit wenig Wasser (Brühe) begießen und zugedeckt kernig dünsten.
5. Geriebene Äpfel, Preiselbeeren und Zimt einrühren und einige Minuten dünsten.
6. Stärke mit etwas kaltem Wasser vermengen, unter den Rotkohl rühren und aufkochen.

Garzeit: ca. 60 Minuten

Weißkohl

VERWENDUNG

- für kalten Weißkohlsalat und Rohkost am besten Frühkraut verwenden
- als warmer Weißkohlsalat für Jungschweine- oder Gänsebraten
- als gedünsteter Wein- oder Champagnerkohl

Weißweinkohl

ZUTATEN

700 g Weißkohl
½ Zwiebel
2 Äpfel, mittelgroß
etwas Zitronensaft
4 EL Butterschmalz oder Öl
1 EL Kristallzucker
⅛ l Weißwein zum Ablöschen

FÜR DIE MARINADE

Salz
1 EL Kristallzucker
etwas Zitronensaft
⅛ l Weißwein

VORBEREITUNG

1. Welke Außenblätter vom Kohlkopf ablösen, Kopf halbieren, den Strunk ausschneiden.
2. Den Kohl fein hobeln oder schneiden.
3. Zwiebel schälen und in feine Scheiben schneiden.
4. Äpfel schälen, entkernen, mit Zitronensaft einreiben.

SO WIRD'S GEMACHT

1. Kohl salzen, mit Zucker, Zitronensaft und Wein vermischen, eine Stunde ziehen lassen.
2. Butterschmalz (Öl) in einer Kasserolle erhitzen, Zwiebeln farblos anrösten, Zucker dazugeben, leicht karamellisieren, mit Wein ablöschen.
3. Kohl samt Marinade hinzufügen, umrühren. Zugedeckt kernig dünsten. Bei Bedarf etwas Wasser zugießen.
4. Äpfel raspeln, unter den Kohl rühren, einige Minuten mitdünsten.

Kohlrouladen

ZUTATEN

Salz
1 Kohlkopf
600 g Grundmasse Hackfleisch (siehe Seite 296)
8 Scheiben Frühstücksspeck
¼ l Brühe, mild
¼ l saure Sahne
Öl zum Einfetten der Form

VORBEREITUNG

Kohlkopf auf eine Bratengabel spießen, in kochendem Salzwasser einige Minuten kochen. Mit der Gabel aus dem Wasser heben, schöne Außenblätter ablösen, den Rest ohne Strunk in feine Streifen schneiden.

SO WIRD'S GEMACHT

1. Kohlblätter flach ausbreiten, dicke Rippen ausschneiden, leicht plattieren, würzen.
2. Hackfleisch zu 8 Rollen formen, auf die Kohlblätter legen, eine Drehung rollen, die Enden einschlagen, weiterrollen, mit Speckscheiben belegen.
3. Geschnittenen Kohl in eine gefettete Bratenpfanne schichten, Rouladen darauf legen, Brühe eingießen. Im auf 200 °C vorgeheizten Backofen zugedeckt dünsten. Nach 25 Minuten mit saurer Sahne überziehen und 10 Minuten ohne Deckel fertig garen.

Gardauer: ca. 40 Minuten

Wirsingkohl

EINKAUF

Achten Sie auf feste, geschlossene Köpfe. Früh geernteter Wirsing ist hellgrün, spät geernteter weist dunkelgrüne Blätter auf.

VERWENDUNG

- gekocht, geschnitten oder gehackt mit Mehlschwitze gebunden als Beilage zu gekochtem Rindfleisch, Pökelzunge, Hackfleisch und gebratenen Würsten
- blanchierte Blätter vom Frühwirsing zum Umhüllen von Gourmetgerichten
- grob zerteilt als Beigabe zu Eintopfgerichten

Wirsing nach Wiener Art

ZUTATEN
FÜR 6 PORTIONEN

800 g Wirsing, geputzt
20 g Butter
20 g Mehl
¼ l Rinderbrühe
60 g Frühstücksspeck
1–2 Knoblauchzehen, gepresst
Salz
Pfeffer, schwarz, gemahlen

SO WIRD'S GEMACHT

1. Wirsing von Außenblättern befreien, halbieren, den Strunk herausschneiden.
2. Wirsing in feine Streifen schneiden.
3. Wirsingstreifen in siedendem Salzwasser knackig kochen, abgießen, in kaltem Wasser abschrecken, abgießen, abpressen.
4. In einer Kasserolle Butter schmelzen, Mehl einrühren, licht anschwitzen, mit heißer Brühe aufgießen, mit einem Schneebesen glatt verrühren, Wirsingstreifen einrühren, einige Minuten kochen.
5. Speck in Würfel schneiden, in einer Pfanne rösten, unter den Wirsing mischen, mit Knoblauch, Salz und Pfeffer würzen.

Kohlbällchen

ZUTATEN

500 g Wirsing
2 EL Butter
50 g Speckwürfel
60 g Zwiebeln, fein geschnitten
Wirsingwasser oder Brühe
 zum Aufgießen
3 EL Crème fraîche
1 Knoblauchzehe, zerdrückt
Salz
Kümmel, gemahlen
Pfeffer, schwarz, gemahlen

VORBEREITUNG

1. Strunk ausschneiden, Blätter ablösen.
2. Harte Rippen entfernen, Wirsingblätter waschen.
3. 8 schöne Blätter zur Seite legen, die restlichen in feine Streifen schneiden.

SO WIRD'S GEMACHT

1. Ausreichend Salzwasser zum Kochen bringen. Wirsingblätter und geschnittenen Wirsing separat kernig kochen.

2. Abgießen, in kaltem Wasser abschrecken, abgießen und abpressen.

3. Butter schmelzen, Speck und Zwiebeln darin rösten.

4. Etwas Flüssigkeit zugießen und zugedeckt ca. 3 Minuten kochen. Anschließend Crème fraîche einrühren.

5. Wirsingstreifen beifügen, cremig verkochen, mit Knoblauch, Salz, Kümmel und Pfeffer würzen.

6. Wirsingblätter einzeln auflegen, mit Salz und Pfeffer würzen. Wirsingmasse auf die Blätter verteilen, zu Bällchen formen, in eine feuerfeste Form einschichten.

7. Mit wenig Kochwasser (Brühe) begießen.

8. Mit gebutterter Alufolie abdecken, im vorgeheizten Ofen bei 220 °C 10–15 Minuten garen.

Rosenkohl

EINKAUF

Bevorzugen Sie feste, gleichmäßig große Exemplare ohne Verfärbungen.

VERWENDUNG

- in Salzwasser gekocht, in gebräunter Butter geschwenkt, mit Salz, Pfeffer und eventuell etwas gepresstem Knoblauch gewürzt eine ideale Beilage zu Lammfleisch, Steaks und großen Braten
- abgelöste Blätter kurz in Sahne dünsten, würzen und zu Kalbs-, Kaninchen- und Fischgerichten reichen

VORBEREITUNG

1. Äußere Blätter entfernen, Strunk kürzen.

2. Schnittstelle mit einem Gemüsemesser kreuzförmig einschneiden.

ROSENKOHL KOCHEN

1. Reichlich Salzwasser aufkochen, 400 g Rosenkohl darin einige Minuten kernig kochen. Mit eiskaltem Wasser abschrecken, abgießen.
2. In 30 g leicht gebräunter Butter schwingend erhitzen, mit Salz, Pfeffer und gepresstem Knoblauch würzen.

TIPP

Schwenken Sie Rosenkohl in in Butter gebräuntem Paniermehl.

Kohlrabi

EINKAUF

Wählen Sie junge, saftige Exemplare ohne holzige Stellen mit knackigen Stielen und frischen Blättern.

VERWENDUNG

- beliebig zerteilt, gekocht, in Butter geschwenkt als Beilage zu Pfannengerichten, großen Braten oder als Bestandteil von Mischgemüse
- eingemacht als Beilage zu gekochtem Fleisch und gebratenen Würsten

VORBEREITUNG

1. Stiele mit den Blättern am Ansatz abschneiden.
2. Holzige Teile, vor allem an der Unterseite, abschneiden. Mit kleinem Messer oder Sparschäler schälen.

Kohlrabi in Rahmsauce

ZUTATEN
FÜR 6 PORTIONEN

800 g Kohlrabi, geschält
20 g Butter
2 EL Zwiebeln, fein geschnitten
20 g Mehl
0,2 l Kohlrabisud
0,1 l saure Sahne
1 EL Petersilie, gehackt
Salz
Pfeffer, weiß, gemahlen

SO WIRD'S GEMACHT

1. Kohlrabi schälen, holzige Teile wegschneiden, halbieren, in dünne Spalten schneiden.
2. In einer Kasserolle mit Salzwasser bedecken, knackig kochen, abgießen, den Sud bereitstellen.
3. In einer Kasserolle Butter schmelzen, Zwiebeln darin farblos rösten, Mehl einrühren, kurz anschwitzen, mit 0,2 l Kohlrabisud aufgießen, mit einem Schneebesen glatt verrühren.
4. Kohlrabispalten einrühren, einige Minuten kochen. Saure Sahne und Petersilie einrühren, mit Salz und Pfeffer würzen.

Kohlrabi mit Speck-Gemüse-Füllung

ZUTATEN

2 Kohlrabi á ca. 200 g, geschält
10 g Butter
20 g Speckwürfel
30 g Zwiebeln, fein geschnitten
30 g Möhren- und Selleriewürfel
⅛ l Gemüsebrühe
Salz
Pfeffer, weiß, gemahlen
1 KL Petersilie, gehackt

SO WIRD'S GEMACHT

1. Kohlrabi schälen, holzige Teile wegschneiden, halbieren.
2. Kohlrabihälften in Salzwasser kernig kochen.
3. Mit einem Parisienne-Ausstecher aushöhlen, das Ausgehöhlte fein hacken.
4. Butter erhitzen, Speck, Zwiebeln und Gemüsewürfel anrösten, mit einem Teil der Brühe untergießen, andünsten, gehackten Kohlrabi hinzufügen, würzen.
5. Masse in die Kohlrabis füllen, in eine feuerfeste Form einschichten, mit restlicher Brühe untergießen, ca. 25 Minuten im Backofen zugedeckt bei 220 °C dünsten. Mit Petersilie bestreuen.

Kürbis

EINKAUF

Die Schale sollte makellos sein.

Die gängigsten Sorten: Stangenkürbis (länglich, mit grüngelber Schale), Muskatkürbis (rote Schale), Hokkaidokürbis (dünne Schale)

VERWENDUNG

Stangenkürbis: Diese optisch an Zucchini erinnernde Kürbisart ist ideal für Dillkürbis

Muskatkürbis: Ist wegen des kompakten Fleischs für Dillkürbis geeignet sowie zum Braten von Kürbisstücken, für panierte, in Öl frittierte Kürbisschnitzel, aber auch für süßsaure Kürbis–Pickles oder Chutney.

Hokkaido: Eignet sich wegen der mehligen Struktur besonders für Püree und Schaumsuppen.

VORBEREITUNG

Stangenkürbis: An den Enden abschneiden, mit einem Sparschäler schälen, halbieren und mit einem Esslöffel Kerne entfernen; in kleine Stücke schneiden, in Streifen hobeln oder grob raspeln.

Muskatkürbis: Je nach Größe vierteln oder in Spalten schneiden, mit einem Esslöffel Kerne und Fasern herausschaben. Mit einem Messer schälen und je nach Verwendungszweck in Streifen schneiden oder grob hobeln.

Hokkaido: Für Suppe oder Püree wird der Kürbis entkernt, geschält oder ungeschält gegart und anschließend durch ein Sieb passiert. Alternative Methode: Kürbis teilen, im Backofen garen, das Fruchtfleisch herausschaben.

ERHÄLTLICH

Stangenkürbis von Juli bis November
Hokkaido von September bis Jänner
Muskatkürbis ganzjährig

Kürbispuffer

ZUTATEN

500 g Hokkaidokürbis
200 g Kartoffel, speckig
100 g Zwiebeln
3 Knoblauchzehen
1 EL Petersilie oder Kerbel
4 Eier
80–100 g Mehl (am besten Dunstmehl)
1 KL Stärkemehl (Maizena)
Salz
Pfeffer, schwarz, gemahlen
Öl zum Braten

VORBEREITUNG

1. Kürbis schälen, entkernen, fein raspeln.
2. Kartoffeln fein raspeln.
3. Zwiebeln schälen, fein schneiden.
4. Knoblauch schälen und pressen.
5. Petersilie (Kerbel) hacken.

SO WIRD'S GEMACHT

1. Kürbis, Kartoffeln, Zwiebeln, Kräuter, Eier, Mehl und Stärke verrühren, mit Salz, Pfeffer und Knoblauch würzen. Die Masse sofort verarbeiten.
2. Öl in einer Pfanne erhitzen, die Masse mit einem Löffel in beliebiger Größe in die Pfanne einlegen, mit dem Löffelrücken gleichmäßig rund formen und platt drücken.
3. Beidseitig knusprig braun braten.

ANRICHTEN

- als Hauptmahlzeit mit Blattsalaten oder Gurkensalat
- als Beilage zu Lamm- und Schweinekoteletts oder Medaillons

Kürbiscurry

ZUTATEN

150 g Zwiebeln
3 Knoblauchzehen
800 g Muskatkürbis, geschält, entkernt
3 Äpfel
100 g Dörrpflaumen, entkernt
150 g Tomaten, geschält
1/16 l Oliven- oder Sonnenblumenöl
100 g Walnusskerne
1–2 EL Honig
2 El Currypulver
¼ l Apfelsaft
Salz
Pfeffer, schwarz, gemahlen
1–2 KL Ingwer, geschält, gerieben
2 KL Stärkemehl (Maizena)

VORBEREITUNG

1. Zwiebeln schälen, klein schneiden.
2. Knoblauch schälen, hacken.
3. Kürbis in feine Würfel schneiden.
4. Äpfel schälen, entkernen, in feine Würfel schneiden.
5. Pflaumen in Würfel schneiden.
6. Tomaten den Stielansatz ausschneiden, schälen, entkernen, in dünne Spalten schneiden.

SO WIRD'S GEMACHT

1. In einer Kasserolle Öl erhitzen, Zwiebeln hell anrösten, Knoblauch hinzufügen, mitrösten, Kürbis, Pflaumen, Nüsse und Honig dazugeben.
2. Currypulver einrühren, mit Apfelsaft ablöschen.
3. Mit Salz und Pfeffer würzen, unter gelegentlichem Umrühren kernig garen, bei Bedarf etwas Wasser zugießen.
4. Tomaten und Ingwer hinzufügen, Stärkemehl einrühren, aufkochen, mit Salz und Pfeffer abschmecken.

ANRICHTEN

Beilage zu Lammbraten, Lamm- oder Schweinekoteletts oder Hackfleisch

Dillkürbis

ZUTATEN

500 g Stangen-
   oder Muskatkürbis
80 g Zwiebeln
Salz
20 g Butter
0,1 l Rinderbrühe
1 EL Paprikapulver, edelsüß
1 EL Dillspitzen, gehackt
etwas Zitronensaft
   oder Apfelessig
1 EL Mehl
0,1 l saure Sahne
Pfeffer, weiß, gemahlen

VORBEREITUNG

1. Kürbis schälen, entkernen und raspeln oder in Scheiben schneiden.
2. Zwiebeln fein schneiden.

SO WIRD'S GEMACHT

1. Geraspelten oder in Scheibchen geschnittenen Kürbis mit Salz mischen. Nach 30 Minuten leicht abpressen.

2. Zwiebeln in heißer Butter hell rösten, Kürbis hinzufügen.

3. Mit Brühe aufgießen, zugedeckt ca. 6–8 Minuten dünsten.

4. Paprikapulver, Dill, Zitronensaft (Essig) einrühren.

5. Mehl mit saurer Sahne vermischen, unter den Kürbis rühren, aufkochen und würzen.

Lauch (Porree)

EINKAUF

Achten Sie auf knackige, sattgrüne, unverfärbte Stangen mit großem Weißanteil.

VERWENDUNG

- für Cremesuppe oder als Bestandteil von Suppen- oder Schmorgemüse
- naturgedünstet ideal zu Fisch- und Fleischgerichten

VORBEREITUNG

1. Wurzelansatz abschneiden, Außenblätter entfernen und halbieren. Für gedünsteten Lauch nur weiße und gelbgrüne Teile verwenden.

2. Da Lauch stark sandbehaftet sein kann, muss er auch zwischen den Blattschichten mehrmals gründlich kalt gewaschen werden.

Mangold

EINKAUF

Achten Sie auf feste, sattgrüne Blätter und kräftige Stiele.

VERWENDUNG

- wie Blattspinat
- blanchierte Blätter ohne Stiel zum Auslegen von Terrinenformen und zum Umhüllen von Speisen verwenden

VORBEREITUNG

1. Wurzelansatz abschneiden, Blätter flach auflegen, Stiel mit der Blattrippe herausschneiden.

2. Stiel quer einschneiden, die Haut abziehen.

MANGOLD KOCHEN

1. Blätter und Stiele 1–2 Minuten gesondert in kochendem Salzwasser knackig kochen, in kaltem Wasser abschrecken, abgießen.
2. Die Blätter nature zubereiten oder zum Füllen verwenden.
3. Stiele mit Brühe (Gemüsefond) begießen, etwas Butter zugeben und zugedeckt fertig dünsten oder gehackt mit den Blättern vermischen. Mit Salz und gemahlenem Pfeffer würzen.

Kochdauer: Stiele 2–3 Minuten, Blätter 1–2 Minuten

Mangold-Kartoffel-Nocken

ZUTATEN

4 Kartoffeln, mehlig, mittelgroß
500 g Mangold
Salz
1–2 Knoblauchzehen, zerdrückt
3 EL Olivenöl
Pfeffer aus der Mühle
Muskatnuss, gerieben
50 g Butter
4 EL Parmesan, gerieben

VORBEREITUNG

1. Kartoffeln kochen, schälen und warm stellen.
2. Mangoldblätter und Stiele wie links beschrieben vorbereiten, kochen, in kaltem Wasser abschrecken, abpressen, fein hacken.

SO WIRD'S GEMACHT

1. Kartoffeln zerkleinern und leicht zerdrücken. Salzen, mit Mangold, Knoblauch und Olivenöl vermengen, mit Pfeffer und Muskatnuss würzen.
2. Masse erhitzen, mit einem Esslöffel Nocken formen.
3. Butter schmelzen und bräunen.
4. Nocken anrichten, mit Butter übergießen, mit Parmesan bestreuen.

ANRICHTEN

Harmoniert ausgezeichnet zu gegrilltem Fleisch und Lammbraten.

Möhren

EINKAUF

Wählen Sie je nach Verwendungszweck junge, zarte Möhren mit kräftigem Grün bzw. große, feste, gerade Exemplare.

VERWENDUNG

- große Möhren roh zur Saftgewinnung, geraspelt als Rohkost oder als Suppen- oder Röstgemüse (Mirepoix).
- große Möhren gekocht für Schaumsuppen und Püree
- junge Möhren gekocht, in Butter geschwenkt oder glaciert als ideale Beilage zu Pfannengerichten und großen Braten

VORBEREITUNG

1. Große Möhren mit Sparschäler schälen, Spitzen und Enden kürzen und in ca. 6 mm starke und 4 cm lange Stifte schneiden.
2. Jungmöhren schälen, Grün bis auf die Stielansätze kürzen.

Glacierte Möhrchen

ZUTATEN

600 g Möhren, jung
40 g Butter
1 EL Kristallzucker
4 EL Wasser
Salz
1 KL Petersilie, gehackt

VORBEREITUNG

Möhren schälen und je nach Größe in Scheiben oder Stifte schneiden.

SO WIRD'S GEMACHT

1. In eine Stielkasserolle oder Pfanne geben.
2. Butter, Zucker, Wasser und Salz beifügen.
3. Schwenkend ca. 15 Minuten knackig dünsten, bei Bedarf Flüssigkeit nachgießen.
4. Wenn die Möhren knackig gegart sind, sollte die Flüssigkeit völlig verdunstet sein und die Möhren einen glasigen Glanz aufweisen.
5. Abschließend mit Petersilie vollenden.

Okra

EINKAUF

Kaufen Sie feste, grüne Schoten ohne massive Braunverfärbungen.

VERWENDUNG

Beilage zu Lammbraten, Roastbeef und Grillgerichten

VORBEREITUNG

1. Stängelansätze abschneiden, ohne dass sich die Frucht öffnet.

2. Okraschoten sondern beim Kochen milchigen Schleim ab, deshalb zunächst in kochendem Essigwasser 2 Minuten blanchieren.

OKRA GAREN

Methode 1: Blanchierte Okraschoten in gebräunter Butter schwenken, mit Salz und Pfeffer würzen.

Methode 2: Roh ganz oder halbiert durch Backteig ziehen und in heißem Öl frittieren.

Mediterranes Mischgemüse mit Okra

Geschnittene Auberginen, Zwiebeln, Paprikaschoten und Tomaten in Olivenöl andünsten, rohe Okraschoten hinzufügen, einige Minuten mitdünsten, mit Salz, Pfeffer, Knoblauch und frischen Kräutern würzen.

Pak-Choi

Asiatischer Senfkohl mit ausgeprägten Stielen, dunkelgrünen Blättern und leichtem Spinataroma.

EINKAUF

Achten Sie auf pralle Blätter und saftige Stängel.

VORBEREITUNG

Blätter ablösen, Stängel kürzen.

VERWENDUNG

- grob geschnitten für Wok-Gerichte
- blanchierte Blätter für Füllungen

Pak-Choi mit gerösteten Pilzen und Schalotten

ZUTATEN

400 g Pak-Choi
200 g Champignons oder Austernpilze
100 g Schalotten
Butter zum Ausstreichen der Form
Salz
Pfeffer, weiß, gemahlen
1 KL Zitronensaft
20 g Butter zum Rösten
1 EL Sesamöl

VORBEREITUNG

1. Blätter ablösen, Stängel kürzen.
2. Pilze und Schalotten putzen, dickblättrig schneiden.

SO WIRD'S GEMACHT

1. Pak-Choi in kochendem Salzwasser ca. 30 Sekunden überkochen, danach in Eiswasser abschrecken.
2. Feuerfeste Form mit Butter ausstreichen, überbrühten Pak-Choi einlegen, mit Salz und Pfeffer würzen.
3. Pilze mit Zitronensaft beträufeln, mit Schalotten in Butter anrösten. Pilze über den Pak-Choi geben.
4. Mit Sesamöl beträufeln, im vorgeheizten Backofen bei 160 °C ca. 5 Minuten erhitzen.

Paprika

EINKAUF

Achten Sie auf knackige Früchte mit glatter, verfärbungsfreier Haut. Angeboten werden dickfleischige, gelbe, rote und grüne Paprikaschoten. Von Juni bis August sind auch dünnwandige, hellgrüne oder gelbe Paprikaschoten erhältlich.

VERWENDUNG

- als Rohkost, Salat oder als Bestandteil von Mischsalaten oder Gemüsemischungen (Letscho oder Ratatouille)
- für gefüllte Paprika mit Tomatensauce

VORBEREITUNG

Bei vielen Paprikagerichten ist es ratsam, die Paprika zu schälen (siehe Seite 33).

Gefüllte Paprika mit Tomatensauce

ZUTATEN

8 Paprikaschoten, dünnwandig
1 Brötchen oder 2 Scheiben Weißbrot
500 g Hackfleisch, gemischt
200 g Reis, gekocht oder gedünstet
3 Knoblauchzehen, gepresst
Salz
Pfeffer, gemahlen
Majoran

FÜR DIE SAUCE

40 g Butter
100 g Zwiebeln, fein geschnitten
30 g Mehl
½ l Rinderbrühe, mild, oder Wasser
1 EL Tomatenmark
1 kg Tomaten, in Spalten geschnitten
15 Pfefferkörner
Salz
Kristallzucker

VORBEREITUNG

1. Stiel aus den Paprika herausschneiden, reinigen, beiseite legen.
2. Samenkörner entfernen, Schoten innen und außen waschen.
3. Brötchen (Weißbrot) in kaltem Wasser einweichen, leicht abpressen, durchdrehen oder mixen.

SO WIRD'S GEMACHT

1. Butter in einer Kasserolle schmelzen, Zwiebeln glasig anrösten, Mehl einrühren.
2. Mit Brühe (Wasser) aufgießen, Tomatenmark hinzufügen, mit einem Schneebesen glattrühren.
3. Tomaten und Pfeffer hinzufügen, 20 Minuten kochen, passieren, mit Salz und etwas Zucker würzen.
4. Hackfleisch, Reis, Brötchen (Brot), Knoblauch, Salz, Pfeffer und Majoran vermengen.
5. Masse mit der Hand in die Paprika füllen, Stiel verkehrt herum als Verschluss auf die Öffnung drücken.
6. Paprika in passende Form oder feuerfeste Kasserolle setzen, mit Sauce übergießen, schwach wallend zugedeckt (am besten im auf 160 °C vorgeheizten Backofen) dünsten.

Gardauer: 40–50 Minuten

Letscho

ZUTATEN

500 g Paprikaschoten (rot, grün)
100 g Zwiebeln
300 g Tomaten
4 EL Öl
1 EL Tomatenmark
1 KL Paprikapulver
etwas Wasser oder Brühe
4 Knoblauchzehen, gepresst
Salz
Pfeffer, gemahlen

VORBEREITUNG

1. Paprikaschoten entkernen, halbieren, in grobe Würfel oder Streifen schneiden.
2. Zwiebeln schälen, in grobe Würfel oder Streifen schneiden.
3. Tomaten blanchieren, schälen, halbieren, entkernen, in Spalten schneiden.

SO WIRD'S GEMACHT

1. Öl in flacher Kasserolle erhitzen, Zwiebeln glasig rösten, Tomatenmark und Paprikapulver einrühren, mit wenig Flüssigkeit ablöschen.
2. Paprikaschoten und Knoblauch beifügen, ca. 8 Minuten dünsten.
3. Tomaten einrühren, aufkochen, würzen, 4 Minuten warm ziehen lassen.

ANRICHTEN

- Servieren Sie Letscho zu Schweinekoteletts, Rostbraten, gebratenem Zander oder vermischen Sie es mit Reis.
- Beträufeln Sie lauwarmes Letscho mit Olivenöl und servieren Sie es mit Baguette.

Pastinaken

Die Kreuzung aus Petersilienwurzel und Möhre weist einen leicht süßlichen Geschmack auf.

VERWENDUNG

für Cremesuppe oder Püree

Patissons

Die gelben, hellgrünen oder beigen Mini-Kürbisse können im Ganzen mit der Schale in kochendem Salzwasser gegart werden; abschließend in Butter schwenken, mit Salz und Pfeffer würzen.

VERWENDUNG

hochwertige Beigabe zu Pfannengerichten von Fisch und Fleisch

Römersalat (Romana, Lattich)

EINKAUF

Achten Sie auf feste, frische und grüne Blätter.

VERWENDUNG

- gekocht, gehackt, mit Mehlschwitze gebunden und mit Erbsen kombiniert als Beilage zu gekochtem Rindfleisch, Pökelzunge, Hackfleisch, Kochwürsten oder Leberkäse
- zuerst blanchiert und dann wie Fenchel gedünstet zu großen Braten

Römersalat mit Erbsen

ZUTATEN

800–1.000 g Römersalat
20 g Butter
20 g Mehl
¼ l Rinderbrühe
Salz
Pfeffer, gemahlen
Muskatnuss, gemahlen
100 g Erbsen, gekocht, frisch oder tiefgekühlt
30 g Butter zum Vollenden

VORBEREITUNG

1. Welke oder verfärbte Außenblätter entfernen, Salat der Länge nach vierteln, kalt waschen, in reichlich Salzwasser kernig kochen.
2. Sofort in Eiswasser abschrecken, gut kühlen, aus dem Wasser heben und gut abpressen.

SO WIRD'S GEMACHT

1. Strunk und untere Stiele entfernen. Römersalat in Streifen schneiden, anschließend fein hacken.

2. Butter in flacher Kasserolle schmelzen, Mehl einrühren, hell rösten.

3. Mit heißer Brühe aufgießen, sofort mit einem Schneebesen glatt verrühren, würzen, 10 Minuten kochen.

4. Römersalat und Erbsen mit Mehlschwitze vermischen, aufkochen, würzen.

5. Butter in einer Pfanne bräunen, in das Gemüse einrühren.

Sauerkraut

EINKAUF

Sauerkraut wird in der Regel verpackt angeboten. Ideal ist jedoch offen angebotenes Kraut auf Bauernmärkten. Rohes Sauerkraut ist oft zu sauer, deshalb kurz in kaltem Wasser abspülen und abtropfen lassen.

VERWENDUNG

- als Rohkost kombiniert mit Apfelstiften, gehackten Walnüssen und Honig, eventuell mit saurer Sahne oder Joghurt gebunden
- gedünstet zu Schweinebraten, Kasseler, Fleischknödeln, Bratwurst und Eisbein

Gedünstetes Sauerkraut

ZUTATEN

600 g Sauerkraut
100 g Zwiebeln
50 g Räucherspeck
5 EL Schweineschmalz oder Öl
0,4 l Fleischbrühe, mild
Salz
1 Lorbeerblatt
5 Pfefferkörner
4 Wacholderbeeren
eventuell 1 Stück Speckschwarte

VORBEREITUNG

1. Sauerkraut kurz in kaltem Wasser abspülen und abtropfen lassen.
2. Zwiebeln schälen, fein schneiden, Speck in kleine Würfel schneiden.

SO WIRD'S GEMACHT

1. Fett erhitzen, Speck glasig anlaufen lassen, Zwiebeln hinzufügen, hell rösten.
2. Mit Flüssigkeit aufgießen, Sauerkraut, Gewürze und, wenn gewünscht, Speckschwarte dazugeben.
3. Zugedeckt ca. 45 Minuten dünsten, Gewürze entfernen.

VARIATIONEN

- Wer eine mollige Bindung bevorzugt, mische eine rohe speckige geriebene Kartoffel unter das gedünstete Kraut und dünste weitere 5 Minuten.
- Als Alternative bietet sich eine Bindung mit etwas in kaltem Wasser verrührtem Stärkepulver an. Mischung zügig unter das gedünstete Sauerkraut rühren, einmal aufkochen.

Schwarzwurzeln

EINKAUF
Wählen Sie gerade, dicke, unverletzte Wurzeln ohne Vergabelungen.

VERWENDUNG
- als Salat oder Gemüse
- als Gratin in Kombination mit Schinken und Käse
- als Beilage zu Fisch- und Fleischgerichten

SCHWARZWURZELN KOCHEN
1. Geschälte Schwarzwurzeln in beliebig lange Stücke schneiden.
2. Etwas Mehl mit Salz, Essig und reichlich kaltem Wasser verrühren und in einer Kasserolle aufkochen.
3. Wurzeln dazugeben, knackig kochen, abgießen, in kaltem Wasser abschrecken.

ANRICHTEN
- Mit Vinaigrette marinieren oder mit Mayonnaisedressing binden.
- In zerlassener Butter schwenken, mit Salz und weißem Pfeffer würzen.
- Wie Cremespinat mit Mehlschwitze vollenden.
- In einer gebutterten, feuerfesten Form mit Gratiniersauce überziehen, mit geriebenem Käse bestreuen, im Backofen bei extremer Oberhitze gratinieren.
- Nach Wiener Art panieren oder in Backteig frittieren.

Vorbereitung
Unter fließendem Wasser abbürsten und schälen. Enden abschneiden, sofort in Zitronen- oder Essigwasser legen.

Sellerie

EINKAUF

Man unterscheidet zwischen Knollen- und Stangensellerie.

Knollensellerie:
Achten Sie auf feste, helle Knollen, möglichst mit frischem Grün.

Stangensellerie:
Die Stängel sollten frisch und saftig sein, die Blätter frisch.

VERWENDUNG

Knollensellerie
- für Rohkost, Salat und Salatkombinationen
- für Cremesuppe oder Püree
- für Röstgemüse und als Zutat für klare Suppen und Fonds

Stangensellerie
- für Rohkost, Salat und Salatkombinationen
- für Gemüsemischungen und Gratins

VORBEREITUNG

Knollensellerie
1. Stängel und Blätter entfernen, mit einem kleinen Messer schälen.
2. Sofort verarbeiten oder in Essigwasser legen, um einer Braunfärbung vorzubeugen.

Stangensellerie
Blätter abschneiden, Fäden abziehen.

Spargel

Grüner Spargel

EINKAUF

Grüner Spargel wächst über der Erde und wird je nach Herkunftsland und Züchtung in verschiedenen Stärken und Längen angeboten. Wählen Sie Spargel ohne vertrocknete Enden. Machen Sie stets einen Frischetest: Eine Einkerbung mit dem Daumennagel muss Flüssigkeit austreten lassen.

VERWENDUNG

- als kalte oder warme Vorspeise und Garnitur
- als Beilage zu Fisch- und Fleischspeisen
- zu Risotti, Pasta- und Wok-Gerichten

VORBEREITUNG

1. Grüner Spargel wird kaum geschält. Bei stärkeren Stangen schält man die untere Hälfte, die holzigen Enden werden abgeschnitten.
2. Dünner Spargel, wie zum Beispiel der zarte aus Thailand, wird ungeschält ganz kurz gekocht.

Grünen Spargel kochen

Spargel in kochendem Salzwasser knackig kochen, sofort weiterverarbeiten oder in Eiswasser abfrischen.

TIPP

Besonders aromatisch und knackig gerät grüner Spargel durch langsames Braten in Butterschmalz.

Weißer Spargel

EINKAUF

- Besonders hochwertiger Spargel wird in Deutschland, Frankreich und Österreich angebaut.
- Frischen Spargel erkennen Sie an den saftigen, unverfärbten Schnittstellen. Eine Einkerbung in der Stangenmitte lässt Flüssigkeit austreten.
- Bläulich-violette Verfärbung der Köpfe entsteht durch Licht und Sonneneinstrahlung vor der Ernte; dies hat jedoch keine negative Auswirkung auf Qualität und Geschmack.
- Wählen Sie gerade, ca. 22–24 mm lange und gleichmäßig dicke Stangen. Für Suppe, Mousse und Salat verwenden Sie dünneren Spargel.
- Hüllen Sie Spargel zum Lagern in feuchte Tücher.

ERHÄLTLICH

Heimischer Spargel von April bis Ende Juni; importierter Spargel ist ganzjährig.

VERWENDUNG

Kalt
- für Salat, Salatkombinationen und Mousse
- als Vorspeise mit Vinaigrette oder Mayonnaisesauce

Warm
- für Creme- oder Schaumsuppe
- mit in Butter gebratenem Paniermehl oder Sauce Hollandaise
- als Beilage zu Geflügelbrust, Kalbfleisch und Rinderfilet
- als Gratin

VORBEREITUNG

1. Damit Spargel nicht bricht, flach auf den Boden einer umgedrehten Kasserolle legen. Spargelschäler unterhalb des Kopfes ansetzen und in Richtung Stangenende gründlich schälen.

2. Holzige Enden abschneiden.

SPARGEL KOCHEN

Methode 1

1. Spargel mit den Köpfen nach oben in den Korb eines Spargeltopfes einordnen.
2. Salzwasser im Spargeltopf aufkochen, etwas Zucker und Weißbrot beifügen. Spargelkorb einhängen. Die Flüssigkeit sollte ca. 3-fingerbreit unter die Köpfe reichen.
3. 10 Minuten zugedeckt schwach wallend kochen, dann in Abständen von 2 Minuten kochendes Salzwasser nachfüllen, bis die Stangen gleichmäßig gegart sind. Korb aus dem Sud heben, abtropfen.

Methode 2

1. Salzwasser mit etwas Weißbrot und Zucker in einer großen, flachen Kasserolle oder in einer Wanne mit Siebeinsatz (Fischwanne) zum Kochen bringen.

2. Spargel vorsichtig mit den Enden zuerst einlegen.

3. Mit einem nassen Geschirrtuch bedecken, aufkochen.

4. Ca. 5 Minuten kochen, anschließend bei ca. 95 °C ca. 15 Minuten ziehen lassen.

5. Spargel aus dem Sud heben, abtropfen, sofort auftragen oder in kaltem Eiswasser abschrecken, anschließend im erkalteten Spargelsud aufbewahren. Kalt servieren oder im Sud erhitzen.

Spinat

EINKAUF

Achten Sie auf feste, knackige Blätter. Für Salat oder Blattspinat wählen Sie jungen, kleinblättrigen Spinat.

VERWENDUNG

- für Salat, zum Beispiel mit Balsamico-Marinade in Kombination mit gehobeltem Parmesan, Pinienkernen oder Prosciuttochips
- blanchiert für Blatt- oder Cremespinat

VORBEREITUNG FÜR BLATT- ODER CREMESPINAT

1. Blätter entstielen, gut kalt waschen.
2. Spinat in kochendes Salzwasser geben, mit einem Sieblöffel nachdrücken, ca. 2–3 Minuten blanchieren.
3. Mit einem Sieblöffel in vorbereitetes Eiswasser umschöpfen, gut durchkühlen, aus dem Wasser heben, abtropfen, leicht abpressen.

Spinatlasagne

ZUTATEN

Butter zum Ausstreichen der Form und zum Belegen
500 g Blattspinat, blanchiert
250 g Lasagneblätter
Salz
Pfeffer, schwarz, gemahlen
40 g Parmesan, gerieben, zum Bestreuen

FÜR DIE KÄSESAUCE

0,6 l Milch
50 g Butter
50 g Mehl
Salz
Pfeffer, weiß, gemahlen
Muskatnuss, gemahlen
80 g Parmesan oder Hartkäse, gerieben

VORBEREITUNG

1. Eine feuerfeste Form mit Butter ausstreichen.
2. Blattspinat grob hacken.

SO WIRD'S GEMACHT

1. Reichlich Salzwasser in einer großen Kasserolle aufkochen, Lasagneblätter sehr kernig kochen, in kaltem Wasser abschrecken, abgießen, mit Küchenkrepp abtrocknen.
2. Für die Käsesauce Milch erhitzen, in einer Kasserolle Butter schmelzen, Mehl einrühren und kurz farblos anschwitzen, Milch mit dem Schneebesen schnell und glatt einrühren, einige Minuten verkochen, mit Salz, Pfeffer und Muskatnuss würzen, abkühlen lassen, Parmesan (Käse) einrühren.
3. Blattspinat leicht abpressen, grob hacken, mit Salz und Pfeffer würzen. Mit ⅔ der Käsesauce vermischen.
4. Den Boden der Form mit Lasagneblättern auslegen.
5. Abwechselnd Spinat und Lasagneblätter einschichten, mit Lasagneblättern belegen, mit der restlichen Käsesauce bestreichen, mit geriebenem Parmesan und kleinen Butterstücken (Flocken) belegen.
6. Bei 200 °C Umluft ca. 30 Minuten auf mittlerer Schiene backen.

Cremespinat

ZUTATEN

1 kg Blattspinat, frisch
20 g Butter
20 g Mehl
0,3 l Brühe, mild,
   oder Gemüsefond
Salz
Pfeffer, gemahlen
3 Knoblauchzehen, gepresst
30 g Butter

SO WIRD'S GEMACHT

1. Spinat putzen, waschen, blanchieren, kalt abspülen, abpressen, durchdrehen.

2. Butter in Kasserolle schmelzen, Mehl einrühren.

3. Hell rösten, mit heißer Flüssigkeit aufgießen, mit einem Schneebesen glatt verrühren, 5 Minuten kochen.

4. Spinat einrühren, mit Salz und Pfeffer würzen. Bei Bedarf die Konsistenz mit etwas Brühe regulieren.

5. Butter in der Pfanne bräunen, Knoblauch einrühren.

6. Sofort unter den Spinat mischen.

ANRICHTEN

- klassische Beilage zu gekochtem Rindfleisch, Hackfleisch und gebratenen Würstchen
- zu Bratkartoffeln mit Spiegelei

Tomaten

EINKAUF

Achten Sie auf vollreife, pralle Früchte; wählen Sie je nach Verwendungszweck die passende Sorte aus.

DIE WICHTIGSTEN SORTEN

- Kirschtomaten und Rispentomaten: intensiver Geschmack
- runde Tomaten (Kugeltomaten): kernreich, saftig und wenig aromatisch
- Fleischtomaten: viel Fruchtfleisch und intensiver Geschmack.
- Eiertomaten (San Marzano): die klassische »Pelati«-Tomate für Pastagerichte

VERWENDUNG

Roh:
- zur Saftgewinnung und für kalte Suppen
- als Garnierung für kalte Gerichte
- zum Füllen, zum Beispiel mit Gemüsemayonnaise
- als Salat, Salatbestandteil oder Rohkost

Warm:
- für Cremesuppe, Sugo, Pasta und Pizza
- zum Füllen
- zum Grillen und Braten
- geschält, entkernt und in Würfel geschnitten (concassée, siehe Seite 35) als »Topping«, Suppen- oder Sauceneinlage
- zum Trocknen in der Sonne oder im Backofen

VORBEREITUNG

1. Für Rohkost, teilweise auch für Salat, für Suppen oder Saucen müssen Tomaten nicht geschält werden. In diesen Fällen Tomaten nur waschen und Stängelansatz ausschneiden.
2. Tomaten schälen und entkernen: siehe Seite 35.

Tomaten mit Schalotten und Ingwer

ZUTATEN

2 EL Olivenöl
1 EL Kristall- oder Braunzucker
ca. ⅛ l Tomatensaft
120 g Schalotten
   oder Jungzwiebel, geschält
350 g Fleischtomaten
etwas Ingwerwurzel, gerieben
Salz
Pfeffer, schwarz, gemahlen

SO WIRD'S GEMACHT

1. Olivenöl erhitzen, Zucker unter Rühren karamellisieren, mit Tomatensaft ablöschen.
2. Schalotten halbieren, hinzufügen, umrühren, salzen, zugedeckt kernig dünsten.
3. Tomaten halbieren, entkernen, in grobe Stücke schneiden, zu den Schalotten geben, 1–2 Minuten köcheln, mit Ingwer, Salz und Pfeffer würzen.

Topinampur (Erdartischocke)

EINKAUF

Achten Sie auf feste Knollen.

VORBEREITUNG

1. Gründlich unter fließendem Wasser abbürsten.
2. Roh oder gekocht wie Kartoffeln schälen.

VERWENDUNG

in erster Linie für Püree oder Püreesuppe

Zwiebeln und Schalotten

EINKAUF

Wählen Sie feste Zwiebeln und Schalotten.

SORTEN UND VERWENDUNG

Gemüse- und Haushaltszwiebeln: Erkennbar an den hellbraunen Schalen, universell einsetzbar zum Kochen und Dünsten; große Exemplare eignen sich zum Füllen.

Weiße Zwiebeln: Diese milden Zwiebeln sind besonders ideal zum rohen Verzehr, für Salate, Marinaden und Chutneys.

Rote Zwiebel: Rote Zwiebeln sind mild-würzig und dekorativ, besonders geeignet für Kartoffelsalat und Sülzen.

Jungzwiebel: Besonders mild, der weiße Teil ist in Scheiben geschnitten eine ideale Beigabe zu Kopfsalat. Grüne Teile in Scheiben schneiden, kurz vor dem Anrichten roh in Risotti, Wok- oder Pastagerichte einmengen.

Schalotten: Schalotten haben meist eine hellbraune Schale, wobei die Vielfalt sehr groß ist. Sie werden für Fisch- und Fleischsaucen verwendet sowie zum Glacieren oder Einlegen in Rotwein- bzw. Essigmarinade.

Zucchini

EINKAUF

Wählen Sie kompakte, fleckenfreie Exemplare mit festem, grünen Stiel.

VERWENDUNG

- gewürzte Scheiben auf dem Rost oder in der Pfanne zubereiten oder paniert frittieren
- zum Dünsten und für Gemüsemischungen
- zum Füllen mit Hackfleisch in Kombination mit Tomatensauce oder Sugo

VORBEREITUNG

Zucchini werden meist ungeschält verarbeitet; Enden abschneiden, waschen, abtrocknen.

Zucchinichips

ZUTATEN

2 große Zucchini
Mehl zum Wenden
reichlich Pflanzenöl zum Frittieren
Salz

SO WIRD'S GEMACHT

1. Zucchini in hauchdünne Scheiben schneiden. In Mehl wenden, gut abschütteln.
2. Öl auf ca. 180 °C erhitzen, Zucchini »auf Raten« unter Rühren knusprig frittieren, aus dem Fett heben. Auf Küchenkrepp abtropfen lassen, salzen.

Zucchiniröllchen am Spieß

ZUTATEN

3 Stück Zucchini, mittelgroß
400 g Feta
2 Paprikaschoten, rot, entkernt, entstielt
4 EL Olivenöl
Salz
Pfeffer, gemahlen
Oregano

VORBEREITUNG

1. Zucchini waschen, die Enden abtrennen.
2. Mit einer Schneidemaschine der Länge nach in dünne, gut rollfähige Scheiben schneiden.
3. Feta in ca. 1,5 x 3 cm große Stücke schneiden.
4. Paprikaschoten in 1,5 x 3 cm große Stücke schneiden.

SO WIRD'S GEMACHT

1. Zucchinischeiben mit Olivenöl bestreichen und mit Salz, Pfeffer und Oregano bestreuen.
2. Fetastücke jeweils in eine Zucchinischeibe straff einrollen.
3. Zucchiniröllchen abwechselnd mit Paprikastücken auf Spieße fädeln.
4. Öl in Pfanne erhitzen, Spieße unter Wenden beidseitig braten.

TIPP

Dieses Gericht eignet sich sehr gut zum Grillen auf dem Rost.

Zucchiniblüten

EINKAUF

Achten Sie auf gleichmäßige Exemplare mit saftigen, orange-gelben Blüten. Wählen Sie je nach Verwendungszweck zwischen männlichen Zucchini mit größeren Blüten und fingerdicker Frucht und weiblichen mit kleineren Blüten.

ERHÄLTLICH

inländische Zucchiniblüten von Mai bis September

VERWENDUNG

- männliche Blüten zum Füllen mit Farcen
- männliche und weibliche Blüten zum Frittieren mit Backteig

Ausgebackene Zucchiniblüten

ZUTATEN

Pro Portion ca. 8 Zucchiniblüten
Backteig (siehe Seite 196)
Salz
reichlich Öl zum Frittieren

VORBEREITUNG

Blüten öffnen, den Stempel vom Fruchtkörper abtrennen.

SO WIRD'S GEMACHT

1. Zucchiniblüten salzen, durch den Backteig ziehen und abtropfen.
2. Öl auf ca. 180 °C erhitzen, Zucchiniblüten einlegen, unter Schütteln und Wenden goldbraun frittieren.
3. Aus dem Öl heben, abtropfen, mit Küchenkrepp abtupfen.

Gedämpfte Zucchiniblüten mit Lachsfülle

ZUTATEN

12 Zucchiniblüten mit Frucht
400 g Lachsfarce
Butter zum Bestreichen
   des Dämpfeinsatzes
Salz
Pfeffer, weiß, gemahlen

VORBEREITUNG

Blüten öffnen, Stempel entfernen, Enden des Fruchtkörpers abschneiden. Frucht mit Längsschnitten fächerartig einschneiden, leicht anpressen.

SO WIRD'S GEMACHT

1. Lachsfarce mittels Spritzsack und glatter Tülle in geöffnete Blüten einspritzen, mit den Blättern kugelförmig verschließen.
2. Blüten samt Frucht auf einen gebutterten Dämpfeinsatz legen, die Frucht würzen.
3. Zugedeckt ca. 10 Minuten dämpfen.

ANRICHTEN

Mit Weißweinsauce servieren.

Pilze

Sei es als Beilage, Füllung oder für die vegetarische Küche – mit Pilzen lassen sich wunderbar schmackhafte Gerichte herstellen. Doch gilt es dabei einiges zu beachten: von der Frage der Radioaktivität und der Verwechslungsgefahr ähnlich aussehender Sorten bei wildwachsenden Pilzen bis zur richtigen Vor- und Zubereitung. Beherzigen Sie daher die folgenden Punkte.

Darauf kommt's an

- Wildwachsende Pilze werden an den EU-Außengrenzen und im Inland auf Radioaktivität untersucht. Kaufen Sie Pilze deshalb bitte ausschließlich im kontrollierten Handel.
- Pilze nur bei starker Verschmutzung kalt waschen (Champignons in Zitronenwasser), ansonsten reicht es, wenn Sie Pilze mit einem feuchten Tuch abreiben. Schmutzteilchen mit einem Pinsel entfernen. Stiele, wenn nötig, mit einem kleinen Messer abschaben, fallweise mit einem Sparschäler schälen (Steinpilze).
- Gewaschene Pilze sofort mit einem Tuch abtrocknen, anschließend schneiden und sofort weiterverarbeiten.
- Braten Sie Pilze stets ungesalzen, damit sie nicht Wasser ziehen. Salzen Sie immer erst zum Schluss.
- In Scheiben geschnittene Steinpilze können sowohl roh als auch gebraten tiefgekühlt werden.
- Pfifferlinge vor dem Einfrieren blanchieren oder kurz anbraten (sautieren).

Die wichtigsten Pilze

Austernpilze (Austernseitlinge)

Ein feiner, kompakter, preisgünstiger, meist gezüchteter Pilz. Wählen Sie kleinere Exemplare aus.
Erhältlich: ganzjährig

VORBEREITUNG

Stiele entfernen, Kappen im Bedarfsfall abwischen.

Champignons

Achten Sie auf weiße, unverfärbte und geschlossene Kappen. Sorten mit braunen Kappen unterscheiden sich nur optisch.
Erhältlich: ganzjährig

VORBEREITUNG

Champignons abwischen oder kalt waschen, mit Zitronensaft beträufeln, Stielende im Bedarfsfall abschneiden. Je nach Verwendungszweck und Größe ganz, halbiert, geviertelt oder in Scheiben geschnitten vorbereiten. Zum Füllen Köpfe ablösen, Stiele für ein anderes Gericht verwenden.

Morcheln

Angeboten werden Speise- und Spitzmorcheln. Frische Morcheln weisen kompakte, feste Kappen mit knackigem Stiel auf. Getrocknete Morcheln sind von ausgezeichneter Qualität und intensivem Geschmack.
Erhältlich: frisch von April bis Mai, getrocknet ganzjährig

VORBEREITUNG

Mehrmals in kaltem Wasser waschen, da sich in den Waben Sand ablagert. Wasser abfließen lassen und Stiel entfernen. In der Regel im Ganzen verarbeiten, große Exemplare sind zum Füllen geeignet.

Pfifferlinge

Achten Sie auf kleine, saftige, möglichst unverschmutzte Ware. Kühl maximal 3–4 Tage lagern.
Erhältlich: Juni bis Oktober

VORBEREITUNG

Je nach Verunreinigung in reichlich kaltem Wasser waschen. An der Oberfläche schwimmende Baumnadeln abschöpfen. Pfifferlinge aus dem Wasser heben. Vorgang mehrmals in frischem Wasser wiederholen, große Exemplare schneiden.

Shiitake

Asiatischer Zuchtpilz mit kompaktem Fleisch. Bis zu 3 Wochen im Kühlschrank lagerfähig.
Erhältlich: ganzjährig

VORBEREITUNG

Stiele entfernen, Pilze bei Bedarf waschen, abtrocknen, im Ganzen oder geschnitten verwenden. Getrocknete Pilze warm ca. 20 Minuten einweichen.

Steinpilze (Herrenpilze)

Wählen Sie kleine Exemplare mit kompakten Köpfen und Stielen. Größere Steinpilze haben massive Lamellen mit oft fasrigem Stiel. Halbieren Sie den Pilz, nur so kann Madenbefall festgestellt werden.
Erhältlich: Juni bis Ende Oktober

VORBEREITUNG

Nur bei starker Verschmutzung waschen, sonst mit einem feuchten Tuch abreiben. Stiele mit einem kleinen Messer abschaben, fallweise mit einem Sparschäler schälen. Je nach Verwendung in Scheiben oder in größere Stücke schneiden.

Trüffel

Trüffel verlieren täglich an Aroma, daher sind rasche Verarbeitung und richtige Lagerung von besonderer Bedeutung.

LAGERUNG

Trüffel einzeln in Küchenkrepp hüllen und dann eventuell in Alufolie wickeln oder verschlossen in Einmachgläsern aufbewahren. Empfohlene Lagerzeit: maximal 7 Tage. Das früher übliche Lagern von Trüffeln in rohem Reis gilt als überholt.

Schwarze Trüffel: Der berühmteste Trüffel kommt aus Frankreich (Périgord). Wählen Sie feste Exemplare mit intensivem Geruch.
Erhältlich: Dezember bis März

Sommertrüffel: Diese Trüffel haben einen schwarzbraunen Fruchtkörper und sind unregelmäßig kugelig geformt; sie wachsen auch in heimischen Laubwäldern, sind aromaschwach und wesentlich kostengünstiger als die anderen Sorten.
Erhältlich: Juni bis November

Weiße Trüffel (Piemont- oder Albatrüffel): Erste Wahl sind Trüffel aus dem Piemont. Wählen Sie feste Exemplare mit intensivem Geruch.
Erhältlich: Oktober (Höhepunkt im November) bis Dezember

VORBEREITUNG

Schwarze Trüffel und Sommertrüffel
Reinigen Sie Trüffel mit einer Bürste mit stabilen Borsten. Schaben Sie mit einer Messerspitze den Schmutz aus den Vertiefungen heraus. Stark verschmutzte Trüffel bürsten Sie unter fließendem Wasser.

Weiße Trüffel
Bei starker Versandung waschen, sonst nur bürsten. Erdreste aus Vertiefungen auskratzen, mit einem Tuch abwischen. Weiße Trüffel werden z. B. über Rühreier, Risotti oder Pasta alla panna gehobelt.

Gebratene Pilze

ZUTATEN
FÜR 2 PORTIONEN

400 g Pilze, geputzt
3 EL Öl oder Butterschmalz
Salz
Pfeffer, weiß, gemahlen
1 EL Petersilie, gehackt

VORBEREITUNG

Pilze je nach Sorte wie auf Seite 366 beschrieben reinigen.
In Scheiben schneiden oder in gröbere Stücke teilen.

SO WIRD'S GEMACHT

1. Öl in einer Teflonpfanne erhitzen, ungesalzene Pilze in der Pfanne verteilen, anbraten und wenden.
2. Pilze würzen, mit Petersilie bestreuen, schwenken.

Gardauer: einige Minuten, je nach Art der Pilze

ANRICHTEN

- als selbstständiges Gericht mit Petersilienkartoffeln
- auf Schwarzbrotscheiben, die mit Knoblauch geröstet wurden
- als »Topping« auf Blattsalaten, Kalbsschnitzel, Filetsteak und Eiergerichten
- als Bestandteil von Pastagerichten, Risotti und Pizza
- vermischt mit gebratenen Kartoffelscheiben

VARIATION

Lassen Sie die fertig gebratenen Pilze überkühlen und marinieren Sie sie mit 2 EL Apfel- oder Weinessig und 3 EL Olivenöl.

Pilze in Sahnesauce

ZUTATEN

800 g Steinpilze, Champignons oder Pfifferlinge, geputzt
60 g Butter
80 g Zwiebeln, fein geschnitten
1/16 l Schlagsahne
0,2 l saure Sahne
15 g Mehl
Saft einer halben Zitrone
2 EL Petersilie, gehackt
Salz
Pfeffer, weiß, gemahlen

VORBEREITUNG

1. Pilze je nach Sorte wie auf S. 366 beschrieben reinigen.
2. Größere Pilze in 5 mm dicke Scheiben schneiden, Pfifferlinge ganz belassen bzw. große Exemplare schneiden.

SO WIRD'S GEMACHT

1. Butter in einer Kasserolle erhitzen, Zwiebeln hell rösten, Pilze dazugeben, durchrühren und würzen.
2. Zugedeckt dünsten, Sahne hinzufügen und reduzierend kochen.
3. Saure Sahne mit Mehl verrühren, unter die Pilze mengen, ca. 3 Minuten kochen, mit Zitronensaft, Petersilie, Salz und Pfeffer vollenden.

Gardauer: ca. 8–10 Minuten

Steinpilzgröstl

ZUTATEN
FÜR 4–6 PORTIONEN

¾ kg Kartoffeln, fest kochend
400 g Steinpilze
1 Zwiebel
4 EL Öl oder Butterschmalz
Salz
Pfeffer, gemahlen
Petersilie, gehackt

VORBEREITUNG

1. Kartoffeln kochen, schälen und in 5 mm dicke Scheiben schneiden.
2. Steinpilze gut reinigen und dickblättrig schneiden.
3. Zwiebel in kleine Würfel schneiden.

SO WIRD'S GEMACHT

1. 2 EL Öl (Butterschmalz) in einer Teflonpfanne erhitzen und Zwiebeln hell rösten.
2. Kartoffelscheiben dazugeben, unter Wenden braun braten, würzen, aus der Pfanne heben und warm stellen.
3. In der Pfanne restliches Öl (Butterschmalz) erhitzen, Steinpilze darin unter Wenden braten und würzen.
4. Geröstete Kartoffeln dazugeben, gemeinsam kurz braten und mit Petersilie bestreuen.

VARIATION

Mischen Sie geröstete Speckwürfel und gezupften Thymian unter das Steinpilzgröstl.

Duxelles (Pilzmus)

ZUTATEN
FÜR 4 EL FERTIGE DUXELLES

120 g Champignons, geputzt
70 g Zwiebeln
3 EL Öl
1 EL Petersilie, gehackt
Salz
Pfeffer, gemahlen

VORBEREITUNG

1. Champignons waschen, trocknen, fein hacken.
2. Zwiebeln schälen, fein schneiden.

SO WIRD'S GEMACHT

1. Öl in einer flachen Kasserolle erhitzen.
2. Zwiebeln farblos rösten, Champignons hinzufügen und rösten bis die Flüssigkeit verdunstet ist.
3. Petersilie einrühren, mit Salz und Pfeffer würzen.

VERWENDUNG

- für Farcen
- für Saucen
- zum Füllen von Gemüse (Tomaten)

Nudelgerichte

Abgepackte italienische Teigware, so genannte Pasta secca auf Basis von Hartweizengrieß, kann man heutzutage in hervorragender Qualität kaufen. Trotzdem spricht einiges dafür, Nudelteig selbst herzustellen, besonders dann, wenn Sie auf erlesene Qualität von Ravioli, Agnolotti, Tortellini, Maultaschen oder Cannelloni Wert legen.

Darauf kommt's an

- Wählen Sie bei der Zubereitung des Teiges zwischen Weizenmehl und Durum-Hartweizengrieß (in gut sortierten Supermärkten oder im Fachhandel erhältlich).
- Nudeln aus Hartweizengrieß haben den Vorteil, stets bissfest al dente zu bleiben.
- Nudeln aus Eierteig bestechen durch Geschmeidigkeit und vollen Geschmack.
- Garen Sie Nudeln in reichlich kochendem Salzwasser im Verhältnis 100 g Nudeln und 10 g Salz auf 1 l Wasser.
- Rühren Sie dabei von Zeit zu Zeit mit einem Kochlöffel um.
- Frisch zubereitete Nudeln benötigen zum Kochen nur 1–2 Minuten. Für getrocknete ist eine wesentlich längere Kochzeit erforderlich.
- Beachten Sie die empfohlenen Kochzeiten auf den Verpackungen.
- Kochen Sie Nudeln »al dente«, also mit Biss.
- Seihen Sie Nudeln nach dem Kochen ab und lassen Sie sie abtropfen.
- Vermischen Sie die Nudeln in einer Pfanne oder flachen Stielkasserolle mit den vorgesehenen Zutaten.

Die wichtigsten Teigwaren

Agnolotti (halbmondförmige Teigtaschen)
Bucatini (längere Röhrennudeln)
Cappellacci (runde Teigtaschen)
Cannelloni (lange, große Röhrennudeln)
Cappelleti (kleine runde Teighüte)
Cavatelli (Muschelnudeln)
Conchiglie (Muschelformen)
Eliche (Spiralnudeln)
Farfalle (Schmetterlingsnudeln)
Fusilli (kurze Spiralnudeln)
Lasagne (viereckige Teigblätter)
Linguine (schmale Bandnudeln)
Maccheroni (lange Röhrennudeln)
Orecchiette (kleine, ohrförmige Nudeln)
Pappardelle (sehr breite Bandnudeln)
Penne (kurze Röhrennudeln, glatt oder gerillt)
Ravioli (viereckige Teigtaschen)
Rigatoni (kurze, dicke Röhrennudeln)
Spaghetti
Spaghettini (wie Spaghetti, jedoch dünner)
Tagliatelle-Fettuccine (schmale Bandnudeln)
Taglierini (ca. 2 mm schmale Bandnudeln)
Tortellini (muschelförmige Teigtäschchen)
Vermicelli (Fadennudeln)

Nudelteig (Eierteig)

ZUTATEN

500 g Mehl
4 Eier
4 Eigelb
2 EL Olivenöl
Salz
Mehl (am besten Dunstmehl), zum Bestäuben

VORBEREITUNG

1. Alle Zutaten in einer Schüssel vermischen.
2. Teig mit beiden Händen auf einer mit Mehl bestäubten Arbeitsfläche oder mit einer Küchenmaschine mit Knethacken geschmeidig glatt kneten.
3. Teig in Frischhaltefolie einhüllen und ca. 30 Minuten ruhen lassen.

SO WIRD'S GEMACHT

1. Teig auf eine mit Mehl bestäubte Arbeitsfläche legen und bestäuben.

2. Nudelholz ebenfalls mit Mehl einreiben.

3. Teig in alle Richtungen gleichmäßig und gleichförmig ausrollen.

4. Teig öfters von der Arbeitsfläche heben und diese mit Mehl bestäuben.

5. Teig zwischendurch mit einem Tuch abdecken und ruhen lassen.

6. Den ausgerollten Teig gleichmäßig mit Mehl bestäuben und antrocknen lassen.

7. Teig in breite Bahnen schneiden und locker auf ca. 6 cm Breite zusammenfalten.

8. Teig mit einem langen Messer in beliebig breite Streifen schneiden und auflockern.

9. Teig zum Trocknen auf bemehlter Unterlage zu kleinen Nestern formen.

TIPP

Wenn Sie den Teig mit der Nudelmaschine rollen und schneiden, erhöhen Sie etwas den Mehlanteil.

VARIATIONEN

Nudelteig können Sie mit verschiedenen Zutaten aromatisieren und einfärben, zum Beispiel mit gemahlenen Trockenpilzen, gehackten Kräutern, Rote-Beete-Saft, Sepiatinte, Kakaopulver, passiertem Spinat oder Bärlauch. Bei Bedarf gleichen Sie die zusätzliche Feuchtigkeit mit Mehlzugabe aus.

Nudelteig aus Hartweizengrieß

ZUTATEN

500 g Durum-Weizengrieß
5 Eier
2 EL Olivenöl
Salz
Mehl (am besten Dunstmehl), zum Stäuben

SO WIRD'S GEMACHT

Selbe Zubereitung wie »Eierteig«.

Gefüllte Teigtaschen (Agnolotti)

ZUTATEN

Nudelteigmasse (aus Hartweizengrieß oder Eierteig, siehe Seiten 376/377)
1 Ei
fertige Füllung (siehe Seiten 382/383)

VORBEREITUNG

Teig bis einschließlich Schritt 6 zubereiten.

SO WIRD'S GEMACHT

1. Teig sehr dünn ausrollen, in ca. 12 cm breite Quadrate schneiden.

2. Ei verquirlen, den Teig damit ganzflächig bestreichen.

3. Füllung mit Spritzsack oder Kaffeelöffel in Abständen von ca. 6 cm auf die Hälfte der Quadrate auftragen.

4. Ränder zueinander ziehen, ungefüllte Stellen mit Daumen und Fingerspitzen aneinander pressen.

5. Mit einem ca. 6 cm großen Ausstecher halbmondförmig ausstechen, Ränder unter zartem Druck gleichmäßig ausdünnen.

Tortellini
Ziehen Sie die beiden Enden zueinander und drücken sie zusammen.

Kärntner Kasnudeln
Verschließen Sie die Taschen durch wellenartiges Falten der Teigränder (»krendeln«).

Ravioli

ZUTATEN

Nudelteigmasse (aus Hartweizengrieß oder Eierteig, siehe Seiten 376/377)
1 Ei
fertige Füllung (siehe Seiten 382/383)

VORBEREITUNG

Teig bis einschließlich Schritt 6 zubereiten.

SO WIRD'S GEMACHT

1. 2 Nudelteigstücke mit einem Nudelholz oder mit der Maschine einzeln rechteckig und gleichmäßig dünn ausrollen.

2. Die Hälfte des Teiges mit verquirltem Ei bestreichen.

3. Die Füllung mit einem Spritzsack und glattem Spritzröhrchen oder einem Kaffeelöffel in Abständen von ca. 5 cm auf die bestrichene Teighälfte häufen.

4. Das unbestrichene Teigblatt in gleicher Größe darüberlegen.

5. Den Teig in den Zwischenräumen mit dem Messerrücken an das untere Teigblatt anpressen.

6. Nudelteig rund um die Füllung aneinander drücken. Dazu eignet sich die Rückseite eines runden Ausstechers besonders gut.

7. Mit einem Teigrad gleichmäßige Vierecke ausschneiden.

Füllungen für Ravioli & Co.

Fischfüllung

ZUTATEN

400 g Fischfarce
120 g Pinienkerne oder Pistazien, geröstet

SO WIRD'S GEMACHT

Farce und Pinienkerne (Pistazien) vermengen.

VARIATIONEN

- 4 EL gehackte Estragonblätter hinzufügen
- 4 EL gehackte Dillspitzen untermengen
- 150 g fein gehackte, gebratene Champignons und 1 El gehackte Petersilie hinzufügen

Pilzfüllung

ZUTATEN

3 EL Schalotten, fein gehackt
2 EL Butter
400 g Steinpilze oder Champignons, geputzt, fein gehackt
Salz
Pfeffer, weiß, gemahlen
2 EL Petersilie, gehackt

SO WIRD'S GEMACHT

1. Schalotten in Butter anrösten.
2. Pilze hinzufügen und rösten.
3. Mit Salz, Pfeffer und Petersilie würzen.

Quark-Kartoffel-Füllung

ZUTATEN

250 g Quark, abgetropft
70 g Weißbrotwürfel
50 g Kartoffeln, gekocht, passiert
2 EL Zwiebeln, gehackt
1 EL Butter zum Rösten
0,1 l Milch
1 EL Minzeblätter, gehackt
1 EL Kerbelblätter, gehackt
Salz
Pfeffer, weiß, gemahlen

SO WIRD'S GEMACHT

1. Quark mit Brotwürfeln und Kartoffeln vermischen.
2. Zwiebeln in Butter rösten.
3. Milch, Zwiebeln, Minze- und Kerbelblätter unter die Quark-Kartoffel-Masse mengen, mit Salz und Pfeffer würzen.

Ricottafüllung

ZUTATEN

400 g Ricotta
90 g Parmesan, gerieben
40–50 g Weißbrot, gerieben, oder Paniermehl
Salz
Pfeffer, weiß, gemahlen
Muskatnuss, gerieben

SO WIRD'S GEMACHT

Ricotta mit Parmesan und Weißbrot (Paniermehl) vermischen. Mit Salz, weißem Pfeffer und geriebener Muskatnuss würzen.

VARIATION

Hacken Sie 150 g gut abgepressten blanchierten Spinat (oder junge Brennnesselblätter) und vermischen ihn mit 2 Eigelb und der Ricottamasse.

Grundsauce für Pasta und Gnocchi

ZUTATEN

30 g Butter
2 EL Zwiebeln, fein geschnitten
10 g Mehl
1/16 l Weißwein
0,2 l Gemüsefond
  oder Brühe, mild
0,2 l Sahne
etwas Zitronensaft
Salz
Pfeffer, weiß

SO WIRD'S GEMACHT

1. Butter in einem Topf schmelzen, Zwiebeln hinzufügen, glasig anschwitzen.
2. Mehl dazugeben, farblos rösten, mit Weißwein und heißem Gemüsefond (Brühe) aufgießen, mit einem Saucenbesen glatt rühren.
3. Sahne hinzufügen, bei mäßiger Hitze reduzierend zur gewünschten Konsistenz kochen.
4. Durchsieben oder mit dem Stabmixer pürieren, mit Zitronensaft, Salz und Pfeffer würzen.

VARIATIONEN

- Mixen Sie zum Schluss ca. 4 EL Olivenöl ein.
- Die Sauce können Sie mit verschiedenen Gewürzen wie Safran oder Curry oder gehackten Kräutern variieren. Auch Gemüse-, Tomaten- oder Paprikawürfel, Pilze, Speck- oder Schinkenstreifen, Blauschimmelkäse oder Rucola harmonieren hervorragend.

TIPP

Rühren Sie nur soviel Sauce unter die Pasta, dass eine angenehme, unaufdringliche Bindung entsteht.

Tomatensugo (Salsa al pomodoro)

ZUTATEN

80 g Zwiebeln
80 g Möhren
80 g Sellerieknolle
  oder Staudensellerie
3 EL Olivenöl zum Rösten
2 Knoblauchzehen, in Scheiben
1 Prise Zucker
400 g Pelati aus der Dose
0,2 l Tomatensaft
etwas Gemüsefond
  oder Brühe, mild
Salz (am besten Meersalz)
3 EL Olivenöl zum Vollenden

VORBEREITUNG

Zwiebeln, Möhren und Sellerie schälen, fein schneiden.

SO WIRD'S GEMACHT

1. Olivenöl in einer Kasserolle erhitzen. Zwiebeln, Möhren, Sellerie dazugeben, hell rösten, Knoblauch und Zucker einrühren.
2. Pelati inklusive Flüssigkeit, Gemüsefond (Brühe), Tomatensaft und wenig Salz hinzufügen.
3. Unter Rühren schwach wallend ca. 45 Minuten auf die gewünschte Konsistenz einkochen.
4. Mit Salz abschmecken, restliches Olivenöl einrühren. Sauce durch ein Passiersieb drücken oder mit der Flotten Lotte passieren (nicht mixen).

VERWENDUNG

Die Sauce eignet sich für alle Arten von Pasta und für Pizza.

VARIATION

Variieren Sie den Geschmack der Sauce mit Gewürzen und Kräutern wie zum Beispiel Oregano oder Basilikum.

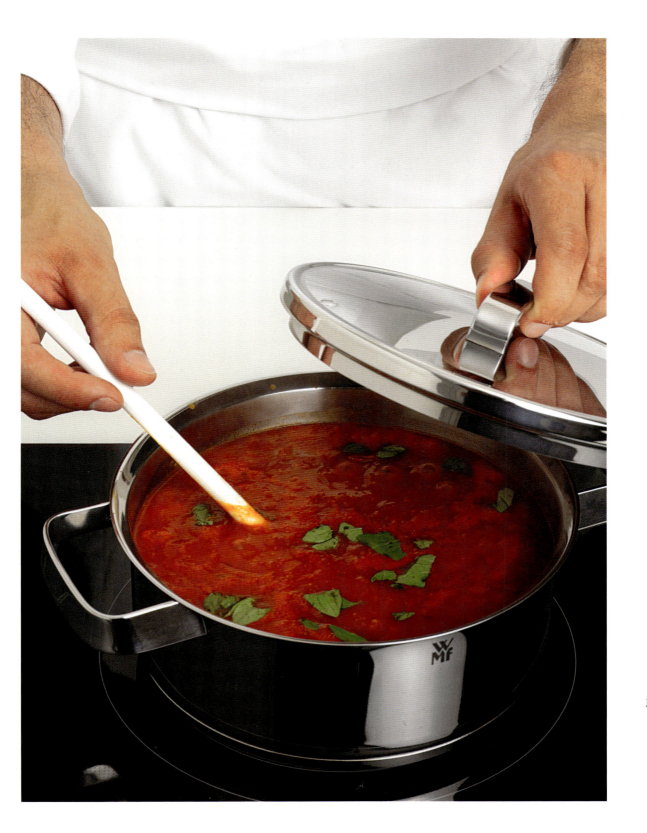

Sugo Bolognese

ZUTATEN

2 Knoblauchzehen
½ Zwiebel
150 g Möhren
150 g Sellerieknolle
1 Dose Pelati
5 EL Olivenöl
500 g Hackfleisch vom Rind und Schwein, grob
2 EL Tomatenmark
0,1 l Rotwein
etwas Rinderbrühe
Oregano
1 Lorbeerblatt
Salz
Pfeffer, gemahlen

VORBEREITUNG

1. Knoblauch schälen, fein hacken.
2. Zwiebel, Möhren, Sellerie schälen, in kleine Würfel schneiden.
3. Tomaten aus dem Saft heben, grob hacken. 0,2 l Saft zum Aufgießen bereitstellen.

SO WIRD'S GEMACHT

1. Olivenöl in einer Kasserolle erhitzen. Zwiebeln, Möhren und Sellerie hinzufügen, anrösten, Hackfleisch einrühren.

2. Hackfleisch sehr heiß rösten. Tomatenmark darunter rühren, mit Wein ablöschen, mit Pelatisaft und Brühe aufgießen.

3. Pelati, Knoblauch und Gewürze einrühren. Zugedeckt ca. 30 Minuten dünsten, je nach Bedarf Tomatensaft und Brühe zugießen.

TIPP

Besonders fein gerät die »Bolognese« mit Kalbfleisch.

Sugo von Meeresfrüchten

ZUTATEN

500 g Miesmuscheln
200 g Tintenfisch, geputzt (Seppiolini oder kleine Kalmartuben)
200 g Tomaten, geschält, entkernt, oder Pelati aus der Dose
6 EL Olivenöl
3 EL Zwiebeln, fein geschnitten
0,1 l Weißwein, trocken
4 Knoblauchzehen, gepresst
Brühe oder Wasser zum Aufgießen
Salz
Pfeffer, gemahlen
2 EL Petersilie, gehackt
100 g Crevetten oder Garnelen, klein, geschält
1 Peperoncino, fein gehackt

VORBEREITUNG

1. Muscheln reinigen (siehe Seite 206).
2. Tintenfische in beliebig große Ringe schneiden.
3. Tomaten hacken.

SO WIRD'S GEMACHT

1. In einer Kasserolle 3 EL Öl erhitzen, Zwiebeln anschwitzen, mit Wein ablöschen.
2. Halbe Knoblauchmenge hinzufügen, mit etwas Brühe (Wasser) ablöschen, salzen, pfeffern, einige Minuten kochen.
3. Muscheln hinzufügen und 3–5 Minuten zugedeckt dämpfen.
4. Muscheln etwas abkühlen lassen, Sud durch ein Sieb gießen, reduzierend einkochen und Muscheln auslösen.
5. Restliches Öl erhitzen, Tintenfische anrösten, restlichen Knoblauch einrühren, wenig Muschelsud zugießen.
6. Tomaten, Petersilie, Crevetten (Garnelen) und Muscheln dazugeben, ohne zu kochen erwärmen, mit Peperoncino, Salz und Pfeffer würzen.

ANRICHTEN

- Kombinieren Sie diese Sauce mit Spaghetti und langen Nudeln.
- Besonders gut passt sie zu mit Sepiatinte gefärbten Nudeln.

Auberginensugo

ZUTATEN

300 g Auberginen
300 g Tomaten, frisch oder aus der Dose
4 EL Olivenöl
80 g Zwiebeln, fein geschnitten
1/8 l Tomatensaft
2 EL Petersilie, gehackt
Oregano
3 Salbeiblätter
Salz
Pfeffer, schwarz, gemahlen

VORBEREITUNG

1. Auberginen samt Schale in ca. 7 mm große Würfel schneiden, salzen, eine halbe Stunde ziehen lassen.
2. Tomaten schälen, entkernen, fein hacken (bei Pelati aus der Dose Saft abgießen und hacken).

SO WIRD'S GEMACHT

1. Öl in einer flachen Kasserolle erhitzen, Zwiebeln farblos anschwitzen, Auberginen hinzufügen, einige Minuten dünsten, mit Tomatensaft aufgießen, zugedeckt 10 Minuten dünsten.
2. Tomaten, Petersilie, Oregano und Salbei dazugeben, nochmals einige Minuten dünsten.
3. Mit Salz und Pfeffer abschmecken.

ANRICHTEN

- Geeignet für Pappardelle, Orecchiette, Tagliatelle, Fusilli, Maccheroni, Penne und Gnocchi.
- Pasta nach dem Anrichten ausgiebig mit Olivenöl beträufeln und mit geriebenem Parmesan bestreuen.

Reis und Risotto

Für das Gelingen von Reisgerichten sind die richtige Wahl der Sorte und sorgfältige Zubereitung ausschlaggebend. Kaufen Sie nur Reis bester Qualität, der Mehrpreis lohnt sich.

Darauf kommt's an

- Obwohl man Reis wie Nudeln in reichlich Salzwasser kochen, abgießen und mit Butter vollenden kann, ist es ratsamer, ihn zu dünsten. So wird er besonders schmackhaft und locker. Diese Art der Garung basiert auf der orientalischen »Pilaw-Zubereitung«, bei der Reis im Eintopfverfahren mit würzigem Fond und intensiven Gewürzen, oft auch in Kombination mit Fleisch und Gemüse, gedünstet wird.
- Verwenden Sie für Risotto ausschließlich Rundkornreis. Besonders geeignet sind Arborio, Carnaroli oder Vialone Nano.

Die Sorten

Langkornreis (Patna, Carolina, Duftreis, Jasmin, Basmati): Die geschälten, polierten Körner werden beim Kochen oder Dünsten besonders locker.

Rundkornreis (Arborio, Vialone nano, Carnaroli): Der typische Risottoreis nimmt beim Garen viel Flüssigkeit auf, gibt Stärke ab und wird dadurch besonders cremig.

Naturreis: Der bräunliche, nicht geschliffene Reis mit intakter Silberhaut ist besonders nährstoffreich, aber nur beschränkt lagerfähig.

Parboiled Reis: Ausdruck dafür, dass Reis in der Schale mit Dampf und Druck behandelt wird, wobei Mineralstoffe und Vitamine in das Innere des Korns gepresst werden; Parboiled Reis ist zum Kochen und Dünsten geeignet.

Wildreis: Die dünnen, schwarzen Stifte sind der Samen von Wassergras; sie benötigen eine extrem lange Kochzeit und zeichnen sich durch einen außergewöhnlich feinen, exotischen Geschmack aus. Im Handel angebotene Langkorn-Wildreis-Mischungen sind zwar billiger, aber nur 2. Wahl.

Gedünsteter Reis (Grundrezept)

ZUTATEN

30 g Butter oder Öl
2 EL Zwiebeln, fein geschnitten
150 g Langkornreis
¼ l Wasser oder Brühe
Salz

SO WIRD'S GEMACHT

1. Butter (Öl) in einer Kasserolle leicht erhitzen, Zwiebeln farblos anschwitzen.
2. Reis hinzufügen, glasig rösten, mit heißem Wasser (Brühe) aufgießen, übermäßig salzen.
3. Zugedeckt auf dem Herd aufkochen lassen, nicht rühren. Hitze reduzieren, einige Minuten quellen lassen.
4. Im vorgeheizten Backofen auf unterer Schiene bei ca. 140–160 °C 18–20 Minuten dünsten.
5. Mit einer Fleischgabel vorsichtig auflockern.

Curryreis
Zutaten wie beim Grundrezept, zusätzlich 1 EL Currypulver; Zwiebeln und Reis glasig anrösten, Currypulver einrühren, mit Wasser oder Brühe aufgießen. Wie im Grundrezept beschrieben dünsten. Variieren lässt sich Curryreis mit gerösteten Pinien- oder Cashewkernen, Pistazien, Ananas- oder Mangowürfeln, Rosinen, Kokosflocken, Sojakeimen, gerösteten Geflügelwürfeln oder auch Garnelen.

Safranreis
Dem Reis nach dem Aufgießen ½ Briefchen Safranfäden beifügen.

Gemüsereis
Nach dem Aufkochen klein geschnittenes oder zerteiltes Gemüse (Kohlrabi, Paprikaschoten, Broccoli oder Spargel) hinzufügen.

Pilzreis
Dem garten Reis angebratene gewürzte Pilzscheiben hinzufügen.

Erbsenreis
200 g gekochte Erbsen unter den gedünsteten Reis mischen. Mit geriebenem Parmesan vollenden.

Wildreis

ZUTATEN

3 l Salzwasser
200 g Wildreis
20 g Butter
Salz

SO WIRD'S GEMACHT

1. Salzwasser aufkochen, Wildreis einfließen lassen, öfter umrühren.
2. Nach ca. 90–100 Minuten abgießen, heiß abspülen und abtropfen. Mit Butter vollenden, nachwürzen.

ANRICHTEN

Servieren Sie Wildreis zu Fisch, Meeresfrüchten und Pfannengerichten von Kalb und hellem Geflügel.

Risotto (Grundrezept)

ZUTATEN

3 EL Olivenöl
60 g Zwiebeln, fein geschnitten
350 g Risottoreis
0,1 l Weißwein, trocken
1,2–1,4 l Gemüse-, Geflügel- oder Fischfond
ca. 40 g Butter zum Vollenden
2–3 EL Parmesan, gerieben
Salz
Pfeffer, weiß, gemahlen

SO WIRD'S GEMACHT

1. In einem breiten Topf Olivenöl erhitzen und Zwiebeln farblos anschwitzen.

2. Reis hinzufügen, glasig anlaufen lassen, mit Wein ablöschen, reduzieren.

3. Unter ständigem Rühren nach und nach warmen Fond zugießen.

4. Risotto ca. 18 Minuten bissfest garen. Abschließend kleine Butterstücke und Parmesan einrühren, mit Salz und Pfeffer abschmecken.

TIPPS

- Wenn ein »Auf-die-Minute-Kochen« von Risotto nicht möglich ist, kochen Sie Risotto mit ca. $2/3$ der Flüssigkeit etwa 13 Minuten, leeren ihn flach auf ein leicht geöltes Backblech und verteilen ihn zur raschen Abkühlung in schmale Streifen. Zum gewünschten Zeitpunkt setzen Sie den Kochprozess durch Zugabe von warmer Flüssigkeit unter stetigem Rühren fort. In wenigen Minuten ist der Risotto fertig.
- Verwenden Sie stets ungewürzten oder mild gewürzten Fond, da sich der Salzgehalt durch das stetige Verdampfen enorm erhöht.
- Durch das Rühren und die dadurch vom Reis abgesonderte Stärke wird Risotto cremig.

VARIATIONEN

Hervorragend harmonieren kurz angebratene Pilze, Meeresfrüchte, Speck- oder Schinkenstreifen sowie gehackte Kräuter, Bärlauch, Rucola und junge Spinatblätter, aber auch Radicchiostreifen oder knackig gegartes Gemüse wie Broccoliröschen, Erbsen, Spargelstücke oder Kürbiswürfel. Die zusätzlichen Zutaten werden in der Regel in der Endphase der Garung in den Risotto eingerührt.

Getreide

Es muss nicht immer Fleisch sein – Getreide als die Urform menschlicher Ernährung ist gesund und kann sehr kreativ und schmackhaft zubereitet werden.

Darauf kommt's an

- Getreidekörner (mit Ausnahme von Hirse) mit kaltem Wasser abspülen, 12 Stunden in reichlich kaltem, ungesalzenem Wasser einweichen, abgießen, abspülen.
- Anschließend in der 3-fachen Menge Wasser ohne Salz kochen.
- Gemahlene oder geschrotete Getreideprodukte werden hingegen ohne Vorbehandlung verarbeitet.

Gerstelrisotto mit Tofu

ZUTATEN

250 g Rollgerste
80 g Zwiebeln
½ Paprikaschote, rot, entkernt
300 g Zucchini
120 g Tofu, geräuchert
2 EL Olivenöl
1 l Wasser oder Gemüsefond
⅛ l Sahne
1 EL Petersilie, gehackt
1 EL Ofentomaten, gehackt
Salz
Muskatnuss, gerieben
etwas Zimt, gemahlen
Parmesan, gerieben,
   zum Bestreuen

VORBEREITUNG

1. Gerste einweichen und abspülen.
2. Zwiebeln, Paprikaschote und Zucchini gesondert in ca. 4 mm, Tofu in ca. 6 mm große Würfel schneiden.

SO WIRD'S GEMACHT

1. Öl in Kasserolle erhitzen, Zwiebeln anschwitzen, Paprikaschoten hinzufügen, hell rösten.
2. Gerste unterrühren, mit Wasser (Gemüsefond) aufgießen, ca. 30 Minuten köcheln, öfters rühren.
3. Zucchini dazugeben, Sahne zugießen, cremig kochen. Ofentomaten und Petersilie hinzufügen, würzen.
4. Tofu einrühren, anrichten, mit Parmesan bestreuen.

VARIATION

Verwenden Sie Muskatkürbiswürfel und geröstete Kürbiskerne anstelle von Zucchini.

Grünkernbratlinge

ZUTATEN

100 g Zwiebeln
100 g Möhren
100 g Zucchini
2 Knoblauchzehen
½ l Wasser oder Gemüsefond
250 g Grünkern, geschrotet
40 g Butter
1 Ei
3 EL Schlagsahne
2 EL Petersilie, gehackt
Salz
Pfeffer, weiß, gemahlen
Muskatnuss, gerieben
eventuell Paniermehl
Mehl zum Ausarbeiten
4 EL Öl

VORBEREITUNG

1. Zwiebeln schälen, fein schneiden.
2. Möhren schälen, in feine Streifen schneiden.
3. Zucchini ungeschält in feine Streifen schneiden.
4. Knoblauch schälen und pressen.

SO WIRD'S GEMACHT

1. Wasser (Gemüsefond) aufkochen, Grünkern einrühren, Knoblauch hinzufügen.
2. Zugedeckt 5 Minuten kochen, anschließend 20 Minuten im Ofen bei 150 °C ausdünsten, zwischendurch umrühren.
3. Masse in einer Schüssel abkühlen.
4. Butter in Kasserolle erhitzen, Zwiebeln hell rösten, Gemüsestreifen dazugeben, kurz mitdünsten.
5. Gemüse mit Ei, Schlagsahne, Petersilie und Grünkernmasse vermischen, mit Salz, Pfeffer und Muskatnuss würzen. Sollte die Masse zu weich sein, Paniermehl nach Bedarf einrühren.
6. Mit bemehlten Handflächen kleine Bratlinge formen.
7. Öl in beschichteter Pfanne erhitzen, Bratlinge einlegen, auf jeder Seite ca. 4 Minuten braten.

Dinkeleintopf mit Gemüse

ZUTATEN

200 g Dinkel
½ l Wasser oder Gemüsefond
200 g Möhren
200 g Knollensellerie
100 g Lauch, nur das Weiße
150 g Zwiebeln
50 g Butter
100 g Erbsen
Salz
Pfeffer, weiß, gemahlen
Muskatnuss, gerieben
2 EL Petersilie, gehackt

VORBEREITUNG

1. Dinkel mit Wasser abspülen.
2. In ungesalzenem Wasser (Gemüsefond) 12 Stunden einweichen.
3. Möhren und Sellerie schälen, in kleine Würfel schneiden.
4. Lauch halbieren, waschen, in kleine Würfel schneiden.

SO WIRD'S GEMACHT

1. Dinkel mit Wasser bedeckt zugedeckt 30 Minuten kochen, anschließend ohne Hitze nachquellen lassen.
2. Zwiebeln in Butter hell rösten.
3. Gemüse hinzufügen.
4. Langsam rösten, mit etwas Kochsud begießen. Mit Salz, Pfeffer und Muskatnuss würzen, kernig garen.
5. Dinkel abgießen, mit Gemüse und Petersilie vermischen.

Cremige Polenta

ZUTATEN

½ l Wasser, Brühe oder Gemüsefond
Salz (bei Verwendung von Wasser)
1 EL Butter
100 g Polentagrieß, gelb oder weiß

SO WIRD'S GEMACHT

1. Gesalzene Flüssigkeit mit Butter in einer Kasserolle aufkochen, Grieß einfließen lassen, mit einem Schneebesen glatt verrühren.
2. Unter ständigem Rühren ca. 3 Minuten kochen, einige Minuten ziehen lassen. Ist die Polenta zu fest, etwas Flüssigkeit nachgießen.

VARIATIONEN

- Zum Aromatisieren eignen sich Trüffelöl, Rosmarin oder Thymian.
- Rühren Sie 2 EL geriebenen Parmesan unter die Masse.
- Mischen Sie 2 EL gehackte Ofentomaten und 8 schwarze, entkernte, gehackte Oliven oder kernig gegarte Paprikawürfel unter. Bestreuen Sie die Polenta nach dem Anrichten mit geriebenem Parmesan.

Gebratene Polentascheiben

ZUTATEN

½ l Wasser, Brühe oder Gemüsefond
Salz (bei Verwendung von Wasser)
1 EL Butter
130 g Polentagrieß, gelb oder weiß
3 EL Parmesan, gerieben
Öl zum Braten

SO WIRD'S GEMACHT

1. Gesalzene Flüssigkeit mit Butter in einer Kasserolle aufkochen, Grieß einfließen lassen, mit einem Kochlöffel glatt verrühren.
2. Unter ständigem Rühren 3 Minuten kochen, Parmesan einrühren.
3. Kuchen- oder Terrinenform mit Frischhaltefolie auskleiden, heiße Masse einfüllen, glatt verstreichen. Nach dem Erkalten stürzen, Folie entfernen, in ca. 1 cm dicke Scheiben schneiden.
4. Öl in beschichteter Pfanne erhitzen, Polentascheiben beidseitig knusprig braten.

VARIATIONEN

Mischen Sie unter die Masse 3 EL gebratene Speckwürfel oder 3 EL gehackte geröstete Pilze.

ANRICHTEN

Als Beilage zu Gulasch, Schmorgerichten und Pfannengebratenem von Fisch und Fleisch.

Hülsenfrüchte

Unter Hülsenfrüchten versteht man die luftgetrockneten reifen Samen von Erbsen, Linsen und Bohnen.

Darauf kommt's an

- Weichen Sie getrocknete Hülsenfrüchte in reichlich kaltem, ungesalzenem Wasser 12 Stunden ein. Anschließend abgießen und mit kaltem Wasser abspülen.
- Zum Kochen in einer Kasserolle mit reichlich kaltem Wasser bedecken, ohne Salz mit den jeweiligen Gewürzen kernig kochen. Aufsteigenden Schaum dabei abschöpfen. Nach vollendeter Garung abgießen, mit kaltem Wasser abspülen.
- Einige Sorten wie Berg-, grüne und Belugalinsen müssen nicht eingeweicht werden.
- Bei roten Linsen reicht eine etwas kürzere Einweichzeit.

Die wichtigsten Sorten

Weiße Bohnen: Die Klassiker unter den Hülsenfrüchten gibt es in unterschiedlichsten Größen; sie sind eher mild im Geschmack und zur Zubereitung von Salaten, Suppen, Beilagen oder Eintopfgerichten geeignet.

Käferbohnen (Feuerbohnen, Saubohnen): Die großen, braunschwarz gefleckten Käferbohnen eignen sich aufgrund ihres kräftigen Geschmackes hervorragend zur Zubereitung von Bohnenstrudel, Bohnenpüree und in Kombination mit Kürbiskernöl als Salat.

Kidneybohnen: Sie sind die Hauptakteure im berühmten »Chili con carne«, werden aber auch für kombinierte Salate verwendet.

Schwarze Bohnen: Diese bei uns weniger bekannten Bohnen sind vor allem für Speisen der Ethno-Küche geeignet.

Kichererbsen (Garbanzos): Kichererbsen sind gelb bis hellbraun und fest kochend, sie behalten nach dem Weichkochen ihre Form.

Linsen: Besonders begehrt sind die am Strauch getrockneten Berglinsen aus Umbrien und die kleinen grünen Linsen aus Le Puy (Frankreich), die beim Kochen nicht zerfallen. Gourmets favorisieren schwarze Belugalinsen zu Fisch und Muscheln.

401

Specklinsen

ZUTATEN

250 g Tellerlinsen, eingeweicht
1 Lorbeerblatt
Thymian, gerebelt
30 g Zwiebeln
15 g Kapern
120 g Frühstücksspeck
4 EL Öl
30 g Mehl
1 KL Tomatenmark
¼ l Rinderbrühe oder Wasser
Salz
Essig
Pfeffer, schwarz, gemahlen

VORBEREITUNG

1. Linsen mit Lorbeerblatt und Thymian ca. 25 Minuten kochen, Lorbeerblatt entfernen.
2. Zwiebeln schälen, fein schneiden, Kapern hacken, Speck in kleine Würfel schneiden.

SO WIRD'S GEMACHT

1. Öl erhitzen, Zwiebeln anschwitzen, Mehl hinzufügen, dunkel rösten.

2. Tomatenmark dazugeben, kurz rösten, am Herdrand 2 Minuten abkühlen.

3. Kochende Flüssigkeit aufgießen, glattrühren, 10 Minuten kochen.

4. Mit Linsen vermischen, 5 Minuten kochen.

5. Mit Salz, Essig, Pfeffer und Kapern säuerlich würzen.

6. Speckwürfel in einer Pfanne rösten, unter die Linsen mischen.

ANRICHTEN

Servieren Sie Linsen als Beilage zu Wild, Wildgeflügel, gebratener Wurst oder als Eintopf.

Chili con carne

ZUTATEN

120 g Zwiebeln
3 Knoblauchzehen
½ rote und ½ grüne Paprikaschote, entkernt
1 Chilischote
400 g Tomaten, geschält, aus der Dose
4 EL Öl
500 g Rindfleisch von der Schulter, grob durchgedreht
1 EL Tomatenmark
½ l Rinderbrühe
Salz
Pfeffer, schwarz, gemahlen
600 g rote Bohnen, gekocht
eventuell Maisstärke zum Andicken

VORBEREITUNG

1. Zwiebeln schälen, fein schneiden. Knoblauch schälen, pressen.
2. Paprikaschoten in kleine Würfel schneiden.
3. Chilischote halbieren, entkernen, klein hacken.
4. Tomaten hacken.

SO WIRD'S GEMACHT

1. Zwiebeln in heißem Öl hell rösten.
2. Fleisch hinzufügen, gut rösten.
3. Tomatenmark und Tomaten einrühren.
4. Mit Brühe aufgießen, 20 Minuten schmoren, mit Salz, Pfeffer und Knoblauch würzen.
5. Chilischoten, gekochte Bohnen und Paprikawürfel hinzufügen, weitere 20 Minuten zugedeckt mehr ziehen als kochen lassen. Eventuell mit etwas Maisstärke eindicken.

ANRICHTEN

Servieren Sie als Beilage Baguette, Fladenbrot oder Tortillas.

Kartoffeln

Kartoffeln sind kalorienarm, vitaminreich und sorgen für eine ausgewogene Ernährung. Die Möglichkeiten der Zubereitung sind dabei schier unbegrenzt, sie reichen von der Verwendung als Sättigungsbeilage bis zu eigenständigen Hauptgerichten

Darauf kommt's an

- Man unterscheidet dem Kochverhalten entsprechend zwischen fest kochenden bzw. vorwiegend fest kochenden und mehlig kochenden Sorten.
- Die Wahl der geeigneten Sorte entscheidet neben der fachgerechten Verarbeitung über das Gelingen des jeweiligen Gerichtes.
- Frühkartoffeln sollten rasch verarbeitet werden. Lagern Sie späte Sorten kühl, aber nicht im Kühlschrank, trocken und dunkel.
- Unter Lichteinwirkung bildet sich toxisch wirkendes Solanin. Schneiden Sie deshalb grüne Flecken kleinflächig aus.

Die wichtigsten Sorten

Frühkartoffeln: Heimische Frühkartoffeln gibt es ab Ende Mai; Importware aus Frankreich, Zypern, Israel, Marokko, Tunesien oder Ägypten ist ab Februar im Angebot; Frühkartoffeln eignen sich für Butter- oder Petersilienkartoffeln.

Fest kochende, speckige Kartoffeln: Fest kochende Sorten eignen sich für Kartoffelsalat, Brat- oder Röstkartoffeln, Pommes frites, Petersilienkartoffeln, Kartoffelpuffer, Kartoffelgratin oder Kartoffeleintöpfe.

Mehlig kochende Kartoffeln: Mehlig kochende Sorten können Sie für Folienkartoffeln, Kartoffelpüree, Kartoffelteig und Krokettenmasse verwenden.

Süßkartoffeln (Bataten): Süßkartoffeln zeichnen sich durch süßlichen Geschmack aus, sie sind verwendbar wie mehlige Kartoffeln.

405

Speisen mit gekocht geschälten Kartoffeln

Darauf kommt's an

- Um gekochte Kartoffeln zu schälen, ritzen Sie die heißen Kartoffeln mit der Spitze eines kleinen Messers an; ziehen die Schale ruckartig ab und stechen »Augen« aus. Keinesfalls Schale abschaben oder -schneiden.
- Um Kartoffeln zu braten, verwenden Sie eine beschichtete Pfanne, damit reduzieren Sie die Fettmenge und verhindern Anhaften.
- Erhitzen Sie beim Braten das Fett, damit sich die Kartoffeln nicht damit vollsaugen. Geeignete Bratfette sind Butterschmalz, geschmacksneutrale, hitzebeständige Öle oder Schweineschmalz.

Pellkartoffeln

ZUTATEN

800 g Kartoffeln, gleichmäßig groß

SO WIRD'S GEMACHT

1. Kartoffeln mit kaltem Wasser waschen.
2. In kaltem Salzwasser zugedeckt zum Kochen bringen.
3. Schwach wallend ca. 20–25 Minuten kochen. Zur Garprobe mit einer dünnen Gabel anstechen.
4. Abgießen, kalt abspülen.

Röstkartoffeln

ZUTATEN

600 g Kartoffeln, speckig, gekocht, geschält
4 EL Fett
1 EL Zwiebeln, fein geschnitten

SO WIRD'S GEMACHT

1. Erkaltete Kartoffeln mit einer Kartoffelreibe reiben und salzen.
2. Fett in einer beschichteten Pfanne erhitzen, Zwiebeln hell rösten, Kartoffeln hinzufügen und unter Wenden knusprig rösten.

VERWENDUNG

Röstkartoffeln sind eine ideale Beilage zu gekochtem Rindfleisch, gebratenen Würsten und Leberkäse.

Bratkartoffeln

ZUTATEN

600 g Kartoffeln, speckig, gekocht, geschält
4 EL Fett

SO WIRD'S GEMACHT

1. Kartoffeln halbieren, in dickere Scheiben schneiden oder vierteln.
2. Fett erhitzen, Kartoffelstücke unter Wenden knusprig braten, salzen.

VERWENDUNG

Bratkartoffeln passen zu Rostbraten, Grillgerichten und Steaks.

Rahmkartoffeln

ZUTATEN

2 EL Öl, Butter-
 oder Schweineschmalz
20 g Mehl
½ l Brühe, mild, oder Wasser
600 g Kartoffeln, speckig,
 gekocht, geschält,
 in Scheiben geschnitten
100 g Essiggurken,
 in Scheiben geschnitten
3–4 EL saure Sahne
Salz
1 EL Wein- oder Apfelessig
Majoran

SO WIRD'S GEMACHT

1. Fett in einer Kasserolle erhitzen, Mehl hinzufügen, unter Rühren leicht bräunen.
2. Mit heißer Flüssigkeit aufgießen, mit einem Schneebesen glatt rühren, 5 Minuten kochen.
3. Kartoffeln und Gurken hinzufügen, 5 Minuten kochen, saure Sahne einrühren, mit Salz, Essig und Majoran würzen.

VARIATION

Mischen Sie 200 g in Scheiben geschnittene Räucher- oder Fleischwurst unter.

Rustikaler Kartoffelauflauf

ZUTATEN

400 g Kartoffeln, speckig, in der
 Schale gekocht
3 Eier
3 Tomaten
120 g Räucherwurst
80 g Zwiebeln
Butter zum Ausstreichen der
 Form
20 g Butter
20 g Mehl
¼ l Milch
1 Eigelb
3 EL Öl
Salz
Pfeffer, schwarz, gemahlen
Majoran
100 g Hartkäse, gerieben

VORBEREITUNG

1. Kartoffeln waschen, schälen, erkaltet in messerdicke Scheiben schneiden.
2. Eier 13 Minuten kochen, kalt abschrecken, schälen, in Scheiben schneiden.
3. Tomaten waschen, Stielansatz ausschneiden, in Scheiben schneiden.
4. Räucherwurst und Zwiebeln gesondert in Würfel schneiden.
5. Flache Auflaufform mit Butter ausstreichen.

SO WIRD'S GEMACHT

1. In einer kleinen Kasserolle Butter schmelzen, Mehl einrühren, farblos anschwitzen, vom Herd nehmen, abkühlen lassen.
2. Milch aufkochen, sofort mit Schneebesen schnell und glatt in die Mehlschwitze rühren, 5 Minuten kochen, abkühlen lassen, dann das Eigelb einrühren.
3. In einer Pfanne Öl erhitzen, Zwiebeln und Wurst anrösten, Kartoffeln dazugeben, anbraten, mit Salz, Pfeffer und Majoran würzen.
4. Die Hälfte der Kartoffel-Wurst-Menge in eine Auflaufform füllen, mit Tomaten- und Eischeiben belegen, mit der halben Menge der Sauce bestreichen, mit Käse bestreuen.
5. Mit Kartoffel-Wurst-Masse auffüllen, mit Sauce bestreichen, mit restlichem Käse bestreuen.
6. Auf mittlerer Schiene bei 220 °C Umluft ca. 25 Minuten backen.

ANRICHTEN

- als Hauptgericht mit Blattsalaten
- als Beilage zu gegrilltem Fleisch

Speisen aus roh geschälten Kartoffeln

Darauf kommt's an
- Um rohe Kartoffeln zu schälen, waschen Sie sie in kaltem Wasser und schälen sie anschließend mit einem Sparschäler.
- »Augen« stechen Sie mit einem kleinen Messer aus; geschälte Kartoffeln sofort in kaltes Wasser legen.
- Beim Frittieren von Kartoffeln ist die Schneideart ausschlaggebend für den Geschmack: Je dünner sie geschnitten sind, desto knuspriger werden die Kartoffeln.

Pommes frites

ZUTATEN
FÜR 4–6 PORTIONEN

800 g Kartoffeln, möglichst groß
reichlich Pflanzenöl
   zum Frittieren
Salz

VORBEREITUNG

Geschälte Kartoffeln in ca. 8 mm starke Stifte schneiden.

SO WIRD'S GEMACHT

1. Geschnittene Kartoffeln in kaltem Wasser waschen, mit einem Tuch abtrocknen.
2. Reichlich hitzebeständiges Pflanzenöl in einem tiefen Topf oder in einer Friteuse je nach Schneideart auf 160–180 °C erhitzen.
3. Kartoffeln schwimmend unter Rühren knusprig frittieren, mit einem Gitterlöffel (Frittierkorb) aus dem Fett heben, gut abtropfen lassen.
4. Kartoffeln unter Schütteln im letzten Moment salzen, möglichst rasch servieren.

TIPP

Frittierte Kartoffeln niemals zudecken, sie verlieren sonst ihre Knusprigkeit.

Kartoffelchips
Kartoffeln mit Gemüsehobel in hauchdünne Scheiben hobeln.
Frittieren wie Pommes frites.
Verwendung: zum Bestreuen von Suppen und Salaten oder als Knuspergebäck

Kartoffelstroh
Dünn gehobelte oder mit einer Schneidemaschine geschnittene Kartoffeln zu feinsten Streifen schneiden und frittieren.
Verwendung: zum Bestreuen von Suppen und Salaten oder als Knuspergebäck

Kartoffelteig für Knödel (Klöße), Gnocchi etc. (Grundrezept)

ZUTATEN

500 g Kartoffeln, mehlig, roh, geschält
3 Eigelb
200 g Mehl (am besten Dunstmehl)
40 g Grieß
40 g Butter, flüssig
Salz

SO WIRD'S GEMACHT (KNÖDEL)

1. Kartoffeln in gleichmäßige Stücke schneiden, in Salzwasser kochen, abgießen, im Backofen bei 60 °C ausdampfen.

2. Mit einer Kartoffelpresse oder durch ein Passiersieb passieren.

3. Erkaltete passierte Kartoffeln mit dem Eigelb vermengen.

4. Restliche Zutaten darunter mischen, sofort verarbeiten.

5. Teig teilen, mit bemehlten Handflächen zu Knödeln formen.

6. Reichlich Salzwasser aufkochen, Knödel einlegen, ca. 10–12 Minuten zart wallend kochen.

ALTERNATIVE METHODE

Kartoffeln in der Schale kochen, schälen, gut erkalten lassen, passieren oder durchdrehen, wie beschrieben mit den restlichen Zutaten verarbeiten.

TIPPS

- Vermischen Sie niemals warme passierte Kartoffeln mit Mehl oder Stärke.
- Verarbeiten Sie den Teig möglichst schnell, weil er sonst weich, zäh und unformbar wird.
- Kochen Sie einen Probeknödel. Ist der Teig zu weich, kneten Sie etwas Mehl oder Grieß ein. Ist der Teig zu fest, fügen Sie etwas flüssige Butter hinzu.

Griebenknödel

ZUTATEN

3 EL Schmalz
60 g Zwiebeln, fein geschnitten
250 g Grieben, gehackt
Knoblauch
Salz
Pfeffer
Mehl zum Bestäuben
Kartoffelteig, nach Grundrezept zubereitet

SO WIRD'S GEMACHT

1. Schmalz erhitzen, Zwiebeln und Grieben darin rösten, mit Knoblauch, Salz und Pfeffer würzen. Aus der erkalteten Masse 8 kleine Kugeln formen.
2. Auf einer bemehlten Arbeitsfläche den Teig zu einer Rolle formen, in 8 Teile schneiden, diese flach drücken. Griebenkugeln in die Mitte des Teiges platzieren.
3. Die Füllung mit Teig umhüllen, gut verschließen, mit bemehlten Handflächen rollen.
4. In reichlich kochendem Salzwasser ca. 12 Minuten zart wallend kochen.

VARIATIONEN

Variieren Sie die Füllung mit Speck- oder Räucherfleischwürfeln bzw. durchgedrehten Bratenresten.

Roh geschälte Kartoffeln kochen

ZUTATEN

800 g Kartoffeln
Salz

VORBEREITUNG

Kartoffeln schälen und in gleichmäßig große Stücke teilen.

SO WIRD'S GEMACHT

1. Kartoffeln mit kaltem Salzwasser bedecken, zugedeckt 20–35 Minuten weich kochen, abgießen.
2. Auf dem mäßig heißen Herd oder im 60 °C heißen Backofen ausdampfen.

TIPP

Ideal ist die Garung über Wasserdampf. Verwenden Sie Dampfgeräte mit Locheinsatz und Deckel.

Kartoffelpüree

ZUTATEN

800 g Kartoffeln, geschält, gekocht
90 g Butter
ca. 0,2 l Milch
Salz
Muskatnuss, gerieben

SO WIRD'S GEMACHT

1. Heiße, gut ausgedampfte Kartoffeln mit einer Kartoffelpresse passieren bzw. durch ein Passiersieb drücken.
2. Nach und nach heiße Milch einrühren, mit Salz und Muskatnuss würzen.

VARIATIONEN

- Rühren Sie etwas Trüffelöl unter das Püree.
- Vermischen Sie das Püree mit geriebenem Meerrettich; diese Variante passt besonders gut zu Matjeshering, Räucher- oder Pökelfleisch, Brat- oder Räucherwürsten.

TIPP

Passierte Kartoffeln, die für Püree, Kroketten oder Spritzkartoffelmasse verwendet werden, müssen sofort sehr heiß weiterverarbeitet werden.

Kartoffelmasse für Kroketten und Spritzkartoffeln (Grundrezept)

ZUTATEN

500 g Kartoffeln, gekocht, passiert
3 Eigelb
20 g Butter
Salz
Muskatnuss, gerieben
Fett zum Frittieren

ZUM PANIEREN

Mehl
Ei, verquirlt
Weißbrot, trocken, gerieben, oder Paniermehl

VORBEREITUNG

Heiße, passierte Kartoffeln auf dem Herd mit Eigelb, Butter und Gewürzen vermischen bis die Masse bindet.

SO WIRD'S GEMACHT

Kroketten

1. Masse mit einem Spritzsack ohne Tülle auf eine bemehlte Arbeitsfläche spritzen und in ca. 5 cm lange Stücke schneiden.
2. In Mehl, Ei und Weißbrotbröseln (Paniermehl) panieren.
3. Schwimmend in heißem Öl bei 170 °C knusprig ausbacken.

VARIATIONEN

- Formen Sie aus der Masse kleine Birnen und panieren Sie diese. Imitieren Sie den Stil mittels eines rohen Spaghettistücks, am bauchigen Unterteil fügen Sie eine Gewürznelke hinzu.
- Formen Sie aus der Masse Kugeln und wenden sie in Mehl und dann in verquirltem Ei, abschließend in Mandelspänen wälzen.
- Mischen Sie unter die Masse wahlweise Schinkenwürfel, geriebenen Käse, gehackte Kräuter, Pinienkerne, Maronistücke oder geröstete Pilze.

Spritzkartoffeln

Spritzen Sie Kartoffelmasse mittels Spritzsack mit Sterntülle auf ein mit Butter bestrichenes Backblech auf. Mit Eigelb bestreichen, im Backofen bei 240 °C ca. 10 Minuten backen.

Schupfnudeln

ZUTATEN

Kartoffelteig, nach Grundrezept zubereitet (siehe Seite 410)
Mehl zum Bestäuben
Butter oder Butterschmalz

SO WIRD'S GEMACHT

1. Nach Grundrezept zubereiteten Kartoffelteig auf einer mit Mehl bestäubten Arbeitsfläche zu einer 1 cm dicken Rolle formen.
2. Mit einer Teigkarte 2 cm große Stücke abtrennen, mit bemehlten Handflächen zu kleinen fingerstarken Röllchen mit spitzen Enden formen.
3. Nudeln in reichlich kochendes Salzwasser einlegen, aufkochen, sobald sie an die Wasseroberfläche aufsteigen abgießen, abtropfen, sofort weiterverarbeiten oder mit kaltem Wasser abschrecken.
4. Butter (Butterschmalz) in einer beschichteten Pfanne erhitzen, Nudeln darin schwenken, zart bräunen, salzen.

Gnocchi

ZUTATEN

Kartoffelteig, nach Grundrezept zubereitet (siehe Seite 410)
Mehl zum Bestäuben
Butter oder Butterschmalz

SO WIRD'S GEMACHT

1. Nach Grundrezept zubereiteten Kartoffelteig auf einer mit Mehl bestäubten Arbeitsfläche zu einer 1 cm dicken Rolle formen.
2. Kleine runde Teigstücke mit einer Teigkarte abtrennen und mit den Zinken einer Essgabel eindrücken.
3. In reichlich kochendes Salzwasser einlegen, aufkochen, sobald sie an die Wasseroberfläche aufsteigen abgießen, abtropfen, sofort weiterverarbeiten oder mit kaltem Wasser abschrecken.

Gnocchi mit Basilikumpesto und Ofentomaten

ZUTATEN
FÜR 4–6 PORTIONEN

Kartoffelteig, nach Grundrezept zubereitet (siehe Seite 410)
Basilikumpesto von ⅛ l Olivenöl
150 g Ofentomaten
3 EL Olivenöl

SO WIRD'S GEMACHT

1. Aus dem Teig Gnocchi formen (siehe links), in reichlich Salzwasser kochen, abgießen, in Olivenöl schwenken, geschnittene Ofentomaten hinzufügen.
2. Pesto untermischen, nochmals erhitzen.

ANRICHTEN

Mit geriebenem Pecorino oder Parmesan bestreuen.

Kartoffelroulade

ZUTATEN
FÜR 4–6 PORTIONEN

Kartoffelteig,
   nach Grundrezept zubereitet
   (siehe Seite 410)
Füllung nach Wunsch
Butter, flüssig, zum Bestreichen
Mehl zum Bestäuben

SO WIRD'S GEMACHT

1. Arbeitsfläche mit Mehl bestäuben, Teig mit einem bemehlten Nudelholz zu einem 1 cm dicken Rechteck ausrollen.
2. Gewünschte Füllung (siehe unten) auf den Teig auftragen, diesen einrollen.
3. Rolle in ein mit flüssiger Butter bestrichenes Leinentuch oder in Frischhaltefolie hüllen. Mit Küchengarn an den Enden fest, in der Mitte leicht abbinden.
4. In reichlich kochendem Salzwasser 30 Minuten kochen. Je nach Größe ca. 10 Minuten bei 90 °C ziehen lassen. Aus dem Wasser heben, abtropfen, aus dem Tuch (der Folie) rollen, in fingerdicke Scheiben schneiden.

Spinatfüllung
100 g gekochten Blattspinat mit 50 g gewürfeltem Ziegenkäse, 30 g gerösteten Pinienkernen, gehackter Minze, 2 EL gebräunter Butter, Salz und Pfeffer vermischen.

Griebenfüllung
3 EL fein geschnittene Zwiebeln in 2 EL Schmalz rösten. 200 g gehackte Grieben mitrösten, mit 1 KL gepresstem Knoblauch, Salz und Pfeffer würzen.

Pilzfüllung
3 EL fein geschnittene Zwiebeln in 2 EL heißer Butter rösten. 300 g geschnittene Pilze hinzufügen, rösten, mit Salz, Pfeffer und 1 EL gehackter Petersilie würzen.

Kartoffelpuffer

ZUTATEN

400 g Kartoffeln, mehlig, roh, geschält
1 Ei
1 EL Mehl (am besten Dunstmehl)
Salz
Pfeffer, gemahlen
1 KL Knoblauch, gepresst
8 EL Öl oder Schmalz zum Braten

SO WIRD'S GEMACHT

1. Kartoffeln reiben, sehr gut abpressen.
2. Ei, Mehl und Gewürze einrühren.
3. Fett in einer beschichteten Pfanne erhitzen.
4. Masse mit einem Löffel in beliebiger Größe ca. 7 mm hoch in der Pfanne flach drücken. Ca. 5 Minuten knusprig braten, wenden, fertig braten.

Kartoffelgratin

ZUTATEN

Butter zum Ausstreichen der Form
2 Knoblauchzehen, gepresst
500 g Kartoffeln, fest kochend, roh, geschält
Salz
Pfeffer, gemahlen
Muskatnuss, gerieben
0,1 l Schlagsahne
0,1 l Milch
2 EL Parmesan, gerieben

VORBEREITUNG

1. Feuerfeste Form mit Butter und Knoblauch ausstreichen.
2. Kartoffeln in ca. 2 mm dicke Scheiben schneiden.

SO WIRD'S GEMACHT

1. Form mit Kartoffelscheiben schuppenartig flach auslegen, würzen.
2. Sahne mit Milch vermischen, würzen, über die Kartoffeln gießen. Im auf 180 °C vorgeheizten Ofen auf mittlerer Schiene ca. 40 Minuten backen, mit Parmesan bestreuen, bei 230 °C ca. 10 Minuten bräunen.

Backdauer ca. 40–50 Minuten

VARIATION

Verwenden Sie statt Milch Kokosmilch, würzen Sie mit Currypulver, geriebener Ingwerwurzel und etwas gehackter Chilischote.

Knöpfle und Spätzle

Auch wenn es sich um ein und denselben Teig handelt, schmecken Knöpfle und Spätzle doch recht unterschiedlich. Ähnlich wie bei Nudeln ist die Formgebung nicht nur eine optische Finesse, sondern hat auch geschmackliche Auswirkungen. Beiden gemeinsam ist, dass sie als bewährte Sättigungsbeilage gelten, ideal, um pikante Saucen aufzunehmen.

Knöpfle und Spätzle (Grundrezept)

ZUTATEN

500 g Mehl (am besten Dunstmehl)
3 Eier
3 Eigelb
¼ l Milch
1 EL Butter, zerlassen
Salz
Muskatnuss, gerieben
3 EL Butter zum Schwenken

SO WIRD'S GEMACHT

Mehl, Eier, Eigelb, Milch, Butter und Gewürze zu einem glatten Teig verrühren, 10 Minuten ruhen lassen.

Knöpfle einkochen:
Reichlich Salzwasser aufkochen, Teig mit einer Teigkarte durch ein Knöpflesieb streichen, zwischendurch umrühren.

VOLLENDEN

Spätzle einkochen:
Reichlich Salzwasser aufkochen. Den Teig mit einer im Fachhandel erhältlichen Spätzlepresse ins Wasser drücken oder auf ein mit Wasser benetztes Brett aufstreichen und mit Palette, Teigkarte oder langem Messer fadenähnlich ins Wasser schaben. Zwischendurch umrühren.

1. Knöpfle oder Spätzle aufkochen, abgießen, mit heißem Wasser abspülen, abtropfen lassen.

TIPP

Hochwertige Knöpflesiebe verfügen über einen integrierten Einkochschlitten, der die Verbrennungsgefahr vermindert.

2. In einer Pfanne Butter schmelzen, Knöpfle oder Spätzle darin schwenkend erhitzen, salzen.

Quarkknöpfle

ZUTATEN

4 Eier
3 Eigelb
250 g Quark, 20 %
250 g Mehl (am besten Dunstmehl)
Salz
Muskatnuss, gerieben
3 EL Butter zum Schwenken
4 EL Schnittlauch, geschnitten, zum Bestreuen

SO WIRD'S GEMACHT

1. Eier und Eigelb verrühren, langsam unter den Quark rühren. Mehl einrühren, würzen, die sehr flüssige Masse ca. 2 Stunden im Kühlschrank ziehen lassen.
2. Einkochen und fertigstellen wie links beschrieben.
3. Mit Schnittlauch bestreuen.

Kässpätzle

ZUTATEN

Spätzleteig nach Grundrezept
150 g Zwiebelstreifen
Öl zum Braten
60 g Butter, geschmolzen
70 g Bergkäse, gerieben
70 g Räßkäse (ersatzweise Appenzeller), gerieben
70 g Schnittkäse, gerieben
Salz
Pfeffer, schwarz, gemahlen

VORBEREITUNG

Spätzle wie links beschrieben zubereiten (bis einschließlich Schritt 1 von »Vollenden«).

SO WIRD'S GEMACHT

1. Zwiebeln in reichlich heißem Öl goldbraun rösten, Öl abgießen, Zwiebeln abpressen, leicht salzen.
2. Eine Lage abgetropfte heiße Spätzle in eine feuerfeste Schüssel füllen, mit Butter begießen, mit einem Teil der Käsesorten bestreuen. Salzen, pfeffern, die nächste Schicht Spätzle darauf verteilen.
3. Vorgang wiederholen bis die Zutaten verbraucht sind.
4. Spätzle mit gerösteten Zwiebeln bestreuen und im auf 180 °C vorgeheizten Backofen ca. 6 Minuten backen.

ANRICHTEN

Mit grünem oder Kartoffelsalat servieren.

Semmel- und Serviettenknödel

Semmelknödel gelingen am besten, wenn Sie würfelig geschnittene Brötchen vom Vortag verwenden. Der erhöhte Rindenanteil und die Frische der Brötchen machen die Knödel locker und wesentlich schmackhafter als fertig zu kaufende getrocknete Weißbrotwürfel (Knödelbrot).

Darauf kommt's an

- Da die Saugfähigkeit von Brötchenwürfeln stets unterschiedlich ist, garantieren selbst bewährte Rezepte kein optimales Resultat.
- Bereiten Sie deshalb immer einen kleinen Probeknödel zu, um die richtige Konsistenz der Masse zu testen.
- Zerfällt der Probeknödel, fügen Sie der Masse etwas Mehl bei; ist die Masse zu kompakt, rühren Sie etwas flüssige Butter ein.

Semmelknödel

ZUTATEN
FÜR 6–8 STÜCK

5 Brötchen vom Vortag oder 250 g Knödelbrot
60 g Zwiebeln
60 g Butter
2 EL Petersilie, gehackt
⅛ l Milch (0,2 l bei Verwendung von Knödelbrot)
3 Eier
Salz
40 g Mehl (am besten Dunstmehl)

VORBEREITUNG

1. Brötchen in 1 cm große Würfel schneiden.
2. Zwiebeln fein schneiden.

SO WIRD'S GEMACHT

1. Butter erhitzen, Zwiebeln hell anrösten, Petersilie einrühren.
2. Anschließend mit den Brötchenwürfeln vermischen.
3. Milch und Eier verquirlen.
4. Eiermilch salzen, über die Brötchenmasse gießen.
5. Alles gut vermischen, ca. 10 Minuten quellen lassen.
6. Mehl locker untermengen.
7. Mit nassen Handflächen Knödel formen.
8. In reichlich kochendes Salzwasser einlegen, ca. 12 Minuten schwach wallend kochen.

VARIATION

Verzichten Sie auf die Beigabe von Mehl und garen Sie die Knödel zugedeckt auf einem Siebeinsatz über Wasserdampf.

Spinatknödel mit Käsefülle

ZUTATEN
FÜR 6–8 STÜCK

5 Brötchen vom Vortag oder 250 g Knödelbrot
60 g Zwiebeln
100 g Spinat, gekocht, frisch oder tiefgekühlt
100 g Edamer
60 g Butter
2 EL Petersilie, gehackt
⅛ l Milch (0,2 l bei Verwendung von Knödelbrot)
3 Eier
Salz
40 g Mehl (am besten Dunstmehl)

VORBEREITUNG

1. Brötchen in 1 cm große Würfel schneiden.
2. Zwiebeln fein schneiden.
3. Spinat gut abpressen, fein durchdrehen oder hacken.
4. Edamer in kleine Würfel schneiden.

SO WIRD'S GEMACHT

1. Butter erhitzen, Zwiebeln hell anrösten, Petersilie einrühren.
2. Anschließend mit den Brötchenwürfeln vermischen.
3. Milch und Eier verquirlen, salzen, über die Brötchenmasse gießen.
4. Alles gut vermischen, ca. 10 Minuten quellen lassen.
5. Spinat untermischen, Mehl locker untermengen.
6. Mit nassen Handflächen aus der Masse Fladen formen, mit Käsewürfeln belegen, zu Knödeln formen.
7. In reichlich kochendem Salzwasser ca. 12 Minuten schwach wallend kochen.

ANRICHTEN

Leicht gebräunte zerlassene Butter über die Knödel gießen.

Serviettenknödel

ZUTATEN
FÜR 6–8 PORTIONEN

3 Eier
⅛ l Milch (0,2 l bei Verwendung von Knödelbrot)
60 g Butter
Salz
2 EL Petersilie, gehackt
5 Brötchen vom Vortag oder 250 g Knödelbrot
Butter, flüssig, zum Bestreichen des Tuchs oder der Folie

VORBEREITUNG

1. Brötchen in 1 cm große Würfel schneiden.
2. Butter schmelzen.

SO WIRD'S GEMACHT

1. Eier, Milch, geschmolzene Butter, Salz, Petersilie verquirlen, mit Brötchenwürfeln vermengen, ca. 10 Minuten quellen lassen.

2. Tuch oder Folie mit flüssiger Butter bestreichen.

3. Aus der Masse eine ca. 6 cm dicke Rolle formen, auf das Tuch bzw. die Folie legen.

4. Straff einrollen. An den Enden fest und in der Mitte leicht mit Küchengarn abbinden.

5. In kochendes Salzwasser legen, schwach wallend kochen.

6. Nach ca. 35 Minuten aus dem Wasser heben, Garn und Tuch bzw. Folie entfernen. Masse in fingerdicke Scheiben schneiden, diese mit flüssiger Butter bestreichen.

VARIATION

Mischen Sie 100 g geröstete Speck- oder Räucherwurstwürfel unter die Knödelmasse.

Süße Speisen

Cremes

Je nach Zubereitungsart unterscheidet man zwischen pochierten, gesülzten (mit Gelatine gebundenen) und halbgefrorenen Cremes sowie Schokolade-Mousse.

Pochierte Cremes

Darauf kommt's an

- Zum Pochieren ist ein Wasserbad empfehlenswert, wenn auch nicht unbedingt erforderlich.
- Für Karamellkruste eignen sich Puder-, Kristall- oder brauner Zucker. Puderzucker ergibt eine besonders feine, glasige Kruste.
- Verwenden Sie zum Karamellisieren einen Einweg-Multigasbrenner (Kartusche) mit Zündautomatik. Er ist in Baumärkten erhältlich und bestens für diesen Zweck verwendbar.
- Halten Sie den Brenner nicht zu nahe an die Creme.

Crème Brûlée

ZUTATEN

0,1 l Milch
0,3 l Schlagsahne
45 g Kristallzucker
½ KL Vanillezucker oder das Mark einer halben Vanilleschote
2 Eier
ca. 30 g Zucker zum Flämmen

SO WIRD'S GEMACHT

1. Milch, Sahne, Kristallzucker, Vanillezucker (Mark) unter ständigem Rühren fast zum Kochen bringen, durchsieben, etwas abkühlen lassen.

2. Sahne-Milch unter die verquirlten Eier rühren, unter ständigem Rühren über Wasserdampf erhitzen bis die Masse cremig wird.

3. Masse ca. 2–3 cm tief in hitzebeständige Schalen füllen, ins temperierte Wasserbad stellen, im auf 120 °C vorgeheizten Backofen ohne Umluft 35–45 Minuten pochieren. Anschließend 3 Stunden abkühlen lassen.

4. Creme gleichmäßig mit Zucker bestreuen, mit einem Gasbrenner karamellisieren.

Gesülzte Cremes

Das Grundrezept ermöglicht Ihnen auf einfache Weise eine zarte, hochwertige Creme herzustellen, die Sie ohne großen Aufwand vielfältig abwandeln können.

Darauf kommt's an

- Schlagen Sie stets gekühlte Sahne in einer kalten Schüssel nicht zu steif auf.
- Mischen Sie keine warmen Massen oder Zutaten mit kalter Sahne.
- Füllen Sie die Creme kurz vor dem Abstocken in gekühlte Gläser oder Formen.
- Decken Sie die Cremes vor dem Kühlen zum Aromaschutz mit Frischhaltefolie ab.

Sahnecreme (Grundmasse)

ZUTATEN
FÜR 4–6 PORTIONEN

2 Blatt (3,5 g) Gelatine
¼ l Schlagsahne
3 Eigelb
60 g Puderzucker
1 KL Vanillezucker oder Mark einer Vanilleschote

VORBEREITUNG

1. Gelatine in reichlich kaltem Wasser einweichen.
2. Schlagsahne cremig steif schlagen, kühl stellen.

SO WIRD'S GEMACHT

1. Eigelb mit Puder- und Vanillezucker (Vanillemark) schaumig rühren.
2. Eingeweichte Gelatine abpressen, mit 1 KL Wasser im Wasserbad schmelzen, zügig unter die Eigelbmasse rühren.
3. Eigelbmasse vor dem Stocken unter die geschlagene Sahne rühren.
4. In Gläser füllen, mit Frischhaltefolie abdecken, 3–4 Stunden kühlen.

TIPP

Zum Füllen in Formen und abschließenden Stürzen erhöhen Sie die Gelatinemenge auf 3½ Blatt.

Grand-Marnier-Creme

ZUTATEN
FÜR 4–6 PORTIONEN

Siehe Grundmasse Sahnecreme
2 EL Grand Marnier
½ KL Orangenschale, abgerieben

SO WIRD'S GEMACHT

Rühren Sie den Likör und die Orangenschale unter die Grundmasse.

Eierlikörcreme

ZUTATEN
FÜR 4–6 PORTIONEN

Siehe Grundmasse Sahnecreme
1 Blatt Gelatine
1/16 l Eierlikör

SO WIRD'S GEMACHT

1. Erhöhen Sie die Gelatinemenge der Grundmasse auf 4 Blatt, damit sie dressierfähig wird.
2. Rühren Sie 2 EL Eierlikör unter die Masse.

ANRICHTEN

1. Eierlikörcreme in einen Schokoladenpokal oder in Gläser dressieren.

2. In der Mitte eine ca. 2 cm große Vertiefung bilden, diese mit dem restlichen Eierlikör füllen.

Himbeercreme

ZUTATEN
FÜR 4–6 PORTIONEN

Siehe Grundmasse Sahnecreme
½ Blatt Gelatine
100 g Himbeersauce
Himbeerbrand
   zum Aromatisieren

SO WIRD'S GEMACHT

1. Erhöhen Sie bei der Grundmasse die Gelatinemenge auf 3½ Blätter.
2. Mischen Sie 100 g Himbeersauce unter die Grundmasse, parfümieren Sie die Creme mit Himbeerbrand.

TIPPS

- Zum Füllen in Formen erhöhen Sie die Gelatinemenge auf 4½ Blätter. Nach ausreichender Kühlung die Formen kurz in heißes Wasser tauchen, auf gekühlte Teller stürzen.
- Erdbeercreme wird auf dieselbe Weise zubereitet.

Piña-Colada-Creme

ZUTATEN

4 Blatt (ca. 7 g) Gelatine
¼ l Schlagsahne
0,1 l Ananassaft
2 cl Rum, weiß
4 cl Cream of Coconut

VORBEREITUNG

1. Gelatine in kaltem Wasser einweichen.
2. Schlagsahne schlagen, kalt stellen.

SO WIRD'S GEMACHT

1. Ananassaft erwärmen, Gelatine abpressen und darin auflösen.
2. Rum und Cream of Coconut vermischen, Ananassaft mit aufgelöster Gelatine einrühren.
3. Vor dem Stocken geschlagene Sahne unterrühren, in Schokoschalen oder Formen abfüllen, 3–4 Stunden kühlen.

Quark-Sahne-Creme (Grundmasse)

ZUTATEN
FÜR 6 PORTIONEN

3 Blatt (5 g) Gelatine
¼ l Schlagsahne
250 g Quark, 20 %, passiert
⅛ l Joghurt
½ KL Vanillezucker
½ KL Zitronenschale, gerieben
80 g Puderzucker
1 EL Zitronensaft

VORBEREITUNG

1. Gelatine in kaltem Wasser einweichen.
2. Schlagsahne schlagen, kalt stellen.

SO WIRD'S GEMACHT

1. Quark, Joghurt, Zitronenschale, Puder- und Vanillezucker verrühren.
2. Zitronensaft erwärmen, Gelatine abpressen und hinzufügen, schmelzen, unter die Quarkmasse rühren.
3. Schlagsahne unter die Quarkmasse mischen.
4. Quarkmasse vor dem Abstocken in Gläser füllen, 3–4 Stunden kühlen.

VARIATION

Erhöhen Sie den Gelatineanteil um 1 Blatt, gießen Sie die Masse in eine gekühlte Wanne. Stechen Sie nach dem Abstocken mit einem nassen Suppenlöffel Nocken aus der Masse und richten Sie sie auf Tellern an.

Quark-Beeren-Creme

ZUTATEN
FÜR 4–6 PORTIONEN

Siehe Grundmasse Quark-Sahne-Creme
½ Blatt Gelatine
100 g Himbeer- oder Erdbeersauce
Himbeerbrand zum Aromatisieren

SO WIRD'S GEMACHT

1. Erhöhen Sie bei der Grundmasse die Gelatinemenge auf 3½ Blätter.
2. Mischen Sie die Fruchtsauce unter die Grundmasse.
3. Parfümieren Sie die Creme mit Himbeerbrand.

Wein-Sahne-Creme

**ZUTATEN
FÜR 6 PORTIONEN**

3 Blatt (5 g) Gelatine
0,3 l Schlagsahne
3 Eier
80 g Kristallzucker
⅛ l Weißwein, trocken
1 EL Zitronensaft

VORBEREITUNG

1. Gelatine in kaltem Wasser einweichen.
2. Schlagsahne schlagen, kalt stellen.

SO WIRD'S GEMACHT

1. Eier mit Kristallzucker und Weißwein verrühren, über Wasserdampf schaumig schlagen.

2. Vom Wasserdampf nehmen und auf Zimmertemperatur rühren.

3. Gelatine abpressen und mit Zitronensaft über Wasserbad schmelzen, zügig unter die Weinmasse mischen.

4. Bevor der Weinschaum stockt, geschlagene Sahne einrühren. In Gläser füllen, 4–5 Stunden kühlen.

ANRICHTEN

Garnieren Sie mit Traubengelee, Traubenkompott oder Fruchtmark.

435

Grießflammeri

ZUTATEN
FÜR 10 PORTIONEN

1 Blatt (1,7 g) Gelatine
0,4 l Schlagsahne
¼ l Milch
50 g Kristallzucker
2–3 KL Vanillezucker oder Mark einer halben Vanilleschote
Prise Salz
etwas Orangen- und Zitronenschale, gerieben
40 g Weizengrieß
3 EL Orangensaft

VORBEREITUNG

1. Gelatine in kaltem Wasser einweichen.
2. Schlagsahne schlagen, kalt stellen.

SO WIRD'S GEMACHT

1. Milch mit Kristall- und Vanillezucker (Vanillemark), Salz, Zitronen- und Orangenschale aufkochen.

2. Grieß unter ständigem Rühren mit einem Schneebesen in die Milch einrühren, ca. 4 Minuten kochen.

3. Gelatine abpressen, mit Orangensaft einrühren, in eine Schüssel umleeren, abkühlen.

4. Vor dem Abstocken die Grießmasse unter die geschlagene Sahne rühren. In Gläser füllen, 3–4 Stunden kühlen.

VARIATIONEN

- Aromatisieren Sie die Creme mit Likör oder Obstbrand Ihrer Wahl.
- Mischen Sie wahlweise Beeren, Beerensauce, Schokoladenspäne oder Früchtewürfel unter die Creme.
- Verwenden Sie statt des Weizengrießes Maisgrieß (Polentagrieß) und mischen Sie karamellisierte Kürbiskerne unter die Creme.

Mousses

Die bekannteste und typischste Mousse ist die Schokoladenmousse. Sie benötigt keine Zugabe von Gelatine, die Stabilität wird beim Kühlwerden durch die stockende Schokolade gewährleistet.

Darauf kommt's an

- Verwenden Sie nach Möglichkeit hochwertige Schokolade (Kuvertüre) mit hohem Kakaomasseanteil.
- Aromatisieren Sie beliebig mit Likören, Zimtpulver, Lebkuchengewürz oder rühren Sie geröstete geriebene Mandeln, Nüsse oder Kokosflocken ein.
- Füllen Sie die Mousse in gekühlte Gläser bzw. in Wannen oder in mit Schokolade bestrichene Folienstreifen.
- Decken Sie die Mousse zum Aromaschutz mit Frischhaltefolie ab.

Schokoladenmousse (Grundmasse)

ZUTATEN FÜR 6 PORTIONEN

100 g Edelbitter-Schokolade oder Kuvertüre
¼ l Schlagsahne
5 Eigelb
60 g Puderzucker

SO WIRD'S GEMACHT

1. Schokolade zerkleinern, über Wasserdampf schmelzen.

2. Eigelb und Puderzucker mit einem Schneebesen über Wasserdampf schaumig schlagen.

3. Schokolade lippenwarm zügig unter die Eigelbmasse rühren. Die fast kalte Schokoladenmasse unter die steif geschlagene Sahne rühren.

4. In eine Form füllen und einige Stunden kühlen. Suppenlöffel in lauwarmes Wasser tauchen, gleichmäßige Nocken ausstechen, auf gekühlten Tellern anordnen.

Grand-Marnier-Mousse
Aromatisieren Sie die Grundmasse mit ½ KL abgeriebener Orangenschale und 3 EL Grand Marnier.

Lebkuchenmousse
Mengen Sie in die Grundmasse ½ KL Lebkuchengewürz, 1 EL Rum und 80 g geriebenen Lebkuchen ein.

Pralinenmousse
Rühren Sie statt 100 g Schokolade 50 g geschmolzenes Nougat und 50 g geschmolzene Pralineeschokolade in die Eiermasse. Aromatisieren Sie mit 1 EL Grand Marnier und der abgeriebenen Schale einer halben Orange.

Kokos-Rum-Mousse
Weichen Sie ca. 50 g Kokosflocken in 3 EL Bacardi-Rum ein und rühren sie in die Grundmasse.

Moccamousse

ZUTATEN
FÜR 6 PORTIONEN

70 g Kaffeebohnen
½ l Schlagsahne
3,5 Blatt (6 g) Gelatine
2 Eier
2 Eigelb
80 g Puderzucker
1 KL Kaffee, löslich
100 g Edelbitter-Schokolade oder Kuvertüre
1 KL Kaffeelikör

VORBEREITUNG

1. Kaffeebohnen grob zerstoßen, mit Schlagsahne vermengen, kühl und aromageschützt 12 Stunden ziehen lassen.
2. Gelatine in kaltem Wasser einweichen.

SO WIRD'S GEMACHT

1. Eier, Eigelb und Puderzucker mit einem Schneebesen über Dampf schaumig und anschließend kalt schlagen, Kaffeepulver einrühren.
2. Schokolade schmelzen und unter die Eiermasse rühren.
3. Kaffeelikör leicht erwärmen, Gelatine abpressen und darin schmelzen, unter die Schoko-Eier-Masse rühren.
4. Sahne abgießen, Bohnen entfernen. Sahne cremig aufschlagen, unter die kalte, noch nicht gestockte Schoko-Eier-Masse rühren. Masse in Moccatassen füllen.

ANRICHTEN

Dekorieren Sie die Mousse mit etwas halbsteif geschlagener Sahne und bestreuen Sie sie mit frisch gemahlenen Kaffeebohnen.

Eisparfait

Parfaits müssen nicht in einer Eismaschine gefroren werden und sind ideal für Festtage oder für die Bewirtung einer größeren Personenanzahl, da sie bereits Tage vor der Verwendung zubereitet werden können.

Darauf kommt's an

- Füllen Sie die Parfaitmasse in gekühlte Formen oder in mit Schokolade bestrichene Folien-Streifen.
- Füllen Sie die Masse mit einem Spritzsack ohne Tülle in die Formen ein und klopfen Sie die Formen zart auf der Arbeitsfläche auf, damit sich die Masse verteilt.
- Überprüfen Sie die Konsistenz des Parfaits vor dem Servieren mit einem dünnen Spieß. Ist das Parfait zu hart, lassen Sie es vor dem Servieren im Kühlschrank antauen, bis es cremiger wird.
- Um Parfaits zu stürzen, schneiden Sie die Formen rundum mit einem kleinen Messer vorsichtig ein, halten sie anschließend kurz in warmes Wasser und stürzen sie dann auf gekühlte Teller.
- Variieren Sie die Geschmacksrichtung durch Zugabe von Likör, Obstbrand, geriebenen Nüssen, Pistazien, Mandeln, Kokosflocken, Kastanienpüree, Beeren- oder Fruchtpüree, geschmolzener Schokolade oder Nougat.

Eisparfait (Grundmasse)

ZUTATEN
FÜR 6 PORTIONEN

2 Eier
1 Eigelb
60 g Kristallzucker
1 KL Vanillezucker
0,3 l Schlagsahne

VORBEREITUNG

Formen vorkühlen.

SO WIRD'S GEMACHT

1. Eier, Eigelb, Kristall- und Vanillezucker in einer Schüssel verrühren und über Wasserdampf schaumig schlagen. Anschließend in einen Behälter mit kaltem Wasser stellen und kalt schlagen.
2. Sahne cremig, aber nicht steif schlagen.
3. Erkaltete Eiermasse unter die Sahne rühren.
4. Masse in gekühlte Formen füllen, aromageschützt ca. 8 Stunden tiefkühlen.

VARIATIONEN

Variationsideen, wie Sie die Grundmasse aromatisieren können, finden Sie auf Seite 443.

Grand-Marnier-Parfait

3 EL Grand Marnier und ½ KL abgeriebene Orangenschale unter die Grundmasse (siehe Seite 440) rühren. Bestreuen Sie das gefrostete Parfait mit Kakao, höhlen Sie es in der Mitte aus und füllen Sie es mit Grand Marnier.

Waldmeisterparfait

3 EL Waldmeisterlikör unter die Grundmasse (siehe Seite 440) rühren.

Mohnparfait

40 g gemahlenen Mohn in 2 dl Milch weich kochen, mit Rum aromatisieren, unter die Grundmasse (siehe Seite 440) mischen.

Lebkuchenparfait

50 g fein geriebenen Lebkuchen, 1 EL Rum und eine Prise Lebkuchengewürz unter die Grundmasse (siehe Seite 440) rühren.

Himbeerparfait

ZUTATEN
FÜR 4–6 PORTIONEN

1 Blatt (1,7 g) Gelatine
130 g Himbeeren, tiefgekühlt
3 Eiweiß
20 g Kristallzucker
1 EL Zitronensaft
¼ l Schlagsahne

VORBEREITUNG

1. Gelatine in kaltem Wasser einweichen.
2. Himbeeren auftauen, passieren.

SO WIRD'S GEMACHT

1. Eiweiß mit Zucker zu cremigem Schnee schlagen.
2. Zitronensaft erwärmen, Gelatine abpressen und darin schmelzen, unter das Himbeerpüree rühren.
3. Himbeermasse unter den Schnee mischen.
4. Sahne schlagen, Masse vor dem Stocken unter die Sahne rühren, in gekühlte Formen füllen und tiefkühlen.

VARIATIONEN

Auf dieselbe Weise können Sie Beeren- und Fruchtparfaits jeglicher Art zubereiten.

TIPP

Diese spezielle, von der Parfaitgrundlage abweichende, Rezeptur ist für Parfaits mit Beeren- oder Früchtepüree notwendig, damit sich beim Tiefkühlen trotz des hohen Fruchtwasseranteils keine störenden Eiskristalle bilden.

Die süße »Bastelstube«

Die Möglichkeiten Cremes, Mousse und Parfaits raffiniert-dekorativ zu präsentieren, sind unbegrenzt. Was auf den ersten Blick kompliziert erscheint, ist mit einiger Übung auch von Laien leicht nachzuvollziehen und wirkt – bei verhältnismäßig wenig Aufwand – professionell.

Darauf kommt's an

- Für Dekorationen aus Schokolade verwenden Sie gebrauchsfertige Kuvertüre (Tunkmasse). Sie ist hochwertiger als Kochschokolade und weist geringere Zucker- und höhere Kakaobutteranteile auf.
- Achten Sie darauf, dass die Temperatur der geschmolzenen Kuvertüre 32 °C nicht überschreitet.
- Um die sich teilweise absetzende Kakaobutter wieder zu binden, muss die Tunkmasse auf ca. 26 °C abtemperiert und anschließend wieder auf 32 °C erwärmt werden.
- Wenn diese Vorgehensweise eingehalten wird, erhält die Kuvertüre nach dem Erstarren den idealtypischen Glanz.

Kuvertüre schmelzen und temperieren

SO WIRD'S GEMACHT

1. Kuvertüre zerkleinern. In einer trockenen Metallschüssel im warmen Wasserbad auf 32 °C schmelzen.

2. Schüssel in kaltes Wasser stellen, rühren bis die Kuvertüre fast erstarrt ist.

3. Vor dem Erstarren die Kuvertüre im Wasserbad wieder auf 32 °C erwärmen.

Schokoladenornamente herstellen

ZUTATEN

2–3 EL Kuvertüre, temperiert
Rum oder Wasser, kalt

SO WIRD'S GEMACHT

1. 2–3 EL temperierte Kuvertüre mit einigen Tropfen Rum (Wasser) verrühren. Aus Pergamentpapier eine Spitztüte formen, bis zur Hälfte mit Kuvertüre füllen.

2. Spitztüte auf der Oberseite durch Zusammenfalten verschließen.

3. Die Spitze abschneiden.

4. Kuvertüre auf Backtrennpapier oder Overheadfolie dressieren. Ornamente trocknen lassen bis sie kühl sind, anschließend vorsichtig ablösen.

Zweifarbiges Schokoladengitter

ZUTATEN

Je 3 EL Kuvertüre, dunkel und weiß, temperiert

SO WIRD'S GEMACHT

1. Dunkle Kuvertüre mit einer Spitztüte in engen Abständen kreuz und quer auf eine dreieckig geschnittene Overheadfolie spritzen.
2. Ein zweites Gitter aus weißer Kuvertüre darüber spritzen.
3. Vor dem Erstarren in eine Terrinenform legen. Gitter nach dem Erstarren ablösen.

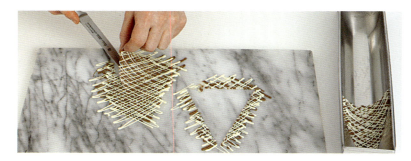

Schokoladenschalen (Pokale)

ZUTATEN

Kuvertüre
Öl zum Einfetten der Bälle

VORBEREITUNG

1. Schokolade temperieren.
2. Gummibälle (Durchmesser ca. 7 cm) mit Öl zart einfetten.

SO WIRD'S GEMACHT

1. Bälle zur Hälfte in Schokolade tauchen, auf eine Plastikfolie (Overheadfolie) setzen, bei Zimmertemperatur erstarren lassen.
2. Etwa 20 Minuten im Kühlschrank kühlen, Bälle unter Zusammendrücken aus der erstarrten Schokolade heben.

VERWENDUNG

Geeignet zum Füllen mit Cremes, Parfait oder Eiscreme.

Gelochte Schokolade

ZUTAT

Kuvertüre, temperiert

SO WIRD'S GEMACHT

1. Papierspitztüte mit temperierter Kuvertüre füllen, die Spitze großzügig abschneiden. Kuvertüre in die Zwischenräume einer Noppenfolie (Verpackungsmaterial mit luftgefüllten Noppen) einspritzen.

2. Kuvertüre antrocknen lassen, in den Kühlschrank stellen. Nach einer Stunde die Folie abziehen, beliebig brechen.

Schokoladenspitz

ZUTAT

Kuvertüre, temperiert

SO WIRD'S GEMACHT

1. Aus Overheadfolie eine Spitztüte formen, mit Klebestreifen fixieren. Innenseite dünn mit temperierter Kuvertüre auspinseln.

2. Zum Erstarren der Kuvertüre Spitztüte in hohe Gläser stellen, mit beliebiger Creme oder Parfaitmasse füllen, kühlen bzw. einfrieren. Anschließend Folie ablösen.

Schokoladenreifen (Ummantelung)

ZUTAT

Kuvertüre, temperiert,
bei Bedarf in zwei Farben

SO WIRD'S GEMACHT

Overheadfolie nach Bedarf in verschieden große Streifen schneiden.
- 24 x 3 cm für flache Reifen
- 20 x 5 cm für Zylinder
- 28 x 3 cm für Schleifen
- 13 x 9 cm für Türmchen

VARIANTE 1

Folienstreifen auflegen, mit temperierter Kuvertüre bestreichen, abstocken lassen bis die Kuvertüre formbar ist.

VARIANTE 2

Kuvertüre mit einer Spitztüte in engen Streifen auf einen Folienstreifen spritzen.

VOLLENDUNG

1. Folie mit der bestrichenen oder gespritzten Seite um das zu ummantelnde Dessert wickeln.

2. Kuvertüre erstarren lassen, Folie ablösen.

Schokoladenschleifen

ZUTAT

Kuvertüre, temperiert

SO WIRD'S GEMACHT

Folienstreifen (28 x 3 cm) mit temperierter Kuvertüre bestreichen, die Enden mit einer Büroklammer fixieren. Nach Belieben mit Mousse, Creme, Parfait oder Fruchtsülze füllen, erstarren lassen, Klammer entfernen, Folie abziehen.

Gestreifte Schokoladentürmchen

ZUTAT

Kuvertüre, dunkel und weiß, temperiert

SO WIRD'S GEMACHT

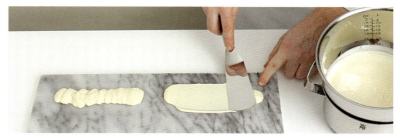

1. Temperierte weiße Kuvertüre 2 mm dick auf eine Overheadfolie (13 x 9 cm) streichen, leicht erstarren lassen.

2. Mit einer gezackten Teigkarte Rillen in die Kuvertüre ziehen.

3. Im Kühlschrank erstarren lassen, anschließend temperierte dunkle Kuvertüre über die weiße Kuvertüre streichen.

4. Folie überlappend zu einer Rolle formen, mit der bestrichenen Seite innen. Die Rolle zum Nachformen in einen Ausstecher passender Größe stecken, im Kühlschrank erstarren lassen.

TIPP

Auf gleiche Weise stellen Sie dünne Schokoladenröllchen her: Wie oben beschrieben die Schokoladenschichten auf eine Marmorplatte oder Edelstahlarbeitsfläche auftragen, aber nicht zu fest stocken lassen. Mit einem Spachtel im Winkel von 45 Grad so abschaben, dass kleine Röllchen entstehen.

Karamell für Gitter, Körbchen, Stäbe und Spiralen

ZUTATEN

300 g Zucker
100 g Glukosesirup
  (in Konditoreien erhältlich)
⅛ l Wasser

VORBEREITUNG

1. Alle Zutaten miteinander aufkochen.
2. Kochen lassen, währenddessen immer wieder mit einem feuchten Pinsel anhaftenden Zucker vom Geschirrrand lösen.
3. Zucker zu hellbraunem Karamell kochen, 2–3 Minuten abkühlen lassen bis man von einem Suppenlöffel Fäden abrinnen lassen kann.

SO WIRD'S GEMACHT

Karamellgitter
Flüssigen Karamellzucker mit einem Suppenlöffel gitterartig in gewünschter Größe auf ein befettetes Blech rinnen lassen. Nach dem Erstarren vom Blech lösen.

Karamellkörbchen
Lassen Sie Karamell über eine verkehrt gehaltene befettete Suppenkelle rinnen. Nach dem Erstarren von der Kelle lösen.

Karamellstäbe
Flüssigen Karamellzucker auf ca. 50 °C abkühlen, mit einem Löffel aus dem Topf heben, mit den Fingerspitzen stabförmig ziehen.

Karamellspiralen
Karamellstäbe können, solange sie noch warm und biegsam sind, an einem mit Öl bestrichenen Kochlöffelstiel zu einer Spirale geformt werden.

 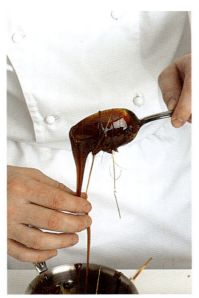

Karamellfäden

ZUTAT

100 g Zucker

SO WIRD'S GEMACHT

1. Zucker in einer Pfanne langsam karamellisieren. Unter ständigem Rühren 2 Minuten abkühlen lassen.
2. Sobald Karamell beim Hochheben mit einer Gabel fadenartig abrinnt, mit den Fingerspitzen zu dünnen Fäden ziehen.

Sesamkaramell

ZUTATEN

450 g Zucker
10 EL Wasser
100 g Sesam
Öl zum Einfetten der Arbeitsfläche

SO WIRD'S GEMACHT

1. Zucker mit Wasser reduzierend zu Karamell kochen. Mäßig umrühren, Sesam einrühren.

2. Auf eine geölte Arbeitsfläche schütten, so dünn wie möglich verstreichen oder mit einem geölten Nudelholz walken.
3. Sesamplatte noch warm rasch mit einem Messer mit eingeölter Klinge in beliebige Formen schneiden.

Chips von Äpfeln, Birnen, Hawaii-Ananas, Rhabarber

ZUTATEN
FÜR CA. 2–3 FRÜCHTE
Früchte nach Wahl
100 g Zucker
2 EL Zitronensaft
⅛ l Wasser
etwas Öl für das Backpapier

VORBEREITUNG

Ganze Früchte mit Schale und gegebenenfalls Kerngehäuse mit der Aufschnittmaschine in hauchdünne Scheiben schneiden.

SO WIRD'S GEMACHT

1. Zucker und Zitronensaft mit Wasser aufkochen.
2. Marinade heiß über geschnittene Früchte gießen.
3. 5–10 Minuten ziehen lassen.
4. Früchte gut abtropfen, auf ein geöltes Backtrennpapier oder hitzebeständige Silikonmatten legen.
5. Im Backofen bei 80 °C ca. 3 Stunden trocknen.

VARIATION

Tauchen Sie Früchtechips in im Wasserbad auf 32 °C temperierte Kuvertüre (Tunkmasse). Nach dem Abtropfen auf Backtrennpapier oder einem Kuchengitter stocken lassen.

VERWENDUNG

Chips senkrecht in Cremes, Mousses oder Eisparfaits leicht versenken oder auf eine gespritzte Rosette aus geschlagener Sahne aufsetzen.

Ananastürmchen

ZUTATEN
¼ l Schlagsahne
1 KL Puderzucker
1 EL Kokoslikör (Malibu)
20 Ananaschips

SO WIRD'S GEMACHT

1. Gut gekühlte Schlagsahne in einer kalten Schüssel mit einem Schneebesen oder Handrührgerät steif aufschlagen.
2. Puderzucker und anschließend Kokoslikör einrühren.
3. Die Sahne in einen Spritzsack ohne Tülle füllen.
4. Ananaschips nebeneinander auflegen, mit Sahne erhaben aufdressieren, mit jeweils einem Chip belegen.
5. Diesen Vorgang wiederholen, bis Chips und Sahne aufgebraucht sind.

VARIATIONEN

Wandeln Sie die Sahnefüllung zu den jeweiligen Chips passend mit Likör oder Obstbrand ab:
- Cointreau-Sahne zu Orangenchips,
- Williamsbrand-Sahne zu Birnenchips,
- Calvados-Sahne zu Apfelchips.

Fruchtdesserts

Mit wenig Aufwand können Sie mit den folgenden Rezepten attraktive und wohlschmeckende Früchtesüßspeisen kreieren, von denen die meisten noch dazu sehr budgetschonend sind.

Obstsalat

ZUTATEN
FÜR 6 PORTIONEN

0,4 l Orangensaft
Saft einer halben Zitrone
Zucker
Maraschino, Grand Marnier oder Kirschbrand
1 kg Früchte, geschält, entsteint bzw. entkernt
200 g Beeren der Saison

SO WIRD'S GEMACHT

1. Orangensaft, Zitronensaft, Zucker und Likör vermischen.
2. Früchte in ca. 2 cm große Stücke schneiden, mit den Beeren unter den Saft mischen und mindestens 2 Stunden kühl ziehen lassen.
3. Eventuell mit gehackten Walnüssen oder Pistazien bestreut servieren.

TIPP

Diese scheinbar banale Süßspeise findet ihre Vollendung, wenn Sie verschiedene saftige und gut gereifte Früchte wie Ananas, Mango, Kiwi, Bananen, Orangen, Melonen, Pfirsiche, Weintrauben, Äpfel und Birnen kombinieren. Aromatisieren Sie mit Obstbränden und Likören.

Rhabarberschaum

ZUTATEN
FÜR 6 PORTIONEN

600 g Rhabarber
120 g Kristallzucker
3 Blatt (5 g) Gelatine
0,2 l Schlagsahne
4 cl Weißwein, trocken
2 Eiweiß

VORBEREITUNG

1. Vom Rhabarber die Enden abschneiden, Fäden abziehen (schälen), in ca. 1 cm große Stücke schneiden, mit 60 g Kristallzucker vermischen und ca. 1 Stunde ziehen lassen.
2. Gelatine in kaltem Wasser einweichen.
3. Schlagsahne schlagen, kalt stellen.

SO WIRD'S GEMACHT

1. Rhabarber mit Weißwein beträufeln und in einer Kasserolle sehr weich dünsten, bei Bedarf etwas Wein nachgießen.
2. Gelatine aus dem Wasser heben, leicht abpressen, unter die noch warme Rhabarbermasse rühren.
3. Eiweiß und restlichen Zucker zu steifem, noch cremigem Schnee schlagen.
4. Eischnee unter die Schlagsahne mischen, anschließend die abgekühlte, aber noch nicht gestockte Rhabarbermasse einrühren.
5. Die Masse in Gläser oder Schalen füllen, im Kühlschrank einige Stunden kühlen.

Früchtefondue mit Schokoladensauce

ZUTATEN

8 Erdbeeren
1 Banane
1 Babyananas
2 Kiwis
½ Zuckermelone
1 Mango

FÜR DIE SCHOKOLADENSAUCE

0,1 l Schlagsahne
100 g Bitterschokolade
1 cl Grand Marnier

VORBEREITUNG

1. Erdbeeren waschen, Stiele entfernen. Banane, Babyananas und Kiwis schälen. Melone schälen, Kerne entfernen. Mango schälen und das Fruchtfleisch vom Kern schneiden.
2. Früchte in 2 cm große Würfel schneiden, Erdbeeren je nach Größe ganz belassen oder halbieren.
3. Schokolade grob zerteilen.

SO WIRD'S GEMACHT

1. Früchte auf 4 Tellern anordnen.
2. Für die Sauce Sahne mäßig erhitzen, Schokolade hinzufügen, unter Rühren schmelzen. Mit Grand Marnier aromatisieren, in Schälchen füllen.
3. Schälchen zu den Früchten stellen.
4. Die Früchte werden bei Tisch mit einer Fonduegabel in die Sauce getunkt.

VARIATION

Variieren Sie die Sauce mit Nougat oder Milchschokolade.

ANRICHTEN

Servieren Sie zum Fondue Vanilleeis, Erdbeereis oder Himbeersorbet.

Überbackene Beeren

ZUTATEN

500 g Himbeeren, Walderdbeeren, Brombeeren, gemischt, je nach Verfügbarkeit
60 g Puderzucker
1 EL Grand Marnier oder Waldmeisterlikör

ZUM ÜBERBACKEN

100 g Quark, 20 %, passiert
1 EL saure Sahne
2 Eigelb
1 KL Zitronensaft
1 KL Vanillezucker
etwas Zitronenschale, gerieben
10 g Mehl
2 Eiweiß
40 g Kristallzucker
Puderzucker zum Bestreuen

VORBEREITUNG

Beeren bei Bedarf reinigen.

SO WIRD'S GEMACHT

1. Beeren mit Puderzucker und Likör vermischen.
2. Quark, saure Sahne, Eigelb, Zitronensaft, Vanillezucker und Zitronenschale mit einem Schneebesen glatt verrühren, Mehl einrühren.
3. Eiweiß mit Kristallzucker zu festem, noch cremigen Schnee schlagen und unter die Masse mischen.
4. Beeren in flache feuerfeste Portionsschalen verteilen, mit Quarkmasse bedecken.
5. Im vorgeheizten Backofen ca. 7 Minuten überbacken.
6. Abschließend mit Puderzucker bestreuen.

Backtemperatur: ca. 230 °C Umluft

Pfeffererdbeeren

ZUTATEN

500 g Erdbeeren
3 EL Kristallzucker
0,2 l Orangensaft
Pfeffer, schwarz, grob gemahlen
1 EL Pfefferkörner, grün
etwas Orangenschale, gerieben
6 cl Grand Marnier
20 g Butter

VORBEREITUNG

Erdbeeren waschen, abtropfen, Stiele entfernen und halbieren.

SO WIRD'S GEMACHT

1. Zucker in einer Pfanne schmelzen, licht bräunen, mit Orangensaft ablöschen, verkochen bis der Zucker aufgelöst ist.
2. Erdbeeren hinzufügen, kurz aufkochen, mit Pfeffer würzen. Grünen Pfeffer, Orangenschale und Grand Marnier dazugeben und kalte Butterstücke vorsichtig einrühren.

ANRICHTEN

Als Beigabe servieren Sie Vanilleparfait.

Honigpfirsiche

ZUTATEN

4 Pfirsiche
0,1 l Weißwein
⅛ l Wasser
etwas Zitronensaft
30 g Kristallzucker
100 g Honig
Mandelsplitter zum Bestreuen

VORBEREITUNG

1. Pfirsiche an der Oberseite kreuzweise einschneiden.
2. Für ca. 10 Sekunden in kochendem Wasser überbrühen, abschrecken, die Haut abziehen.

SO WIRD'S GEMACHT

1. Weißwein, Wasser, Zitronensaft und Zucker aufkochen. Sirupartig auf die halbe Menge reduzierend kochen, Honig einrühren.
2. Pfirsiche im Ganzen (mit Kern) in eine feuerfeste Form einordnen.
3. Mit Sirup übergießen, 35 Minuten im auf 160 °C vorgeheizten Backofen kernig garen, öfters übergießen.
4. Pfirsiche auf Tellern anrichten, mit Mandelsplittern bestreuen, mit Vanille- oder Himbeerparfait servieren.

Himbeergrütze

ZUTATEN
FÜR 6 PORTIONEN

2 ½ Blatt (4 g) Gelatine
15 g Maisstärke
0,2 l Rotwein, trocken
600 g Himbeeren, tiefgekühlt
80 g Kristallzucker
0,2 l Wasser
etwas Zitronensaft
etwas Zitronenschale, gerieben
6 cl Himbeersaft
240 g Himbeeren, frisch,
    als Einlage
1 EL Himbeergeist
Himbeeren, frisch,
    zum Garnieren
Puderzucker zum Bestreuen

VORBEREITUNG

Gelatineblätter in kaltem Wasser 5 Minuten einweichen.

SO WIRD'S GEMACHT

1. Stärke mit 2 EL Wein verrühren.
2. Tiefgekühlte Himbeeren mit abgetropftem Saft, Kristallzucker, Wasser, restlichem Wein, Zitronensaft und -schale sowie Himbeersaft aufkochen, Gelatine abpressen und mit der Stärke einrühren, aufkochen, durch ein Sieb passieren.
3. Abkühlen lassen, frische Himbeeren und Himbeergeist einrühren.
4. In Schalen füllen, im Kühlschrank einige Stunden kühlen, mit Himbeeren garnieren und mit Puderzucker bestreuen.

ANRICHTEN

Verrühren Sie ⅛ l saure Sahne mit etwas Vanillezucker und »toppen« Sie damit die gestockte Grütze.

Rotweinbirnen

ZUTATEN
FÜR 6 PORTIONEN

4 Birnen
2 EL Zitronensaft
½ l Rotwein
60 g Kristallzucker
etwas Zimtstange
½ Vanilleschote oder etwas
    Vanillezucker
4 Gewürznelken

VORBEREITUNG

1. Birnen schälen und mit Zitronensaft einreiben.
2. Kerngehäuse der Birnen von unten mit einem Kugelausstecher (Parisienne-Ausstecher) aushöhlen.

SO WIRD'S GEMACHT

1. Rotwein mit Kristallzucker, Zitronensaft und Gewürzen in einem tiefen Topf zum Kochen bringen.
2. Birnen in kochende Flüssigkeit einlegen und bei 90 °C kernig ziehen lassen (pochieren).
3. Birnen im Rotweinsud auskühlen lassen.

VOLLENDEN

Pochierte Birnen werden mittels Spritzsack mit glatter Tülle von unten mit einer der nachfolgenden Füllungen gefüllt und stehend angerichtet.

Kastanienfülle

Vermischen Sie ⅛ l geschlagene Sahne mit 70 g fertiger Kastanienmasse (tiefgekühlt oder aus der Dose) und einem Spritzer Rum.

Parfaitfülle

Füllen Sie die Birnen mit Vanille-, Waldmeister- oder Himbeerparfait und servieren Sie sie auf gut gekühlten Tellern.

Dessertsaucen

Dessertsaucen sind wichtige Begleiter kalter und warmer Süßspeisen. Entscheidend für eine gelungene Komposition sind Geschmack, Konsistenz und das richtige Verhältnis zum Hauptakteur.

Warme Schokoladensauce

ZUTATEN
FÜR 6 PORTIONEN
¼ l Schlagsahne
150 g Kochschokolade
100 g Milchschokolade

SO WIRD'S GEMACHT
Sahne aufkochen, Schokolade in Stücke brechen, unter ständigem Rühren in der Sahne schmelzen.

VARIATIONEN
Aromatisieren Sie die Sauce mit Grand Marnier oder Kirschbrand.

Vanillesauce

ZUTATEN
4 Eigelb
70 g Puderzucker
¼ l Milch
¼ l Schlagsahne
Mark einer Vanilleschote oder 1 Pkt. Vanillezucker
1 EL Rum

SO WIRD'S GEMACHT
1. Eigelb mit Puderzucker schaumig rühren.
2. Alle Zutaten, ausgenommen Eigelb, aufkochen.
3. Heiße Vanillemilch in die Eigelb kräftig einrühren.
4. Noch einmal erhitzen, wenn die Sauce cremig wird durchsieben.

Erdbeersauce

ZUTATEN
250 g Erdbeeren (frisch oder tiefgekühlt)
50 g Puderzucker
1 EL Zitronensaft

SO WIRD'S GEMACHT
Beeren und restliche Zutaten aufkochen, mit einem Stabmixer zu cremiger Konsistenz mixen und passieren.

TIPP
Himbeersauce wird auf dieselbe Art zubereitet.

Aprikosensauce

ZUTATEN
300 g Aprikosen
100 g Kristallzucker
⅛ l Wasser
2 cl Aprikosenbrand

SO WIRD'S GEMACHT
1. Aprikosen waschen, entkernen, zerkleinern, mit Kristallzucker vermischen, einige Stunden ziehen lassen.
2. Aprikosen mit Wasser breiig kochen. Mit dem Stabmixer pürieren, durch ein feines Sieb streichen, abkühlen, mit Aprikosenbrand parfümieren.

Fruchtbeilagen

Fruchtbeilagen können frisch, aber auch auf Vorrat zubereitet werden. Hauptsache, sie sind hausgemacht – das schmeckt man und darauf kommt's an.

Zwetschgenröster

ZUTATEN
FÜR 8 PORTIONEN

1 kg Zwetschgen
1 Zimtrinde
5 Gewürznelken
2 cl Wasser
200 g Kristallzucker
1 Zitrone, halbiert

VORBEREITUNG

1. Zwetschgen waschen, halbieren und entsteinen.
2. Zimtrinde zerkleinern und mit Nelken in ein Leinensäckchen binden oder in ein Gewürzei geben.

SO WIRD'S GEMACHT

1. Wasser, Zucker, Gewürzsäckchen (Gewürzei) und Zitrone aufkochen.
2. Zwetschgen hinzufügen und langsam weich dünsten, dabei laufend umrühren.
3. Zitrone und Gewürzsäckchen (Gewürzei) entfernen.

Gardauer: ca. 35 Minuten

ANRICHTEN

Diese österreichische Spezialität passt hervorragend zu Quarkknödeln.

Aprikosenröster

Wird ebenso wie Pflaumenröster zubereitet, anstelle der Zimtrinde können Sie auch Sternanis verwenden. Abschließend aromatisieren Sie den Aprikosenröster mit etwas Aprikosenbrand.

Heiße Sauerkirschen

ZUTATEN
FÜR 6–8 PORTIONEN

500 g Sauerkirschen
0,1 l Rotwein oder Sauerkirschensaft
60 g Kristallzucker
1 Zimtrinde
1 TL Vanillezucker
1 KL Stärkemehl
1 cl Kirsch- oder Weinbrand

SO WIRD'S GEMACHT

1. Sauerkirschen entkernen. Mit Rotwein (Sauerkirschensaft), Kristallzucker, Zimtrinde und Vanillezucker zum Kochen bringen und ca. 15 Minuten bei 90 °C ziehen lassen.
2. Sauerkirschen abgießen und Zimtrinde entfernen. ¼ der Sauerkirschen mit dem abgeseihten Saft vermischen, mit dem Stabmixer cremig pürieren und mit restlichen Kirschen vermischen.
3. Stärkemehl mit 1 EL kaltem Wasser vermischen und zügig unter die heißen Sauerkirschen rühren. Aufkochen und Kirschbrand (Weinbrand) einrühren.

Gardauer: ca. 15 Minuten

ANRICHTEN

Ideale Beigabe zu Quarkknödeln, Eis und Parfaits.

Beerenragout

ZUTATEN
FÜR 6–8 PORTIONEN

250 g Himbeeren, frisch oder tiefgekühlt
50 g Puderzucker
1 cl Himbeergeist
1 EL Zitronensaft
200 g gemischte Beeren als Einlage

SO WIRD'S GEMACHT

1. Himbeeren, Puderzucker, Himbeergeist und Zitronensaft mit einem Stabmixer mixen.
2. Die Sauce durch ein Sieb streichen.
3. Gemischte Beeren vorsichtig unter die Sauce rühren.

TIPP

Besonders geeignet sind Brombeeren, Heidelbeeren, Himbeeren und geschnittene Erdbeeren.

Karamellisierte Kumquats

ZUTATEN
FÜR 8 PORTIONEN

500 g Kumquats
150 g Kristallzucker
¼ l Orangensaft
2 cl Grand Marnier

VORBEREITUNG

Kumquats waschen, halbieren, entkernen.

SO WIRD'S GEMACHT

1. Kristallzucker in einer Kasserolle schmelzen und hellbraun karamellisieren.
2. Mit Orangensaft ablöschen, verkochen lassen bis sich der karamellisierte Zucker aufgelöst hat.
3. Kumquats hinzufügen, ca. 10–12 Minuten dünsten, aus der Flüssigkeit heben.
4. Verbleibende Flüssigkeit auf ca. die Hälfte reduzierend einkochen.
5. Kumquats wieder in die Flüssigkeit geben, noch einmal aufkochen. Grand Marnier einrühren.

Gardauer: ca. 10–12 Minuten

Fruchtknödel

Aprikosen- und Pflaumenknödel sind eine bei Groß und klein beliebte österreichisch-süddeutsche Spezialität. Kenner schwören auf eine Hülle aus Kartoffelteig. Die weniger aufwendige und vor allem auch sicherere Variante ist ein flaumiger Teig aus Quark, der ebenfalls ausgezeichnet schmeckt.

Darauf kommt's an

- Entkernen und füllen Sie die Früchte erst im letzten Moment.
- Verschließen Sie den Teig immer an jener Stelle, an der die Früchte keine Öffnung aufweisen.
- Kochen Sie stets einen Probeknödel. Ist der Teig zu weich, fügen Sie Mehl bei. Wird die Probe zu fest, kneten Sie etwas flüssige Butter ein.
- Salzen Sie das Kochwasser nur leicht.

Aprikosenknödel

ZUTATEN
FÜR CA. 15 KNÖDEL

60 g Butter
1 Prise Salz
Zitronenschale, gerieben
1 Ei
1 Eigelb
150 g Mehl (am besten Dunstmehl)
400 g Quark, 10 %
15 Aprikosen, klein
15 Stück Würfelzucker
Mehl zum Bestäuben
250 g Butter
150 g Weißbrot, trocken, gerieben, oder Paniermehl
Puderzucker zum Bestreuen

SO WIRD'S GEMACHT

1. Handwarme Butter mit Salz und Zitronenschale schaumig rühren.

2. Ei und Eigelb einrühren.

3. Mehl und Quark hinzufügen, zu einem glatten Teig kneten.

4. Mit Frischhaltefolie bedecken, 4 Stunden im Kühlschrank ruhen lassen.

5. Aprikosen waschen, abtrocknen, den Kern mit einem Kochlöffelstiel aus der Frucht drücken.

6. Würfelzucker anstelle des Kerns in die Frucht füllen.

7. Aus dem Teig auf bemehlter Arbeitsfläche eine 5 cm dicke Rolle formen, in Scheiben schneiden.

8. Teigscheiben flach drücken, Aprikosen damit umhüllen, mit den Fingerspitzen verschließen. Knödel mit bemehlten Handflächen rotierend formen.

9. Salzwasser aufkochen. Knödel einlegen, Topf leicht schütteln. Knödel zum Umdrehen mit dem Kochlöffel zart anstoßen.

10. Butter schmelzen, Brotbrösel (Paniermehl) darin goldgelb rösten.

11. Knödel nach 12 Minuten mit einer dünnen Nadel anstechen: Wenn die Frucht weich ist, aus dem Wasser heben und gut abtropfen.

12. In gerösteten Bröseln (Paniermehl) wälzen, anrichten, mit Puderzucker bestreuen.

VARIATION

Ersetzen Sie den Zuckerwürfel durch eine mit Aprikosenbrand verknetete Marzipankugel.

Zwetschgenknödel

ZUTATEN

Siehe Aprikosenknödel (Seiten 474/475, Aprikosen durch Zwetschgen ersetzen)

SO WIRD'S GEMACHT

Zwetschgen der Länge nach halb einschneiden, Kern entfernen, durch ein Stück Würfelzucker ersetzen; Zubereitung wie Aprikosenknödel.
Gardauer: ca. 10 Minuten

VARIATION

Ersetzen Sie den Zuckerwürfel durch ein Stück Bitterschokolade oder Nougat.

Quarkknödel

ZUTATEN
FÜR 12 STÜCK

350 g Quark, 20 %, passiert
100 g Toastbrot, entrindet, fein gerieben, oder Paniermehl
1 Eigelb
2 Eier
50 g Butter
2 EL Puderzucker
1 Prise Salz
Zitronenschale, gerieben, zum Bestreuen
220 g Butter
130 g Weißbrot, trocken, gerieben, oder Paniermehl
Puderzucker zum Bestreuen

VORBEREITUNG

Quark mit allen anderen Teigzutaten verrühren, bis eine glatte Masse entsteht. 2 Stunden kühlen.

SO WIRD'S GEMACHT

1. Mit bemehlten Handflächen Knödel mit einem Durchmesser von ca. 4 cm formen.
2. Reichlich leicht gesalzenes Wasser aufkochen, Knödel einlegen und 12 Minuten schwach wallend kochen.
3. Butter schmelzen und Brotbrösel (Paniermehl) darin goldgelb rösten.
4. Knödel aus dem Wasser heben, abtropfen.
5. Knödel in Butterbröseln vorsichtig wälzen, anrichten, mit Zucker bestreuen.

VARIATIONEN

- Füllen Sie die Knödel mit einer Marzipankugel oder mit Nougat.
- Wälzen Sie die Knödel in geriebenem Mohn, begießen Sie sie anschließend mit reichlich flüssiger Butter und bestreuen Sie sie mit Puderzucker.

ANRICHTEN

Mit Zwetschgenröster servieren.

TIPP

Brösel aus entrindetem Toastbrot erzeugen Sie am besten im Kleinschneider.

Zum Nachschlagen

Rezeptregister

Wenn sich ein Stichwort nicht als eigenständiges Rezept auffinden lässt, sehen Sie bitte in den Variationen und Tipps nach.

A

Agnolotti	378
Ananaschips	460
Ananastürmchen	460
Apfelchips	460
Apfelmeerrettich	244
Aprikosenknödel	474/475
Aprikosenröster	471
Aprikosensauce	470
Artischocken kochen	313
Artischockenböden-Salat mit Mozzarella und Blattsalaten	90
Asiatische Marinade für Barbarieentenbrust und Schweinefleisch	236
Asiatische Marinade für Tatar	103
Aspik, Zubereitung mit Aspikpulver	66
Aspik, Zubereitung mit Gelatineblättern	67
Aspik, Zubereitung mit pflanzlichem Geliermittel (Agar-Agar)	67
Auberginen, gedünstet, mit Feta	340
Auberginen, mariniert, mit Zucchini	96
Auberginensugo	388
Avocadosuppe, kalt, mit gebeiztem Lachs	159

B

Backhuhn	243
Backteig	196
Bärlauchpesto	74
Bärlauchschaumsuppe	146
Basilikumpesto	74
Béchamelsauce	164
Beef Tatar	99
Beeren, überbacken	464
Beerenragout	472
Beuschelsuppe	307
Biermarinade für Schweinefleisch	236
Birnenchips	460
Blumenkohl kochen	324
Blumenkohlflan	314
Blumenkohlsalat	89
Bohnen kochen	322
Bohneneintopf	323
Bohnensalat	88
Bouillon	129–131
Branzinokoteletts vom Rost	186
Brathuhn	269
Brathuhn, gefüllt	271
Bratkartoffeln	406
Broccoli kochen	314
Broccoliflan	314
Broccolisalat	89
Brotsuppe mit Eifäden	153
Brotsuppe mit Würstchen	153
Buletten	297
Buttererbsen	319
Butterschnitzel	297

C

Caesar-Dressing	80
Café-de-Paris-Butter	71
Champignon-Erbsen-Füllung (für Kalbsbrust)	255
Chicorée, gebraten	316
Chicorée, gedünstet	317
Chili con carne	403
Cocktaildressing	80
Cocktailsauce	65
Cole Slaw	238
Consommée	131/132
Court-Bouillon	187
Crème Brûlée	428
Cremespinat	357
Crostinis	87
Croutons	87
Curry-Ingwer-Sauce	65
Curry-Kartoffel-Gratin	419
Curryreis	392
Currysauce	173

D

Dillbohnen	323
Dillkürbis	336
Dill-Rahm-Dressing	79
Dillsauce	173
Dinkeleintopf mit Gemüse	397
Dorade, gebraten, mit Kapern und Sardellen	183
Dorade-Avocado-Tatar	103
Duxelles	373

E

Eier hart kochen	122
Eier pochieren	123
Eier weich kochen	122
Eier, paniert	125
Eiercreme	72
Eierdressing	79
Eierlikörcreme	431
Eierspeise	124
Eierstich	141
Eisparfait	440
Ente, gebraten	274
Erbsen, gedünstet, mit Schalotten und Schinken	318
Erbsenreis	392
Erbsenschaumsuppe	148
Erbsenschoten mit Sojasprossen, im Wok gegart	319
Erbsen-Zitronen-Sauce	170
Erdbeercreme	431
Erdbeersauce	470
Essig-Öl-Marinade	78
Estragonsauce mit Tomatenwürfeln	170

F

Farce für Fleischkäse (Leberkäse)	115
Fasan, gebraten	274
Fenchel, gedünstet	321
Fenchel, überbacken	321
Fenchelsalat mit Wurzelgemüse	90
Fenchelschaumsuppe	149
Filetsteak	229
Fische, im Ganzen gebraten	182
Fischfarce	114
Fischfilet, mit Haut gebraten	181
Fischfilets in Backteig	196
Fischfond	161
Fischfond-Ersatz	161
Fischfülle (für Nudelteig)	382
Fischsuppe mit Muscheln und Garnelen	154
Fischterrine mit Lachseinlage	117
Flädle	134
Fleischpflanzerl	297
Fleischsülze	70
Forelle blau	190
Forelle, gebraten, mit Mandeln	183
French Dressing	80
Frikadellen	297
Früchtefondue mit Schokoladensauce	464

G

Gans, gebraten	272
Gänseleber, gebraten	302
Gänseleber-Crème-Brûlée	73
Gänselebermousse	112
Gänseleberterrine	116
Geflügelbrühe, klar	133
Geflügelbruststreifen mit Wok-Gemüse	227
Geflügelfond	133
Geflügelfond, weiß	162
Geflügelragoutsuppe mit Curry und Apfelchips	151
Geflügelroulade mit Gänseleberfülle	243
Gelochte Schokolade	450
Gemüsebrühe, klar	133
Gemüsefond	133, 162
Gemüsefülle (für Kalbsbrust)	255
Gemüsereis	392
Gemüseschaumsuppe	144
Gerstenrisotto mit Tofu	394
Geschnetzeltes	225
Gnocchi	414
Gnocchi mit Basilikumpesto und Ofentomaten	415
Grand-Marnier-Creme	431
Grand-Marnier-Mousse	439
Grand-Marnier-Parfait	443
Gratiniersauce	165
Graved Lachs	180
Graved-Lachs-Tatar	100
Griebenfülle (für Kartoffelroulade)	416
Griebenknödel	411
Grießflammeri	437
Grießnockerl	137
Grießsuppe mit Eifäden	153
Grundsauce, weiß	167
Grünkernbratlinge	397
Gulasch	291–293
Gurkensalat	88

H

Hackbraten, gefüllt	298
Hackfleisch, Grundrezept	296
Hasenläufe, geschmort	287
Hawaii-Ananas-Chips	460
Hechtgulasch	193
Himbeercreme	431
Himbeergrütze	468

Himbeerparfait	443
Himbeersauce	470
Hirschkeule	287
Hirschschnitzel	223
Hirschschulter, geschmort	287
Honigpfirsiche	467
Honig-Senf-Sauce	180
Huhn, für Suppe	247
Huhn, gebraten	269
Huhn, gebraten, gefüllt	271
Hühnerfarce	114
Hühnersuppe	247
Hummersauce	172
Hummersuppe	156

I

Ingwerbutter	71
Ingwer-Sesam-Marinade	78

J

Jakobsmuscheln braten	210
Jungeschweinekotelettstück, gebraten	261

K

Kalbsbeuschel	306/307
Kalbsbries mit Kräutersauce	308
Kalbsbrust, gefüllt	254
Kalbsfiletstreifen mit Wokgemüse	227
Kalbsfond, dunkel	163
Kalbsfond, hell	162
Kalbsgulasch	293
Kalbsnierenbraten, gerollt	253
Kalbsnierenscheiben mit Calvados und grünem Pfeffer	304
Kalbsrahmvögerl	289
Kalbsvögerl	288/289
Kalmar, gebraten	212
Kapernsauce (Bratensauce)	277
Karamellfäden	458
Karamellgitter	457
Karamellkörbchen	457
Karamellspiralen	457
Karamellstäbe	457
Kärntner Kasnudeln	378
Karpfenfilet, gebacken, nach Wiener Art	197
Karpfengulasch	193
Kartoffelauflauf, rustikal	407
Kartoffelchips	408
Kartoffelgratin	419
Kartoffelklöße	410
Kartoffelknödel	410
Kartoffelmasse für Kroketten und Spritzkartoffeln	413
Kartoffeln roh geschält kochen	412
Kartoffelpuffer	418
Kartoffelpüree	412
Kartoffelroulade	416
Kartoffelsalat	88
Kartoffelschaumsuppe mit Trüffelaroma	147
Kartoffelstroh	408
Kartoffelsuppe, Wiener Art	150
Kartoffelteig für Knödel, Rouladen, Gnocchi und Schupfnudeln	410
Kasseler kochen	247
Kässpätzle	421
Kastanienfülle	468
King Prawns »Sweet & Sour«	200
Knoblauchschaumsuppe	146
Knöpfle	420
Kohlbällchen	329
Kohlrabi in Rahmsauce	330
Kohlrabi mit Speck-Gemüse-Füllung	330
Kokos-Rum-Mousse	439
Korianderbutter	71
Kräuterbutter	71
Kräuterrahmsauce (Bratensauce)	277
Kräutersauce (Mayonnaisesauce)	65
Kräutersauce (Weißweinsauce)	170
Kräuterschaumsuppe	142
Kräuterschöberl	139
Krautrouladen	333
Krebssauce	172
Krebssuppe	156
Kroketten	413
Kümmelbraten	256
Kumquats, karamellisiert	472
Kürbiscurry	335
Kürbiskernpesto	74
Kürbiskernsauce	65
Kürbismousse	113
Kürbispuffer	335
Kürbisschaumsuppe	144
Kutteln in Estragon-Weißwein-Creme	309
Kuvertüre schmelzen und temperieren	445

L

Lachs, gebeizt (Graved Lachs)	180
Lachs-Crevetten-Carpaccio	110
Lachsfilet, gedämpft, mit zartem Gemüse	191
Lachsfilet, pochiert, mit aufgeschlagener Olivensauce	187
Lachskoteletts vom Rost	186
Lammfond	163
Lammkeule mit provenzalischen Kräutern	265
Lammkoteletts mit mediterranen Kräutern	218
Lammrücken mit Tomaten-Oliven-Kruste	262
Lammrücken, gebraten	262
Lammschulter mit Oliven und Schalotten	265
Langustensauce	172
Lauchschaumsuppe	147
Leber, gebraten	303
Leber, paniert	304
Leberfilets, glaciert	304
Leberkäse	115
Leberknödel	136
Lebernockerl	136
Lebkuchenmousse	439
Lebkuchenparfait	443
Letscho	349

M

Mangold kochen	338
Mangold-Kartoffel-Nocken	339
Marinade für Steaks und Lammkoteletts	236
Markschöberl	139
Matjessalat mit Preiselbeeren	92
Matjestatar	100
Mayonnaise	64
Mayonnaisesalat	88
Mayonnaisesauce	65
Mediterrane Salatmarinade	78
Meerbarbe, gebraten, mit Kapern und Sardellen	183
Meeresfrüchte-Sugo	388
Meerrettichsauce mit Essig	244
Meerrettichsauce mit Weißbrot	244
Miesmuscheln dämpfen	208
Miesmuscheln in Lauch-Weißwein-Sauce	208
Mischgemüse, mediterran, mit Okra	343
Moccamousse	439
Mohnparfait	443
Möhrchen, glaciert	325
Möhrenschaumsuppe	148
Morchelsauce	172
Muscheln-Tintenfisch-Salat	92
Muschelsuppe	157

N

Nudelsalat mit Steinpilzen und Rucola	93
Nudelteig (aus Hartweizengrieß)	377
Nudelteig (Eierteig)	376/377

O

Obstsalat	463
Ochsenschwanzgulasch	293
Ofentomaten in Olivenöl	96
Okra garen	342
Oliventapenade	74
Omelett	125
Omelett-Anrichteideen	126/127

P

Pak-Choi mit gerösteten Pilzen und Schalotten	344
Paprika, gefüllt, mit Tomatensauce	346
Paprikahuhn	294
Paprikaschaumsuppe	143
Paprikaschoten, mariniert	95
Pariser Butter	71
Parmesanchips	87
Parmesanschöberl	139
Pellkartoffeln	406
Petersilienschaumsuppe	148
Pfannkuchenroulade	135
Pfeffererdbeeren	466
Pfefferrahmsauce (Bratensauce)	277
Pfeffersauce (Bratensauce)	230
Pfeffersauce (Weißweinsauce)	170
Pfeffersteak	230
Pilze braten	370
Pilze in Sahnesauce	370
Pilze, mariniert	370
Pilzfülle (für Kartoffelroulade)	416
Pilzfülle (für Nudelteig)	382
Pilzmus	373
Pilzrahmsauce (Bratensauce)	277
Pilzreis	392
Pilzterrine	118
Piña-Colada-Creme	432

Polenta, cremig	398
Polentaflammeri mit Kürbiskernen	437
Polentascheiben, gebraten	398
Polentasuppe mit Trüffelaroma	153
Pommes frites	408
Portionsfische, gebraten	182
Pralinenmousse	439
Prosciuttochips	87
Pute vom Grill	238
Pute vom Grill, gefüllt	238
Pute, gebraten	271

Q

Quark-Beere-Creme	432
Quarkcreme	72
Quark-Kartoffel-Füllung (für Nudelteig)	382
Quarkknödel	477
Quarkknöpfle	421
Quark-Sahne-Creme	432

R

Rahmkartoffeln	407
Rahmsauce (Bratensauce)	277
Rahmsuppe mit Kümmel, steirisch	152
Räucherfische-Mousse	112
Räucherfisch-Sülze	68
Ravioli	380/381
Rebhühner, gebraten	274
Rehkeule, geschmort	287
Rehragout	286
Rehrücken, gebraten	266
Rehrücken, gespickt	266
Rehrückenmedaillons mit Gin und Karamelläpfeln	232
Rehschnitzel	223
Reis, gedünstet	392
Rhabarberchips	460
Rhabarberschaum	463
Ricottafülle (für Nudelteig)	383
Riesengarnelen mit Knoblauch und Chili	200
Riesengarnelen mit Wokgemüse	227
Rieslingsuppe mit Zander	156
Rinderbraten, gespickt	278
Rinderbrühe	129–131
Rinderbrühe, geklärt	131/132
Rindercarpaccio mit Rucola	106/107
Rindercarpaccio mit verschiedenen Anrichteideen	108/109
Rinderfilet, rosa gebraten	252
Rinderfiletstreifen mit Wokgemüse	227
Rindergulasch	291–293
Rinderrouladen	282/283
Rinderrouladen, Variationsideen	284
Rinderschmorbraten	276
Rinderschnitzel, geschmort	278
Rindfleisch kochen	247
Rindfleischsalat mit Muskatkürbis	93
Rindfleischsülze	70
Rindfleischtatar	99
Risotto	393
Roastbeef	252
Römersalat mit Erbsen	327
Roquefortdressing	79
Rosenkohl kochen	331
Rostbraten	220
Rostbraten, geschmort	278
Rostbraten-Variationsideen	222
Röstkartoffeln	406
Rote-Beete-Salat	89
Rote-Beete-Sauce	170
Rote-Beete-Schaumsuppe	146
Rote-Beete-Suppe, geeist	158
Rotkohl, gedünstet	333
Rotweinbirnen	468
Rucola-Tomaten-Pesto	74
Rühreier	124

S

Safranreis	392
Safransauce	170
Sahnecreme	430
Saibling, gebraten, mit Mandeln	183
Salsa al pomodoro	384
Sardellen-Kapern-Sauce	170
Sardinen, mariniert	197
Sardinen, nature frittiert	197
Sauce Béarnaise	167
Sauce Duxelles	170
Sauce für Pasta und Gnocchi (Grundrezept)	384
Sauce Hollandaise	166
Sauce Mornay	165
Sauce Mousseline	167
Sauce Tatar	65
Sauce Vin blanc	168/169
Sauerampfersauce	170

Sauerbraten (Rheinischer)	280/281
Sauerkirschen, heiß	472
Sauerkraut, gedünstet	350
Scampi »Royale«	202
Schalotten-Senf-Sauce	170
Schinken-Erbsen-Schöberl	139
Schlickkrapferln	141
Schmorbraten	276
Schnittlauchsauce (Weißweinsauce)	170
Schnittlauchsauce (zu gekochtem Rindfleisch)	65
Schnitzel, gefüllt	223
Schnitzel, nature	217
Schnitzel, Wiener Art	242
Schnitzelfüllungen, Variationsideen	224
Schöberl	138
Schokolade, gelocht	450
Schokoladengitter, zweifarbig	446
Schokoladenmousse	438
Schokoladen-Ornamente	446
Schokoladenreifen	452
Schokoladensauce, warm	470
Schokoladenschalen	449
Schokoladenschleifen	454
Schokoladenspitz	450
Schokoladentürmchen, gestreift	455
Schupfnudeln	414
Schwarzbrotchips	87
Schwarzwurzeln kochen	351
Schweinebrust, gebraten	256
Schweinekammbraten	258
Schweinekotelett mit Kümmel und Knoblauch	218
Schweinekotelettstück, ausgelöst, in Kümmelmürbteig	259
Schweinekotelett mit Chilipflaumen	261
Schweinemedaillons mit Tomatenwürfeln und Basilikum	232
Schweinenacken, gebraten	285
Schweinenieren, geröstet	304
Seeteufelmedaillons vom Rost mit mediterraner Tomatencreme	186
Seezungenroulade, in Alufolie gegart	194
Sellerieschaumsuppe	149
Semmelknödel	422
Serviettenknödel	425
Sesamkaramell	458
Spanferkelrücken vom Grill	237
Spargel (grün) garen	353
Spargel (weiß) kochen	354
Spargelsalat mit Löwenzahn, Schinken und Eierdressing	92
Spätzle	420
Specklinsen	402
Spiegeleier	124
Spinatfülle (für Kartoffelroulade)	416
Spinat-Käse-Füllung (für Kalbsbrust)	255
Spinatknödel mit Käsefülle	424
Spinatlasagne	356
Spinatschaumsuppe	146
Spritzkartoffeln	413
Stangensellerie-Salat mit Äpfeln und Walnüssen	90
Steak, überbacken, mit Mozzarella-Kruste	230
Steinbuttfilet, pochiert, mit Wurzelstreifen	188
Steinpilzgröstl	373
Sud zum Pochieren von Fischen	187
Sugo Bolognese	387
Sugo von Meeresfrüchten	388
Sülze von gekochtem Fleisch	70
Sülze von Räucherfischen	68
Suppenhuhn	247

T

Tafelspitz	246
Teigtaschen, gefüllt (Agnolotti)	378
Teigtaschen, gefüllt (Suppeneinlage)	141
Thunfisch mit Sesamkruste	184
Thunfischtatar	100
Tintenfische kochen	212
Tomaten mit Schalotten und Ingwer	358
Tomaten-Basilikum-Sauce	65
Tomaten-Concassée	35
Tomatenfond, klar	162
Tomatenmayonnaise	64
Tomaten-Rucola-Tatar	103
Tomatensalat	89
Tomatensauce	173
Tomatenschaumsuppe	147
Tomatensugo	384
Tomatensuppe mit Basilikum	152
Tomatensuppe mit Basilikum und Mozzarella, geeist	159
Tortellini	378
Trüffelölsauce für Carpaccio	107

V

Vanillesauce	470
Velouté	167
Vinaigrette	78

W

Waldmeisterparfait	443
Wein-Sahne-Creme	434
Weißbrotklößchen	140
Weiße Grundsauce (Velouté)	167
Weißkohlsalat	89
Weißweinbeuschel	308
Weißwein-Kohl	332
Weißweinsauce (klassische Methode)	168
Weißweinsauce (moderne Methode)	169
Weißweinsauce mit Wurzelstreifen	170
Wiener Eierspeise	124
Wiener Kartoffelsuppe	150
Wiener Schnitzel	242
Wildfond	163
Wildreis kochen	392
Wirsing nach Wiener Art	328
Wolfsbarsch, gebraten, mit Kapern und Sardellen	183
Wurzelrahmsauce (Bratensauce)	277

Z

Zanderfilet mit Kräuterkruste	184
Zandergulasch	193
Zanderkoteletts vom Rost	186
Zandersuppe (Rieslingsuppe)	156
Zitronensauce (für Carpaccio)	107
Zucchiniblüten mit Lachsfülle, gedämpft	365
Zucchiniblüten, ausgebacken	365
Zucchinichips	362
Zucchiniröllchen am Spieß	362
Zucchinischaumsuppe	149
Zunge kochen	247
Zwetschgenknödel	477
Zwetschgenröster	471
Zwiebeln, mariniert	95
Zwiebelrostbraten	220

Glossar

Liste der verwendeten Küchenfachbegriffe

À point	→ auf den Punkt
Ablöschen	Röstprozesse durch Zugabe von meist kalter Flüssigkeit unterbrechen
Abschrecken	Kochprozesse durch Übergießen mit kaltem Wasser unterbrechen oder beenden
Abseihen	Flüssigkeit durch ein Sieb oder Tuch gießen, so dass alle festen Bestandteile herausgefiltert werden
Al dente	Ausdruck für bissfest gekochte Teigwaren
Anlaufen lassen	anderer Ausdruck für → Anschwitzen
Anschwitzen	in heißem Fett kurz farblos anrösten
auf den Punkt	Ausdruck für genau richtig gebratenes, nicht ganz durchgebratenes Fleisch (innen zartrosa Kern, außen gebräunt)
Aufdressieren	eine Masse gefällig formen, um sie anzurichten (meist mit Spritzsack)
Aufgießen	Flüssigkeit hinzufügen
Aufkochen	etwas bis zum Kochen bringen (nur dann weiterkochen, wenn es im Rezept steht)
Aufschäumen	Suppen oder Saucen zu schaumiger Konsistenz rühren oder mixen
Aufschlagen	a) schaumig schlagen von Massen, Sauce Hollandaise, Weinschaum etc., fallweise im Wasserbad oder über Dampf b) rohe Eier von der Schale trennen
Ausbacken	Synonym für → frittieren
Ausbeinmesser	Messer zum → Auslösen von rohem Fleisch und Geflügel
Ausgedrückt	eingeweichte Gelatine o.Ä. wird mit der Hand leicht gepresst, so dass etwas Flüssigkeit abfließt
Ausgelöst	ohne Knochen bzw. Schalen
Auslösen	herauslösen von Knochen bzw. Schalen
Barbarieente	a) Flugente b) Zuchtform, Kreuzung aus Wild- und Haus- bzw. Pekingente
Binden	Flüssigkeiten durch Zugabe von zum Beispiel Eigelb oder Mehl dickflüssiger machen (gebunden)
Blanchieren	kurzes Vorgaren im kochenden Wasser mit anschließendem raschen → Abschrecken in eiskaltem Wasser
Blau kochen	Zubereitungsart von Fischen, siehe Seite 190
Blini	kleiner Pfannkuchen aus dickflüssigem Germteig, original mit Buchweizenmehl zubereitet

Bouillon	klare Brühe aus Knochen und Fleisch
Bratenpfanne	feuerfeste flache Form aus Gusseisen, Email, feuerfestem Glas oder Chromnickelstahl zur Zubereitung von großen Braten, Geflügel im Ganzen etc. im Ofen; kann auf Herden mit Glaskeramik-Bräterzone auch zum Anbraten verwendet werden
Bräter	anderer Ausdruck für → Bratenpfanne
Bratensatz	Rückstand in der Pfanne, der sich beim Braten bildet
Bresaola	getrocknetes, aromastarkes Rindfleisch
Brösel	→ Semmelbrösel
Brunoise	fein geschnittene Gemüsewürfelchen (dient als Suppen- oder Sauceneinlage)
Butter klären	Butter bei niedriger Temperatur vorsichtig kochen, Schaum abschöpfen, abkühlen lassen, durchsichtige Flüssigkeit ohne den Bodensatz abgießen (→ Butterschmalz)
Butter zerlassen	→ Zerlassen
Butterabtrieb	weiche Butter mit anderen Zutaten schaumig rühren
Butterschmalz	bildet sich beim → Butter klären
Canapé	kleines belegtes Brötchen (Cocktailhappen)
Carpaccio	roh Aufgeschnittenes von Fleisch, Fisch oder auch Gemüse, ursprünglich rohes, mariniertes Fleisch (→ Filet) in sehr dünnen Scheiben
Ciabattabrot	italienisches Weißbrot
Consommé	mit faschiertem, mageren Fleisch und Eiweiß geklärte fettfreie Bouillon mit zusätzlicher → Fleischkraft
Consommé double	mit doppelter Fleischmenge zubereitete → Consommé
Corail	→ Rogen von Jakobsmuscheln, Hummern und Langusten
Court-bouillon	gewürzter → Sud zum Pochieren von Fischen
Crêpe	sehr dünnes, pfannkuchenähnliches Omelett, süß oder salzig gefüllt
Crevetten	anderer Ausdruck für kleine Garnelen (Shrimp)
Croutons	geröstete Weißbrotwürfel (zum Bestreuen von Salaten und gebundenen Suppen)
Cutter	leistungsstarker elektrischer Kleinschneider
Dämpfen	schonende Garmethode über Wasserdampf, siehe Seite 59
Dip	Sauce zum Eintunken
Dressieren	a) anrichten b) vor dem Garen Geflügel mit Küchengarn formend binden bzw. Fischen Kopf und Schwanz zusammenbinden
Dressiernadel	Nadel zum → Dressieren (Bedeutung b))

Dunst, Dunstmehl	etwas gröber vermahlenes Mehl, geeignet für Knödel, Spätzle und Kartoffelteig; auch »doppelgriffiges Mehl« genannt
Dünsten	Garmethode in wenig Flüssigkeit, siehe Seite 60
Duxelles	→ Farce aus gehackten, gerösteten Schalotten, Champignons und Petersilie
Ei verschlagen	Eiweiß und Eigelb mit einer Gabel homogen verrühren
Einreduzieren	→ reduzierend kochen
Eischnee	steif geschlagenes Eiweiß
Faltschnitt	Schneidetechnik für Fleisch, siehe Seite 216
Farce	feinst faschierte bzw. im Kleinschneider gecutterte Masse (Füllung) aus roher Schlagsahne, Fleisch, Geflügelbrust oder Fischfilet
Filet	hochwertiges Fleischstück vom Rücken ohne Knochen bzw. Fischfleisch ohne Gräten
Flambieren	abflämmen eines Gerichtes mit hochprozentigen Spirituosen
Fleischkraft	Ausdruck dafür, dass in einer Brühe Fleisch gekocht wurde
Flotte Lotte	Küchengerät mit einem siebartigen Boden und Kurbel zum → Passieren; siehe Seite 36
Fond	klare oder dunkle Brühe mit dem Geschmack des jeweils verwendeten Produktes (Fleisch, Fisch, Gemüse), dient als Aufgussmittel für Saucen
Frittieren	in heißem Fett frei schwimmend garen
Gebunden	→ binden
Geklärte Butter	anderer Begriff für → Butterschmalz
Geschrotet	→ Schroten
Glacieren	anderer Ausdruck für → glasieren
Glasieren	Speisen mit Flüssigkeit (zum Beispiel flüssigem Aspik, zerlassener Butter etc.) überziehen, damit sie glatt und glänzend aussehen
Gluten	in vielen Getreidearten enthaltener Stoff, den manche Menschen nicht verdauen können
Gratin	im Backofen gebackenes Gericht mit starker Krustenbildung, meist mit geriebenem Käse oder Käsesauce bedeckt
Gratinieren	ein bereits gegartes Gericht mit extremer Oberhitze überbacken
Homogenisieren	durch Mixen oder intensives Verrühren verschiedener Zutaten eine einheitliche Masse herstellen
Julienne	in feine Streifen geschnittenes Gemüse, gegartes Fleisch, Schinken, Käse etc.
Kalamata-Oliven	Oliven aus der Region um die griechische Stadt Kalamata
Kalbsvögerl	ausgelöste Kalbshaxe
Karamellisieren	a) Zucker bis zur Hellbraunfärbung schmelzen b) in diesem wenden, zum Beispiel karamellisierte Früchte

Karkasse	Knochen- bzw. Grätengerüst von Geflügel bzw. Fischen, Reh- oder Lammrücken
Kernig garen	Lebensmittel so → auf den Punkt garen, dass sie noch bissfest sind
Kerntemperatur	Temperatur im Inneren von Back- und Bratgut, siehe Seite 248
Klärfleisch	Mischung aus grob faschiertem Rindfleisch und → Wurzelwerk mit Eiweiß und Salz, dient zum Herstellen einer → Consommé
Knödelbrot	fertig erhältliche getrocknete Weißbrotwürfel, die zur Knödelerzeugung benötigt werden; ersatzweise kann man in Stücke geschnittene altbackene Brötchen oder Weißbrot verwenden
Köcheln	kochen in nur schwach wallender Flüssigkeit
Krendeln	wellenartiges Falten der Ränder von Teigtaschen, siehe Seite 378
Küchengarn	geschmacksneutrales und hitzebeständiges Baumwollgarn, erhältlich in gut sortierten Supermärkten und in Haushaltwarengeschäften
Kurz braten	anderer Ausdruck für → Sautieren
Kutteln	Rindermagen (Pansen)
Legieren	gebundene weiße Suppen und Saucen bzw. Fricasségerichte mit Eigelb oder Sahne → binden und verfeinern
Licht rösten	hell anrösten
Loin	a) ausgelöstes Karree b) pariertes Thunfischfilet (Mittelstück)
Marinieren	Lebensmittel mit einer Mischung aus Flüssigkeit und Gewürzen versehen, um sie zu aromatisieren (zum Beispiel Salat marinieren) oder um sie zu aromatisieren und zusätzlich mürber zu machen (Fleisch vor dem Garen marinieren, zum Beispiel Sauerbraten)
Mehlschwitze	erhitzte Butter-Mehl-Mischung zum → Binden, siehe Seiten 39/40
Messerspitze	Menge, die auf einem Besteckmesser die Spitze bedeckt
Mirepoix	grobwürfelig geschnittenes Röstgemüse, bestehend aus Möhren, Petersilienwurzeln, Knollensellerie, Zwiebeln und Lauch
Mirin	süßer Reiswein
Mixen	homogenisieren, feinstes pürieren von Suppen, Saucen, Frappés und Fruchtmark im Mixglas oder mittels Stabmixer; dient auch zum Aufschäumen und → Montieren
Mizukan-Essig	milder japanischer Essig für Sushi
Montieren	kalte Butterstücke mit einem Saucenbesen oder Stabmixer oder durch Schwingen der Pfanne in eine Sauce einrühren bzw. in eine Suppe eimixen, damit sie mollige Konsistenz bekommt
Moosbeeren	eine der Preiselbeere ähnliche Heidelbeerart
Noilly Prat	französischer Wermut
Palette	messerähnliches biegsames Werkzeug mit gleichförmig verlaufender, nicht geschärfter und oben abgerundeter Klinge zum Streichen, Wenden und Heben

Panieren	Backgut in Mehl, Eiern und Paniermehl wenden, siehe Seite 240
Paniermehl	Synonym für → Semmelbrösel
Parfait	a) Ausdruck für mit geschlagener Sahne und Gelatine versetzte feine pikante Cremes oder im Wasserbad pochierte Farcen aus gegarten, pürierten Räucherwaren, Edelgemüsen, Fischfilet, Krustentieren, Gänseleber etc., die kühl serviert werden b) Eisparfait ist der Ausdruck für tiefgekühlte Cremes auf Basis von geschlagener Sahne, schaumigem Eigelb, Zucker und Aromastoffen, die ohne Eismaschine erzeugt werden
Parfümieren	mit wenig aromastarker (alkoholischer) Flüssigkeit aromatisieren
Parieren	Fleisch koch- bzw. bratfertig zuschneiden, indem man die nicht genießbaren Teile wie Fett, Sehnen und Flechsen (bei Fisch die Bauchlappen) wegschneidet
Parisienne-Ausstecher	Kugelausstecher, zum Beispiel zum Ausstechen von Gemüse- und Fruchtkugeln
Parüren	beim → Parieren abgetrennte Teile
Passieren	Lebensmittel durch ein Sieb oder Tuch streichen, um Feststoffe abzutrennen und damit sie glatt und cremig werden; ähnlich wie → pürieren
Pastete	a) in Teigmantel gebackene → Farce b) häufig auch für → Terrinen verwendeter Ausdruck, dies entspricht jedoch nicht der eigentlichen Wortbedeutung
Pecorino	italienischer Schafkäse, in verschiedenen Reifungsgraden erhältlich
Plattiereisen	Werkzeug aus Stahl, um Fleisch zu → plattieren
Plattieren	Fleisch mit einem → Plattiereisen oder Fleischklopfer zart klopfen, um es auszudünnen; dabei wird es auch mürbe
Pochieren	sanfte Garmethode in nicht-kochendem Wasser (Sud) bzw. im → Wasserbad, siehe Seite 59
Pomodori pelati	geschälte Tomaten in der Dose
Prise	Menge, die man zwischen Zeigefinger und Daumen halten kann
Pürieren	gekochte Kartoffeln, Gemüse etc. durch ein Sieb drücken, zu breiiger Konsistenz verarbeiten; ähnlich wie → passieren
Quirl	flügelartiges Werkzeug mit zwischen den Handflächen zu bewegendem Stiel zum Vermischen von Zutaten, zum Beispiel rohen Eiern mit Milch
Räßkäse	würzige Vorarlberger Käsespezialität mit guten Schmelzeigenschaften, ideal für Kässpätzle
Reduktion	Produkt, das entsteht, wenn man → reduzierend kocht, dient meist zum Aromatisieren von Saucen
Reduzieren(d kochen)	Flüssigkeit so kochen, dass möglichst viel davon verdampft und der verbleibende Rest (→ Reduktion) möglichst aroma-intensiv wird
Ricotta	italienischer Frischkäse

Rogen	Fisch- und Muscheleier
Saucenbesen	am Topfboden flach aufliegendes Rührgerät mit einer auf Draht aufgezogenen Spirale, alternativ kann ein → Schneebesen verwendet werden
Sautieren	kurz in heißem Fett braten
Schmoren	Garmethode mit wenig Flüssigkeit, siehe Seite 60
Schneebesen	Rührgerät mit mehreren gebogenen Drähten an einem Stiel, zum → Homogenisieren oder schaumig Schlagen; auch aus Kunststoff erhältlich
Schneerute	anderer Ausdruck für → Schneebesen
Schroten	grob mahlen
Schweinenetz	netzartiges Fettgewebe von Schweinen, wird zum Zusammenhalten von zum Beispiel Hackbraten verwendet; beim Metzger erhältlich
Semmelbrösel	grobkörnig gemahlenes trockenes Weißbrot; kann durch Zerkleinern von altbackenen Weißbrotresten oder Brötchen selbst hergestellt werden
Soufflé	luftiges, im Ofen zubereitetes Gericht mit → Eischnee
Soufflieren	sich aufblähen
Spicken	a) Fleisch mit Streifen von Speck (Gemüse etc.) zum Aromatisieren durchziehen b) Gewürze und Ähnliches in ein Lebensmittel stecken (zum Beispiel Gewürznelken in Zwiebel)
Spicknadel	Nadel zum Durchziehen von Fleisch mit Speckstreifen, → spicken
Stubenküken	junge Hühner mit ca. 450 g Gewicht
Sud	aromatisierte Flüssigkeit, in der etwas gekocht wird
Tapenade	Paste aus Oliven
Teigkarte	Kunststoffscheibe mit abgerundeten Ecken zum Formen und Heben von Massen
Temperieren	etwas auf eine bestimmte Temperatur bringen
Temperierte Kuvertüre	auf 32 °C erwärmte, abgekühlte und wieder auf 32 °C erwärmte Kuvertüre, siehe Seite 445
Terrine	→ Pastete ohne Teigmantel
Tomaten-Concassée	kleinwürfelig geschnittene, gehäutete, entkernte Tomaten, siehe Seite 35
Toppen	auf ein Gericht etwas obenauf setzen (zum Beispiel geschlagene Sahne auf Eis)
Topping	was zum → Toppen verwendet wird
Tranchieren	fachgerechtes Zerlegen von gegarten Speisen, zum Beispiel Braten
Unterheben	etwas ohne zu rühren unter eine Masse mischen
Velouté	weiße Sauce, siehe Seite 167
Verquirlen	Flüssigkeiten mit ergänzenden Zutaten mit schnellen Bewegungen miteinander vermischen, zum Beispiel mit einem → Quirl

Vögerl	→ Kalbsvögerl
Wallend	schwach kochend (die Wasseroberfläche bewegt sich, sprudelt jedoch nicht)
Wasserbad	flaches Gefäß mit auf ca. 90 °C erhitztem Wasser, in dem in Formen befindliche Cremes oder Massen etc. schonend gegart (→ pochiert) werden; dient auch zum Schmelzen von Schokolade, Gelatine oder zum Aufschlagen von Weinschaum
Winkelpalette	→ Palette mit einer integrierten Abstufung
Wurzelwerk	Gemüsemischung, meist aus Möhren, Knollensellerie, Petersilienwurzel, Lauch, Zwiebeln und Petersilie bestehend (in Österreich werden zusätzlich – auf mehreren Bildern in diesem Buch zu sehende – gelbe Rüben verwendet, die in Deutschland nicht gebräuchlich sind)
Zerlassen	vorsichtig schmelzen
Zesten	dünne Streifen von Zitrusfrüchten-Schalen
Ziehen lassen	a) bei einer bestimmten Temperatur zur Abrundung von Konsistenz und/oder Geschmack ruhen lassen (betrifft meist Zutaten in Flüssigkeiten) b) garen in Flüssigkeit, die kurz vor dem Siedepunkt ist (Oberfläche bewegt sich nur ganz leicht)
Ziselieren	zartes einschneiden von Fleisch an den Rändern bzw. einritzen/einschneiden der Fischhaut
Zuparieren	anderes Wort für → parieren
Zuputzen	anderes Wort für → parieren

Biografien

Eckart Witzigmann

Geboren 1941 in Bad Gastein, 1957–1960 dort Kochlehre; wurde in den 70er Jahren als Chefkoch seiner Münchner Restaurants Tantris und Aubergine berühmt und vielfach ausgezeichnet. Witzigmann zählt zu den größten Köchen der Gegenwart.
Drei Sterne Guide Michelin 1979, 1994 von Gault Millau als »Koch des Jahrhunderts« ausgezeichnet, 1999 in die »Hall of Fame des Grands Chefs« aufgenommen

Ewald Plachutta

Geboren 1940 in Wien, 1954–1957 Berufsausbildung zum Koch in Graz und Bad Gastein; seit 1979 selbstständiger Gastronom. Begründer der Rindfleischdynastie Plachutta. Autor mehrerer erfolgreicher Kochbücher, u. a. »Die gute Küche« I und II.
Koch des Jahres 1991, Trophée Gourmet 1992, 3 Hauben Gault Millau 1992, 1 Stern Guide Michelin 1993

Peter Kirischitz

Geboren 1952 in Wien, ebendort Berufsausbildung zum Koch 1967–1970. 1983 Eröffnung von »Peters Beisl«. Seit 1992 Kochunterricht an der HBLA Wien 21; seit 2004 Kochkurse für Erwachsene. Seit 2001 Fachlektorat und food-styling für Kochbücher.
1 Haube Gault Millau 1985

Claudio Alessandri

Geboren 1955 in Ferrara, lebt und arbeitet seit 1988 als freischaffender Fotograf in Wien.
Gold Award der Society of News Publications (1999), Red dot Design Award (2002), Cresta Award (Creative Standards International/International Advertising Association, 2003), Caesar Bronze Award (2004)

Danksagung

Die Autoren bedanken sich bei folgenden Firmen:

Hertha Firnberg Schulen für Wirtschaft und Tourismus

Werner F. Redolfi Küchensysteme Wien

 Nordsee Gesellschaft m.b.H.

 RIST »International«, Fachgroßhandel für Gastronomie, Hotellerie, Konditoreiausstattung, Gemeinschaftsverpflegung
Wien/Klagenfurt/Innsbruck/Warschau/Budapest/Zagreb

 Weber-Stephen Österreich GmbH

 BSH Hausgeräte Gesellschaft mbH

 SEB Österreich Handels GmbH
Krups. Rowenta. Tefal.

 WMF Österreich GmbH

 Poggenpohl-Wien
Menchini GmbH

 Agrarmarkt Austria